음식의 말

모든 주방에는 이야기가 있다

음식의 말

You and I Eat the Same

레네 레제피 | 노마 오너 셰프 · 크리스 잉 | 럭키 피치 공동창립자 외 지음

박여진 옮김

윌북

차례

머리말 당신과 나는 같은 것을 먹는다 ○ 007

모두가 납작한 빵에
고기를 싸 먹는다 ○ 013

프라이드치킨은
만국 공통이다 ○ 097

포크를 잡는 법에 따라
많은 것이 달라진다 ○ 025

씨앗 하나가
전부를 지배한다 ○ 107

음식은
관문이다 ○ 041

잘 적응하는 곳이
고향이다 ○ 119

카레는 어디를 가든
진화한다 ○ 075

잎은
훌륭한 찜기다 ○ 133

당신의 불과 나의 불은
같은 것을 요리한다 ○ 087

메노나이트 치즈는
멕시코 치즈다 ○ 139

모든 음식은
변한다 ○ 163

좋은 것들은 한 곳에
머무르지 않는다 ○ 173

인간은
무엇이든 먹는다 ○ 188

맛은
돌아다닌다 ○ 197

에스닉하지 않은
식당은 없다 ○ 210

고수는
어디에나 있다 ○ 227

우리가 원하는 건
좋은 이야기다 ○ 229

일본 밖에도
간장은 있다 ○ 239

커피가
생명을 구한다 ○ 251

맺음말   우리는 모두 맛있는 음식을 좋아한다 ○ 280

당신과 나는 같은 것을 먹는다

당신과 내가 다르다는 증거는 무수히 많다.

세상을 살아가다 보면 끊임없이 그 사실을 깨닫게 된다. 정치적 성향, 여가를 보내는 방식, 관심 분야 등이 완벽하게 같을 가능성은 거의 없다. 당신은 골프를 좋아할지 몰라도 나는 골프에 전혀 관심이 없다. 나는 노래를 못한다. 나보다 노래 실력이 형편없는 사람은 찾기 힘들다. 당신과 나는 같은 음식을 먹지도 않는다.

물론 이 다름에는 대단한 가치가 있다. 정체성, 개성, 창의력, 생존력, 사랑, 갈등 그리고 타협의 방식까지. 이 책이 음식에 관한 책이라는 사실을 생각하면, 요리 역시 다름에서 얻는 장점이 상당하다고 추론할 수 있다. 여러 장소에서 자라난 다양한 재료들, 서로 다른 사회경제적 조건과 역사적 영향, 요리를 하는 사람들 간의 차이 등을 생각하면 말이다.

음식에 관한 많은 책들이 요리 방식의 '차이'를 알려주는 데 초점을 맞춘다. 서점에서 요리책 진열대를 어슬렁거리다 보면 일본 요리, 독일 요리, 그리스 요리, 모로코 요리, 스칸디나비아 요리, 중국 요리, 북중국 요리, 남중국 요리, 남미 요리 같은 제목을 단 책들을 볼 수 있다. 멕시코 음식은 일반 요리 서적으로, 오악사카 음식은 특별 요리 서적으로 분류되어 있을 것이다. 감자 요리 하나를 두고도 특정 지역의 요리법과 지구 반대편의 요리법에 관한 책이 따로 나와 있다.

보편적인 관점에서 보면 미각이 뛰어나다는 말은 각지의 전통 요리를 분석할 수 있는 능력이 있다는 의미다. 먹을 것에 관해 아는 것이 많을수록 감동도 커진다. 쓰촨성 요리와 후난성 요리의 특징을 정확히 구분하는 능력은 정말 멋있다. 중국 청두에 다녀온 뒤 미국에서 먹는 마파두부가 형편없다고 말할 수 있다면 더 그럴 것이다. 새삼스러울 것도 없는 이야기다. 맛에 관한 전문적인 논평은 중산층으로 살아온 젊고 배고픈 유명 인사들이 한 세기 이상 닳고 닳도록 우려먹었다(이 책의 끝부분에서, 역사학자 폴 프리드먼이 19세기 보헤미안들이 어떻게 힙스터가 되었는지 들려줄 것이다).

요리사들은 개성 있는 요리로 자부심을 얻는다. 바람직하며 중요한 일이다. 요리사는 가족 대대로 이어져 내려온 레시피나 전통 음식에서 사업 기회를 포착할 수 있어야 하고, 그 음식만의 위엄과 특징을 끌어낼 줄 알아야 한다(이 책에서 실제로 이렇게 했던 샌프란시스코 출신의 세 여성을 만나게 될 것이다). 하지만 개성이 음식의 전부라고 믿어선 안 된다. 그런 믿음은 한번 미끄러지면 되돌아가기 어려운 비탈길과 같다. 개성은 결코 음식의 본질이 아니다. 좋아하는 음식을 가치관이나 우선순위, 능력처럼 불변의 것, 혹은 물려받은 것이라고 가정한다면 곤란하다.

음식의 차이에 대한 나의 생각이 지나치다고 생각된다면, 우리가 음식을 빌미로 다른 사람을 타자화시키는 수많은 방식을 떠올려보라. 아이들은 도시락 반찬 때문에 놀림거리가 된다. 어떤 식당에는 '소수 민족' 음식점이란 딱지가 붙는다. 대중매체에서는 아프리카계 미국인을 프라이드치킨에 대한 동물적 열망을 이기지 못하는 이들로 묘사한다. 중국 음식은 종종 불결하고 이상야릇한 질병 원인으로 여겨진다.

먹을 것으로 나와 타인을 구분하는 사례도 생각해보라. 나는 미식가야. 나는 채식주의자야. 나는 한국 음식이 좋아. 나는 태국 음식이 싫어. 나는 생선은 안 먹어. 나는 벌레에 입도 안 댈 거야. 극단적인 사례로는 메노나이트 교도(종교 개혁 시기에 등장한 개신교 교단으로 유아 세례를 인정하지 않는 재세례파의 일파다─옮긴이)를 생각해볼 수 있다. 메노나이트 교도는 수 세기 동안 이동하면서 그들 자신과 그들의 삶을 바깥세상과 구분 짓고 고립시키려고 노력했다. 이 책에는 박학다식하고 뛰어난 작가 마이클 스나이더가 쓴 글도 있는데, 그는 멕시코에 머무는 동안 메노나이트 공동체에서 지냈다. 이전에 스나이더는 메노나이트 공동체가 외부 세계로부터 철저히 고립된 집단일 것이라고 생각했다. 하지만 그는 메노나이트 교도가 멕시코 치즈를 만들고 판매하는 과정을 지켜봤고, 멕시코의 핫소스와 칠리소스가 놓인 식탁에서 점심을 먹는 메노나이트 신도들을 만났다.

만약 당신이 우리와 동떨어져 살기 위해 안간힘을 쓴다고 해도, 우리는 기어이 당신을 찾아갈 것이다. 그리고 그 매개는 아마 음식이 될 것이다.

이 책은 이런 연결 고리들에 관한 이야기다. 각 장마다 전제가 있다(전제라는 단어에는 우리가 생각하는 것보다 훨씬 더 과학적인 수단이 포함되어 있다. 그것을 관찰이라고 부르자). 참깨는 어느 지역에나 있다. 불은 어느 곳에서나 똑같다. 그리고 누구나 납작한 밀가루 빵에 고기를 싸 먹는다. 제대로 관찰했다면 이 이야기들은 우리가 충분히 상상할 수 있는 내용이다. 전병과 토르티야는 모양은 다르지만 크게 보면 기능적으로 매우 유사하다.

때로는 이런 연관성이 우연히 발생하기도 한다. 인간에게 고기와 빵을 주면, 인간은 당연하다는 듯 빵에 고기를 끼워 먹을 것이다. 특정 음식에 어떤 맥락이 있다고 느껴지는 건, 사람들이 그 맥락을 만들었기 때문이다. 인도에서 기원한 카레를 생각해보자. 중국, 일본, 태국, 베트남, 남아프리카, 자메이카, 포르투갈, 영국, 스코틀랜드 등 기타 여러 나라에서도 카레를 만들어 먹는다. 똑같은 방식으로 요리하는 것은 아니지만, 어쨌거나 '카레'라는 정체성은 간직하고 있다. 카레는 그것을 만들고 먹는 사람에 따라 적응하고 변화하며 흘러 다닌다.

이쯤 되면 속셈을 알아차린 독자도 있을 것이다. 굳이 감추지 않겠다. 우리의 주제는 이것이다. '요리는 재료와 아이디어와 사람들의 자유롭고 공정한 이동 없이 존재할 수 없다.' 맛있는 음식은 명백히 '이동'에 따른 결실이다. 사람들이 이동할 때 음식은 더 맛있어진다. 어디에서 어디로 이동했는지를 두고 정치적 논쟁이 벌어지기도 하지만, 그런 논쟁은 사실상 명확한 결론을 얻기가 쉽지 않다. 어느 쪽도 공통점을 기꺼이 받아들이려 하지 않기 때문이다. 무수한 이동의 결과, 우리가 얻은 것이 무엇인지 이야기하고자 한다. 그 지점부터 시작하고 싶다.

누군가를 가르치거나 교훈을 주려는 것은 아니다. 그저 즐겁고 편안한 마음으로 이 책을 읽어주면 좋겠다. 음식이 그렇듯 이 책이 우리를 화나게 할지라도 궁극적으로는 즐거움을 위해 만들어졌기 때문이다.

이 책의 대전제는 '당신과 나는 같은 것을 먹는다'라는 생각이다. 나는 아직 이 말이 진실인지 확신할 수 없다. 다만 여기 실린 글에서 알 수 있듯, 음식이 우리를 하나로 이어주듯, 우리는 서로 연결되어 있고 매우 가까운 존재들이다. 확실한 건 내가 이 글을 보며 분명하게 이 전제의 의미를 깨달았다는 것이다. 여러분도 이 책을 읽고 '당신과 나는 같은 것을 먹는다'라고 말할 수 있기를 바란다.

크리스 잉
베스트셀러 음식 매거진 《럭키 피치Lucky Peach》
공동창립자 겸 편집장

모두가
납작한 빵에
고기를 싸 먹는다

애럴린 보먼트
Aralyn Beaumont
MAD 부편집장

○

시멘트 바닥은 뜨겁고 거리는 부산하다. 나는 길 한쪽으로 최대한 비켜서서 가게 주인에게 돈을 내려고 손을 뻗는다. 말수가 적고 손이 번개처럼 빠른 주인이 종이 꾸러미를 내민다. 종이를 벗기자 부드럽고 납작한 빵에 살짝 탄 고기가 돌돌 말려 있다. 나는 한입 베어 물고 가던 길을 간다.

이 글을 보며 무엇이 떠오르는가? 누군가는 인도의 콜카타에서 카티 롤을 파는 상인을 상상할 것이다. 혹은 예루살렘의 어느 건조하고 무더운 길가에서 파는 샤와르마를 떠올리는 이도 있을 것이다. 잘게 썬 돼지고기를 전병에 싸서 먹는 중국 상하이의 러우자모가 생각나는 사람도 있을 것이다. 나는 고향 샌프란시스코에서 먹던 아사다 타코를 떠올렸다. 희한하게도 위의 글은 어느 장소든 잘 어울린다.

납작한 빵에 고기를 싸서 먹는 것은 지구상에서 가장 기본적인 관행이다. 케밥과 타코는 지리적 경계를 벗어나 세계 어디서나 맛볼 수 있는 음식이다. 러시아에서는 메밀가루로 만든 납작

세계 어느 곳을 가든
그곳에서 가장 혼하게 재배되는 곡물로 만든
납작한 빵 혹은 전병을 볼 수 있다.

한 빵에 소고기를 넣은 블리니를 먹는다. 중국인들은 밀가루 전병에 오리고기를 싸 먹는 베이징 덕을 즐긴다. 플라트카카는 호밀로 반죽한 납작한 빵에 훈제 양고기를 싸 먹는 아이슬란드의 크리스마스 음식이다. 세계 어느 곳을 여행하더라도 고기(혹은 다른 단백질 공급원)를 납작한 빵이나 부침에 싸 먹는 음식을 마주칠 것이고, 사람들은 그 옆에 줄 서 있을 것이다.

하지만 늘 납작한 빵으로 재료를 싸는 것은 아니다. 크고 납작한 빵을 카레나 스튜, 수프와 함께 내고, 구운 고기를 곁들여 직접 싸 먹는 방식도 있다. 큼직한 빵을 육즙에 흠뻑 적셔 먹는 것보다 더 만족스러운 음식은 그리 많지 않다.

이는 채식주의자 식단에도 적용된다. 고기가 콩류나 단백질이 풍부한 채소로 대체될 뿐, 빵은 똑같다.

납작한 빵은 오븐에 굽거나 찌거나 튀기거나 프라이팬에 구워서 만든다. 종잇장처럼 얇은 크레이프부터 튀겨서 부풀린 빵

토르티야로 감싼 부리토는
휴대하기 편하고 칼로리가 높은
음식으로 유명하다.

까지 두께도 매우 다양하다. 모양도, 색도, 풍미도, 크기도 다르지만 기본적인 역할은 같다. 곡물이 자라는 곳에는 빵이 있다. 이 빵은 주로 그 지역 사람들의 주식이다. 아마 누군가가 빵에 고기를 싸 먹을 생각을 했을 것이다.

납작하고 둥근 빵은 어디에나 존재한다. 타코는 미국의 거의 모든 도시에서 볼 수 있다. 멕시코 식당, 패스트푸드 전문점, 주유소, 고급 레스토랑 등 어디에나 타코가 있다. 에그 롤도 마찬가지다. 케밥은 취객들의 단골 메뉴다. 납작한 빵이나 전병에 속을 채워 먹지 않는 곳이 있을까?

사람들이 납작한 빵에 고기를 싸 먹는 이유는 아주 단순하다. 이렇게 하면 빵에 고기를 채워 곧장 입으로 가져갈 수 있다. 더불어 손으로 음식을 먹는 가장 직접적이고 깨끗한 방식이기도 하다. 음식 역사학자 비 윌슨은 말한다. "예전에는 대부분의 사람이 수저나 포크를 사용하지 않고 손으로 식사를 했는데, 그 관습

파나 부추를 넣어 부친 전병에
소고기를 넣은 중국의 시엔빙.

15

은 오늘날까지 남아 있습니다. 다른 도구 없이 손으로 먹을 수 있는 요리를 누군가 만든다면, 그 사람이 승자가 되지요."

납작한 빵으로 고기를 싸 먹기 시작한 것은 최소 1,000년 전부터다. 이에 관한 최초의 기록은 기원전 100년으로 거슬러 올라간다. 랍비 힐렐 엘더는 유대교 명절인 유월절에 무교병(유월절에 먹는 비스킷 비슷한 빵—옮긴이)에 양고기와 쌉쌀한 맛이 나는 채소(겨자무와 로메인상추 혹은 꽃상추)를 넣어 먹었다고 한다. 아직도 유월절 전통으로 유지되는 힐렐식 샌드위치는, 유대인들이 구운 희생양을 발효시키지 않은 빵과 쓴 채소와 함께 먹으며 이집트를 탈출한 이야기에서 유래되었다(그날 밤에 그 고기를 먹어야 하는데, 누룩 없이 구운 빵과 쓴맛 나는 나물을 곁들여 먹어야 한다−탈출기 12:8). 쓴 채소는 노예의 고난을 의미하며, 발효시키지 않은 납작한 빵은 서둘러 이집트를 탈출해야 했던 유대인들의 급박함을 상징한다. 이 샌드위치의 이름인 '코레흐korech'는 히브리어 'karech'에서 유래했는데 이는 '에워싸다' 혹은 '감싸다'의 의미다.

힐렐은 탈출기에 기록된 유월절 의례를 토대로 코레흐 의식을 만들었지만, 그가 모든 재료를 한꺼번에 넣어서 싸 먹었다고 생각하는 편이 더 신뢰할 만한 가정인지도 모른다. 아마 힐렐은 이전에 그런 음식을 접했을 것이다. 즉, 고기와 채소를 빵에 싸 먹은 역사는 최소한 힐렐의 나이만큼은 되었다고 볼 수 있다. 그리고 윌슨이 『샌드위치: 세계의 역사Sandwich: A Global History』에서 언급한 바와 같이 중동 지역에서는 이미 그전부터 그런 음식을 먹고 있었다.

고기를 납작한 빵에 싸 먹는 음식의 연원을 거슬러 올라가면, 역사적으로 연관이 있을지도 모르지만, 그 많은 종류의 음식

중국 어느 지역의 아침 식사.
밀가루와 녹두로 만든 전병에
소시지와 달걀, 파 등을
넣어 먹는다.

들이 동시다발적으로 세계 각지에서 생겨났다는 것을 알 수 있다. 어쩌면 그런 식사법은 인간의 본능인지도 모른다. 빵과 고기를 보면 고기를 빵에 끼워 한꺼번에 입안에 넣고 싶은 본능.

인류는 300만 년 전부터 고기를 먹었다. 초기 인류는 망치 비슷한 도구로 날고기를 두들겨 육질을 부드럽게 했다. 불로 음식을 익혀 먹기 한참 전의 이야기다. 인류가 언제부터 불을 지배하게 되었는가에 대해서는 논란이 있으며, 대략 50~200만 년 전 정도로 본다. 어쨌거나 납작한 빵과 불은 초기 인류 시대 전 지역에 걸쳐 개별적으로 생겨났다.

어쩌면 납작한 빵은 15세기부터 18세기까지 유럽의 배들이 항로를 개척하던 대항해 시대, 제국주의와 식민주의 시대보다도 오래되었고, 교환 수단으로 사용되었던 파스타, 토마토, 향신료, 고추, 초콜릿보다도 더 긴 역사를 지녔는지도 모른다.

인류는 주변에서 쉽게 찾을 수 있는 작물로 납작한 빵을 만들었다. 북유럽의 바삭한 빵은 호밀로 만든다. 멕시코의 토르티야와 베네수엘라의 아레파는 옥수수로 만든다. 수단의 키스라는 사탕수수로 만들고 인도의 도사는 렌틸콩으로 만든다. 북아시아와 중앙아시아, 아프리카 일부 지역에서는 밀가루 반죽으로 만든 난과 산가크를 탄두르라 불리는 화덕에 구워 거기에 양고기를 싸 먹는다. 고도가 높고 기온이 낮은 북쪽 지방으로 가면 웍을 뒤집어 거기에 파티르를 굽는다. 말리에서는 기장을 주재료로 한 은고메에 고기와 채소를 얹는다. 튀니지에서는 세몰리나로 만든 납작한 빵인 홉즈 타보우나를 탄두르 화덕에 굽는다.

약 3,000~6,000년 전, 테프가 에티오피아의 주요 곡식이 되면서 폭신하고 납작한 빵 은저라의 주재료로 사용되었다. 발효된 테프를 반죽하면 기포가 생기는데, 이 기포가 터지면서 완성된 빵에 수백 개의 작은 구멍들이 뚫린다. 은저라를 식탁보처럼 펼치고 그 위에 양고기와 채소 수프, 팁스라고 불리는 구운 소고기 조각을 얹는다. 에티오피아 식당에 가면 메밀가루나 사탕수수 가루를 넣어 만든 은저라를 흔히 볼 수 있다.

남아시아에서는 쌀가루를 렌틸콩과 함께 발효시켜 도사를 만들고, 그것으로 마살라(인도의 향신료)를 넣은 렌틸콩이나 감자 요리 혹은 양고기나 닭고기를 싸 먹는다. 베트남에서는 반쎄오를 먹는다. 반쎄오는 쌀가루에 코코넛 밀크를 넣고 반죽해 얇게 부친 부침개로, 안에 돼지고기, 새우, 각종 허브, 숙주 등을 넣고 감싸서 먹는 오믈렛과 비슷한 음식이다. 베트남에는 반쎄오 말

아메리카 일부 지역의 아침 식사.
밀가루로 만든 팬케이크에
돼지고기 소시지를 넣고 돌돌 말아
메이플 시럽을 찍어 먹는다.

고 반짱도 있다. 반짱은 쌀가루 반죽을 쪄서 만든 얇은 피로, 안에 구운 돼지고기나 생선, 미트볼, 넴 느엉에 사용하는 긴 소시지 등을 넣어 먹는다. 넴 느엉은 긴 소시지 등을 꼬챙이에 꽂아 먹는 베트남 음식이다.

중앙아메리카에서 가장 오래된 곡식은 옥수수다. 사람들은 옥수수를 넣어 마사 반죽을 빚었고, 이 반죽으로 수천 년 전부터 타말리를 만들어 먹었다. 하지만 인류가 토르티야를 만들기 시작한 것은 닉스타말화(nixtamal花, 옥수수나 곡물을 알칼리 수용액에 넣고 끓이는 방법—옮긴이) 기술로 옥수수 속에 든 독소를 낮추고 옥수수 껍질을 쉽게 제거할 수 있게 된 기원전 700년 이후다. 어떻게 아즈텍인들이 옥수수를 알칼리 용액(석회수)에 담글 생각을 했는지는, 그렇게 해서 낟알을 쉽게 으깨고, 조리 시간을 단축하고, 더 오래 저장하고, 영양가를 높일 수 있었는지는 역사학자들

피대가
반죽되고 있다.

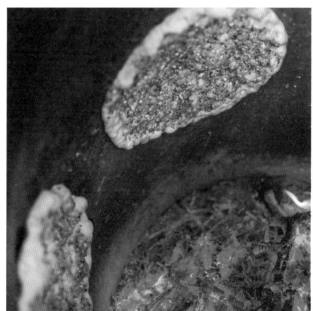

화덕 숯불에
굽는 피대.

조차 풀지 못한 수수께끼로 남아 있다. 기원전 300년, 토르티야는 중앙아메리카에서 가장 눈에 띄는 음식이었다. '토르티야'라는 말은 16세기 멕시코 해안에 도착한 스페인 정복자들이 '작은 케이크'라는 뜻으로 처음 사용했다. 돌이켜보면 역사상 가장 중요한 요리인데도 의미가 많이 축소된 셈이다.

스페인 정복자들은 멕시코의 거대한 평야에 밀을 심고 가축을 기르기 시작했는데, 이 밀과 가축은 구운 소고기인 카르네 아사다, 염소 스튜인 비리아, 튀긴 돼지고기를 넣어 먹는 타코 등의 탄생으로 이어졌다. 알 파스토르는 커다란 꼬치에 큰 고기를 끼워 구운 뒤 싸 먹는 타코 요리로, 레바논의 샤와르마에서 유래되었다. 샤와르마는 오스만 제국이 붕괴되기 시작한 19세기 후반, 중동 이민자들이 멕시코의 유카탄으로 건너오면서 전파되었다. 고기를 수직으로 세워서 굽는 이 요리는 점차 멕시코 중부에 자리를 잡게 되었고, 나중에는 양고기가 칠리소스에 절인 돼지고기로 대체되었다. 16세기에 등장한 밀가루 토르티야는 19세기에 들어서면서 멕시코 북부에서도 먹기 시작했고, 이내 거의 모든 유럽 식민지 개척자들이 즐겨 먹는 음식이 되었다.

북아메리카 원주민은 식민지 개척자들과 공유하는 요리가 많지 않았다. 유럽인이 도착하기 전 북미 원주민들은 오로지 그 지역에서 나는 농산물로만 요리를 했다. 북미 남서쪽의 코코파와 유마에서는 메스키트 콩을 빻아 곡물 반죽에 섞어 납작한 빵을 만들었다. 북서 지역 사람들은 번치그래스(볏과에 속하는 식물―옮긴이)에서 곡물 가루를 얻었고, 남부 지역에서는 옥수수를 재배해 토르티야와 비슷한 납작한 빵을 만들어 먹었다.

하지만 19세기, 나바호족을 비롯한 원주민들은 살던 땅을 빼앗기고 강제로 뉴멕시코 보호 구역으로 이주해야 했다.

이는 나바호족이 먹던 곡물을 뉴멕시코에 전파하는 계기가 되기도 했다. 미국 정부는 그들에게 밀가루와 설탕, 라드(돼지비계를 정제해 하얗게 굳힌 것—옮긴이), 통조림 등을 배급했다. 이 제한된 식량으로 아메리카 원주민들은 새로운 음식을 만들었다. 밀가루로 납작한 빵을 빚어 라드에 튀긴 것이다. 오늘날 뉴멕시코와 애리조나의 식당에 가면 튀긴 빵 위에 다진 소고기와 치즈를 얹은 음식이 있는데, 이 음식의 이름은 '나바호 타코'다.

여러 면에서 납작한 빵은 필수적이다. 이 빵은 제한된 재료에서 탄생했다. 우리 안에는 납작한 빵을 먹고 싶은 본성이 있다. 그리고 우리는 여전히 납작한 빵을 즐겨 먹는다. ●

옥수수로 만든 토르티야는
전 세계 사람들이
사랑하는 음식이다.

포크를
잡는 법에 따라
많은 것이 달라진다

웬델 스티븐슨
Wendell Steavenson
작가

○

점심 식사에 초대받았다. 나를 초대한 주인은 테라스에서 식사를 하기에는 너무 춥지 않을지 걱정했지만 나는 피레네산맥의 숨 막힐 듯 아름다운 풍광을 보러 나가고 싶었다. 결국 우리는 기꺼이 나가기로 했고, 나는 스웨터를 한 벌 더 껴입었다. 그런데 통째로 튀긴 도미의 가시를 손으로 발라 먹는 것이 자꾸만 눈치가 보였다. 나는 대화를 멈추고 이렇게 말했다. "식탁 예절에 관한 책을 쓴 분과 식사를 하다 보니 노파심에 하는 말인데요, 저도 식탁 예절은 잘 알고 있습니다."

주인 부부가 웃음을 터뜨렸다.

"우리도 그런 거 안 따지고 먹어요!" 마거릿 비서가 말했다. 비서는 저명한 문화인류학자이자 『식사 예절The Rituals of Dinner』의 저자다. 이 책은 1991년 출간되어 오늘날까지도 우리가 왜 포크와 나이프를 사용해야 하는지, 그렇게 하는 것이 무엇을 의미하는지 알려주는 뛰어난 지침서다.

우리는 생선 요리를 먹으며 화이트 와인을 마셨다. 식사 후

25

에는 부드럽고 쫄깃한 에푸아스 치즈를 먹었다. 마거릿의 남편 콜린이 치즈에 곁들일 레드 와인의 코르크를 열었다. 콜린과 마거릿은 모두 남아프리카 출신이고, 캐나다에 살면서 두 자녀를 키웠다. 토론토에 있는 대학에서 함께 교수로 재직하다가 지금은 은퇴하고 남프랑스 툴루즈에 있는 아파트와 시골에 있는 크고 오래된 농가를 오가며 살고 있다. 내가 초대받아 간 곳은 시골의 농가였다. 부부는 40년 전에 이 농가를 샀다. 나도 파리에 거주하는 영국계 미국인이라 우리 모두에게는 이방인이라는 공통점이 있었다. 대화 주제는 자연스럽게 우리가 사는 곳의 특이한 사회적 관습으로 흘러갔다. 프랑스인들은 상점 주인이 손님에게 '봉주르'하고 인사해주어야 거래가 이루어진다고 생각한다. 단골손님은 식당에 들어서며 식당 지배인과 악수해야 하고, 치즈 종류에 따라 적절한 나이프를 사용해야 하며, 저녁 식사를 하는 동안에는 정해진 순서대로 술을 마셔야 한다. 일반적으로 식전에는 달콤한 아페리티프를 홀짝이고, 식사 중에는 와인을, 식사 후에는 디제스티프를 마신다.

"음식은 단순히 먹기 위한 것만은 아니다." 30년 전 마거릿이 한 말이다. 마거릿은 『식사 예절』에서 이렇게 주장했다. "우리는 음식을 먹으며 사회적인 인간관계를 맺는다. 한 개인이 가장 필요한 것을 충족하는 행위가 곧 공동체를 만드는 수단이 되는 것이다." 가족, 충성 서약, 봉건제도부터 연방주의에 이르기까지, 음식은 곧 소통과 교감의 수단이다. 음식은 지위와 관계를 규정한다. 그러므로 음식은 정치적이다.

마거릿의 아버지는 광산 기술자였다. 1940년대에서 50년대까지, 마거릿은 잠비아의 구리 광산이 있는 마을에서 유년기를 보냈다. 마거릿은 그 마을을 '식민지의 후미진 곳'이라고 묘사했다. "우리는 끔찍하고 진절머리 나는 음식을 먹었어요. 부모님은 식민지 세대 사람들이어서 음식을 경멸할 가치조차 없는 것으로 취급했죠." 이 말은 통조림 소시지, 샌드위치에 바르는 스프레드, 농축 우유 등이 일상적인 먹거리였다는 뜻이다. 에드워드 7세 시대(1901~1910년) 사람이었던 마거릿의 아버지는 검처럼 예리하게 간 부엌칼로 구운 고기를 썰곤 했다. 훗날 문화인류학을 공부한 마거릿은 그 시대에는 고기 써는 기술이 사회에 꼭 필요한 능력으로 존중받았다는 사실을 알게 되었다. 마거릿의 어머니가 할 줄 아는 요리라고는 구운 감자 요리밖에 없었다. 식사는 유모가 준비했다. 유모는 그 지역 사람이었는데 늘 자신은 먹지 않는 유럽 음식을 만들었다.

마거릿의 아버지는 늘 이야깃거리가 넘치는 사람이었다. 마거릿이 여섯 살 때, 아버지는 뜨거운 수프를 먹는 세 아이에 관한 이야기를 들려주었다. 첫 번째 남자아이는 수프를 후후 불어 식혔고, 두 번째 남자아이는 수프를 휘휘 저으며 식혔다. 그리고 이야기의 주인공인 세 번째 여자아이는 숟가락을 내려놓고 수프가 식을 때까지 기다렸다. 마거릿은 아버지가 들려준 이야기가 바보 같다고 생각했다. "정말 이해가 가지 않았어요. 수프를 후후 부는 게 뭐가 어때서? 어째서 수프가 식을 때까지 가만히 기다려야 한다는 거지? 제 책은 이 질문에서 시작되었죠."

유럽인들은 식탁에서 식사를 한다. 어린 시절 마거릿은 유모의 집에 자주 놀러 갔는데, 거기서는 가족들이 바닥에 앉아(대부분의 문화권에서는 바닥에 앉아 식사한다) 커다란 그릇 하나를 가운데 두고 식사를 했다. 식탁에 앉아서 먹는 것과 바닥에서 식사하는 것은 무엇이 다를까? 내 질문에 마가릿은 미소를 지으며 이렇게 대답했다. "바닥에 앉아 식사하는 사람들은 한 그릇에 담긴 음식을 나눠 먹어요. 식탁에 앉아 먹는 사람들은 개인 접시에 음식을 담아 먹지요. 전자는 집단적이고 후자는 개인적이에요."

마거릿은 대학에서 18년 동안 호머와 그리스 신화를 가르쳤고 이후에는 라디오 토론에 출연하고 잡지에 칼럼을 기고하면서 '우리가 존재하는 방식'이라는 제목으로 일상에 깃든 비유와 전통을 고찰하기 시작했다. 마거릿은 이 주제를 통해 산타클로스부터 아보카도, 하이힐, 팁 문화, 두음 전환(spoonerism, 영어에서 두 단어의 첫 음을 잘못 발음하여 엉뚱한 뜻이 되어버리는 현상으로, 영국 옥스퍼드 대학 학장이었던 W. A. Spooner가 이런 실수를 자주 저질러서 스푸너리즘이라는 이름이 붙었다─옮긴이)에 이르기까지, 삶의 후미진 곳 구석구석을 살피고 성찰했다. "맥락을 찾고 싶었어요. 어째서 인

함께 먹는 것은
인간의 본능이다.

간이 그런 방식으로 행동하는지에 대해 하고 싶은 말이 있었지요." 음식과 음식을 먹는 일상적인 경험은 괜찮은 탐구 대상으로 보였다.

1986년 출간된 첫 책 『저녁 식사에 많은 것이 달려 있다 Much Depends on Dinner』에서 마거릿은 단순한 식단을 선택해 그것의 역사와 현대와의 연관성, 그 식단에 사용되는 식재료의 사회적 의미 등을 성찰했다. 그리고 아메리카 대륙 토착민의 주요 곡식이었던 옥수수가 어떻게 어디서나 구할 수 있는 산업 작물로

냄비에 담긴 뜨거운 요리를
함께 먹는 세 여성.

진화했는지 설명했다. 밀집형 양계장의 끔찍한 사육 환경과 그렇게 해서 얻어진 저렴한 닭고기의 윤리성에도 문제를 제기했다.

이 책은 놀라운 성공을 거두었다. 베스트셀러가 되었고 미국과 영국에서 이런저런 상을 받았다. 이 책은 음식뿐 아니라 음식의 역사와 인간의 경험을 아울러 이야기하는 새로운 토대를 마련했다. 마거릿은 감자와 대구, 소금이 이제 저마다 역사와 이력을 갖게 되어 무척 기쁘다고 말했다. "흥미로운 일상사를 조명하는 것은 현대적이면서도 끝내주게 좋은 아이디어예요…… 일종의 민주주의이자 평등주의죠. 우리가 관심이 있는 것은 왕이나 전사가 아니라 우리처럼 평범한 사람들이잖아요."

그다음 책인 『식사 예절』에서 마거릿은 먹는 방식을 고찰했다. 이 책에서는 아마존 부족의 돌차기 놀이부터 빅토리아 시대의 식사 공간, 성서 속 이야기, 미국 슈퍼마켓의 진열대, 그리고 무수하게 많은 사회적 관습, 습관, 전통, 관례, 금기 등이 비교되고 대조된다. 마거릿은 칼과 포크와 젓가락의 발전 과정을 추적하며 이렇게 묻는다. 포크의 취지는 무엇인가? 왜 창은 네 개인가? 일본에서는 왜 젓가락을 밥에 꽂아두는 것이 무례한 일일까? 왜 서양인들은 식사 후 달콤한 디저트를 먹는데, 중국인들은 수프로 식사를 마무리할까?

어떤 것들은 기술의 발전으로 설명할 수 있다. 가령 나무로 된 빵 접시는 도자기 접시로 대체되었다. 그 밖의 것들은 시대의 흐름에 따라 변했다. 에피타이저를 먹고 나서 메인 요리와 디저트를 차례로 먹는 방식이 인기를 끌게 된 건 파리에서 근무하던 러시아 대사 덕분이다. 이전에는 유럽에서 성대한 파티를 열 때, 모든 음식을 한꺼번에 식탁에 차려두고 각자 원하는 대로 덜

어 먹었다. 안전상의 이유로 만들어진 관습도 있다. 칼은 무기이므로 상대에게 건넬 때는 손잡이 쪽을 내밀어야 한다. 포크는 고기를 자를 때 고기를 고정시키기 위해 찔러 넣는 뾰족한 도구에서 발전했다. 중세 후반, 포크는 이탈리아와 스페인에서 손에 음식을 묻히지 않고 고기를 먹을 수 있는 도구로 큰 인기를 끌었다. 하지만 이 방식에 불만이 있던 사람들은 포크가 콩 요리를 먹을 때는 쓸모없다며 수백 년 동안 비아냥댔다.

우리는 식사 예절을 통해 복잡한 사회적 상호작용을 보고 배울 수 있다. 남성만 참여했던 고대 그리스의 토론부터, 식사 후 남자들이 와인과 담배를 즐기며 쉴 수 있도록 여자들이 자리를 비켜주던 영국의 관습, 남편이 음식의 가장 맛있는 부위를 먹은 뒤에야 비로소 아내가 음식을 먹는 아프리카 여러 지역의 문화에 이르기까지, 식문화는 젠더 문제와도 연관되어 있다고 마거릿은 주장한다.

품위에 대한 기준은 천차만별이며, 어떤 기준들은 서로 부딪치거나 모순되기도 한다. 어떤 지역에서는 즐겁게 식사를 하는 것이 예의인 반면 다른 곳에서는 음식 앞에서 배고프지 않은 척하며 점잖게 굴어야 한다. 방귀가 기분 좋게 취급되는 사회가 있는가 하면, 그 반대인 경우도 있다. 한때 유럽의 회사 사무실에서는 담배를 피우고 침을 뱉는 행위가 용인되었지만 이는 과거의 유럽에만 국한된 이야기다. 이런 사례들만 보더라도 시대적으로, 혹은 지정학적으로 떨어진 곳의 사람들을 모두 아우를 만한 공통적인 예절은 없다. 언젠가 쿠르디스탄의 쿠르드족 족장 집에서 점심을 먹은 적이 있는데, 그곳에서는 모두가 조용히 음식만 먹었고, 최대한 빨리 식사를 마치고 자리에서 일어났다. 그래야 다

냄비에 담긴 뜨거운 요리를
함께 먹는 두 여성.

른 사람이 그 자리에 앉아 식사할 수 있기 때문이다. 조지아산맥
에서는 어느 가난한 가족과 밥을 먹었는데, 그 가족은 나를 거의
인질처럼 잡아두고 끝도 없이 건배를 제안하며 술을 마시게 했
다. 이 경험들은 나를 혼란스럽게 했지만 깨달음을 주기도 했다.
나는 함께 모여 식사하고, 음식을 나누어 먹는 행위가 전 세계의
공통적인 관습이라고 언제나 상상해왔다. 식인 풍습에 관한 장을
읽을 때는 문득 이런 생각도 들었다. '우리에게 공통적인 인간다
움이 있기는 한 걸까?'

　전 세계에 공통으로 적용할 수 있는 식사 예절이 있느냐고
묻자 마거릿은 고개를 가로저었다. "혐오는 타고난 게 아니라 학
습되는 거예요." 규칙과 관습은 '오직 추상적인 것들 속에서만'
보편성을 드러낸다. 어떤 규칙인지는 중요하지 않다. 다만 규칙
들이 존재하며 그 규칙을 준수하는 구성원들이 있다. 규칙을 어
기면 배척되거나 사회적으로 괴롭힘을 당하기 때문에 사람들은
이를 지키려 한다. 마가릿은 『식사 예절』에서 아즈텍 왕국의 식
인 풍습이 용인되었으며 정기적인 관행이었다고 언급했다. 당시
인육을 먹는 행위는 "그 어떤 식사 예절보다 더욱" 의례화된 행
위였다.

　나는 마거릿에게 나쁜 식습관을 본 적 있는지 물었다. 그녀
는 한동안 곰곰이 생각하더니 입을 벌린 채 음식을 먹는 친구가
있다고 했다. 그리고 그 친구는 자신이 왜 저녁 모임에 잘 초대받
지 못하는지 모른다고 덧붙였다. 나는 여러 나라와 문화권에서
경험한 식사 문화를 생각해보았다. 나는 폭동과 싸움, 그리고 무
방비로 두들겨 맞는 사람들을 보았다. 차별을 당하고 비웃음을
사기도 했다. 물건을 도둑맞기도 했고 성추행을 당한 적도 있다.

하지만 식사를 하는 동안 음식을 손으로 집는다든지, 트림을 한다든지, 음식을 손으로 떠서 입으로 가져간다든지, 식사를 하면서 소리를 지른다든지 하는 나쁜 식습관을 본 기억은 정말 단 하나도 떠오르지 않았다. 식사 예절은 사람들의 몸과 정신에 종교나 도덕보다 더욱 깊숙하게 스며 있는 듯하다.

"식사 예절을 따르지 않으면 가차 없이 거절당할 수도 있어요. 정말 지독히도 중요한 문제지요." 마거릿은 말한다. 그녀는 식사 예절이 언제나 일관된 것은 아니지만, 그렇다고 해서 완전히 제각각이라는 생각에도 반대한다. 식사 예절의 기원과 활용 방법, 존재 이유 등을 꾸준히 연구한 마거릿은 '음식을 나누는 행위, 그리고 그렇게 음식을 나누는 것이 바로 정의로운 것이다라는 개념은 세계 공통'이라고 믿게 되었다. 규칙이 있다는 것은 식사 시간에 음식을 두고 싸우지 않는다는 의미다. "매일 먹어야 하기 때문이지요. 매 끼니마다 무질서한 싸움을 벌여가며 밥을 먹을 수는 없잖아요."

나는 이런 식사 예절이 사회적 유대와 조화를 만든다고 확언하고 싶어졌다. 하지만 내가 이 말을 꺼내자 마거릿은 고개를 저었다. 행동 양식은 구성원으로 포함되느냐뿐만 아니라 배척되느냐에도 이용될 수 있다. 주인과 손님 사이에는 주는 자와 받는 자, 책임과 의무 등의 아주 정교한 힘의 균형이 존재한다. 모든 의식적인 행위의 중심에는 폭력에 대한 근본적인 위협이 있다고, 우리는 그것을 반드시 극복해야 한다고 마거릿은 말한다.

마거릿과 콜린은 내게 하룻밤 자고 가라고 했다. 콜린은 저녁 식사로 미트볼과 스페인식 토르티야를 만들었다. 나는 식사 후 설거지를 했고, 그렇게 해서 내가 좋은 손님이며 예의범절을 잘 배운 사람임을 드러내려 했다. 다음 날 일어나니 어제보다 더 많은 의문이 들었다. 문득 포크의 취지를 이해하는 것보다 더 중요한 것은 포크의 존재에 의문을 품는 일이라는 생각이 들었다. 마거릿이 저술한 책의 중심에는 특별하고 근본적인 호기심이 있다. 그녀는 음식과 사회에 관한 획기적인 연구 이후에는 죽음, 건

사람들이 함께
커피를 즐긴다.

축, 고마움 등에 관한 책들을 썼다. 그녀는 세상의 모든 것을 눈여겨본다. "평범한 것을 단조롭게 받아들이고 싶지 않아요. 공통적인 것들에는 합당한 이유가 있기 마련이고, 그것들은 아주 중요하지요. 저마다 역사와 정치, 의미가 있어요. 그리고 거기에는 강한 영향력이 있답니다."

함께할수록
즐거움도 커진다.

"무엇을 먹느냐가 중요한가요, 아니면 어떻게 먹느냐가 중요한가요?" 콜린이 점심으로 타진(고기와 채소를 넣은 스튜의 일종―옮긴이)을 요리할 때, 나는 마거릿에게 물었다. 『저녁 식사에 많은 것이 달려 있다』에서 마거릿은 쌀을 재배하고 개인보다 집단을 강조하는 사회 문화가 생겨나려면 얼마나 많은 노동력이 필요한지 이야기했다.

단일 문화에 점점 더 의존하게 되는 현상은 문화적 간극이 줄어들고 있는 국제화의 흐름 때문일까? 서구 사회에서 다이닝 룸은 시대에 동떨어진 유물이 되었다. 사람들은 텔레비전 앞에서 혼자 식사한다. 비만이 전염병처럼 번진다. 마거릿은 상관관계를 언급했다.

"소비자 중심주의Consumerism라는 말은 먹는다는 의미의 'consume'에서 나왔어요. 오늘날 우리는 음식과 음식을 먹는 행위가 동맹을 맺은 경제 체제에 살고 있지요." 저렴하게 만들어진 음식은 그럴싸한 풍미를 주기 위해 치밀하게 계획되고 제작된다. "1퍼센트가 90퍼센트의 부를 가지는 세상이 됐다고 생각해요. 다수는 침묵하죠. 그들은 왜 자신들이 뚱뚱한지, 슬픈지, 기분이 좋아지려고 쇼핑을 하는지 이해하지 못합니다."

식사 예절은 가치를 상징한다. 그러므로 끊임없이 변화한다. 우리는 부모님이나 조부모님 세대가 걱정했던 격식 없는 행동들, 이를테면 내가 그랬던 것처럼 생선 요리를 손가락으로 집어 먹는 행동들이 통용되는 것을 목격하고 있다. 어쩌면, 마거릿의 말대로 이것이 느슨해진 가족 관계와 유대감의 붕괴를 상징하는지도 모르겠다. 결국 격식이라는 건 다시 함께하고 싶은 바람인지도 모르겠다.

절대 쉬운 답을 주지 않는 마거릿이 반론을 제기한다. "하지만, 지금은 무례함이 격식으로 여겨지고 있잖아요. 이전에 우리가 가졌던 관념과 반대일 뿐이지요. 결국은 같은 거예요. 도긴개긴이지요."

설령 예절이 없는 곳에서조차, 예절은 불가피하다. ●

음식은
관문이다

비니 프라드한
Bini Pradhan
히나 파텔
Heena Patel
이사벨 카우디요
Isabel Caudillo
식당 경영자, 요리사

○

이민자들이 정착하는 곳에 식품 산업이 생긴다. 타국의 언어나 문화에 접근하기 어려운 사람들도 식당 일이나 농장 일은 잘할 수 있기 때문이다. 대다수 이민자 사업가들에게 음식은 생계 수단이자 문화 정체성을 유지하는 매개체다. 이민자들은 요리를 하고 음식을 판매함으로써 그 지역 경제와 공동체에 기여한다. 새로운 곳에 발을 디딘 이민자들은 자신들의 고유한 음식을 소개하고, 새로운 지역의 식재료와 기술을 받아들인다. 요리는 그렇게 만들어진다.

샌프란시스코는 30만 명의 이민자들이 살아가는 도시이며, 그들 중 대다수는 자영업자다. 하지만 천정부지로 치솟는 부동산 가격과 극적으로 변화하는 경제 상황 때문에, 소규모 사업을 꾸리기에, 특히 식당을 운영하기에 샌프란시스코는 미국 내에서 가장 부적합한 도시일지 모른다. 지난 몇십 년 동안 여러 비영리 재단이 다양한 업종의 소규모 사업체들을 돕고 후원해왔다. '라 코시나'는 샌프란시스코의 미션 지역에 있는 음식 관련 기관으로,

수입이 적은 자영업자들, 특히 이제 막 요식업을 시작한 여성 이민자들을 위한 공간이다.

라 코시나는 초보 사업가들이 각자 자신에게 맞는 식당 콘셉트를 찾고, 메뉴를 개발하고, 사업체를 성공적으로 운영할 수 있도록 돕는다. 공동 주방을 제공함은 물론이고, 교육과 마케팅에도 도움을 준다. 2005년 문을 연 라 코시나는 지금까지 50개 이상의 사업체들이 개업할 수 있도록 도왔으며, 이렇게 시작한 식당들 대다수는 현재 자급자족이 가능해졌다. 여기서는 라 코시나 사업자 세 명을 소개할 것이다.

먼저 비니 프라드한은 네팔의 귀족 가문 출신으로, 새로운 기회를 찾아 미국에 왔다. 현재 프라드한은 네팔식 찐만두인 모모스를 주메뉴로 하는 '비니스 키친'을 운영하며, 샌프란시스코 내에 가판 매장 세 개를 열었다.

히나 파텔은 20대 초반에 결혼을 하면서 뭄바이를 떠나 런던으로 갔다. 영국에서 힘겨운 시간을 보낸 파텔은 미국 사업 비자를 얻어 남편과 아이들과 함께 캘리포니아로 다시 이주했다. 캘리포니아에서 파텔은 영어를 배우고 자신감을 얻어 라 코시나에 합류했고, 식당 '라소이 인도 키친'을 차렸다.

이사벨 카우디요는 라 코시나에 합류하기 전, 집에서 음식을 팔았다. 그러다 음식이 입소문을 타며 암암리에 하는 사업 체계가 위험해지자 라 코시나에 합류해 합법적인 사업을 시작할 기회를 잡았다. 카우디요가 운영하는 '엘 부엔 코메르'는 2017년 문을 열어 비평가들의 찬사를 받았다.

이 세 여성은 살아온 배경과 문화가 완전히 다른 이민자 사업가다. 하지만 이들이 들려주는 이야기는 전 세계 수백만 명의 소규모 자영업자들에게 놀라울 정도로 익숙할 것이다.

비니 프라드한
― 조엘 할로웰과의 대화

일단, 내가 만든 모모스를 꼭 먹어봤으면 한다. 우리 식당의 모모스가 세계 어디에 내놔도 뒤지지 않는다고 사람들이 생각해주면 좋겠다. '세계 최고의 모모스'라고 불리면 얼마나 행복할까. 나는 꿈이 있고, 가치 있는 일도 많이 하고 싶다. 내가 만든 모모스가 그 꿈을 이뤄줄 것이다.

　　요리는 나의 운명이다. 어머니는 60년대에 네팔 카트만두 왕실에서 요리사로 일했다. 카트만두는 히말라야산맥이 감싸고 있는 크고 아름다운 도시다. 우리는 희망 가득한 상류층 동네에서 살았다. 내 위로 오빠와 언니가 있었고 나는 막내였다. 우린 좋은 학교를 다녔고 원하는 것은 무엇이든 누릴 수 있었다. 방학에는 여행을 다녔다. 항공 엔지니어였던 아버지는 일 때문에 미국을 자주 오갔는데, 덕분에 우리 가족도 미국에 자주 갈 수 있었다.

　　아버지는 인도에서 대학을 다녔고 프랑스에서 엔지니어 학위를 받았지만 결국에는 사랑하는 모국 네팔로 돌아왔다. 아버지는 어느 사교 모임에서 어머니를 만나 사랑에 빠졌다. 아버지는 네와르족(네팔 카트만두 분지에 사는 소수 민족―옮긴이)이었고 어머니는 인도 최고 계급인 브라만이었다. 두 사람의 연애가 처음부터 허락된 것은 아니다. 아버지 쪽 집안에서는 아버지와 혼인할 다른 사람을 정해둔 상태였다. 하지만 아버지는 충분히 교육을

받은 사람이었고, 굳이 가족에게 의지하지 않아도 생계를 꾸릴
수 있었다. 결국 아버지는 결혼을 하고 나서 가족과 연을 끊었다.

　부모님은 꽤 보수적인 분들이었다. 우리 세 남매는 나이 많
은 사람을 공경하고 음식을 귀하게 여겨야 한다고 배웠다. 나는
어릴 적부터 음식에 관심이 많아서 어머니가 요리하는 모습을 오
래 지켜보곤 했다. 그렇게 어떤 음식에 어떤 향신료를 쓰는지 깨
우쳤고, 다양한 요리법을 배웠다.

　언니는 고등학생 때부터 연인이었던 네팔 남자와 결혼했다.
형부가 미국 대학에 진학하게 되자 언니도 남편과 함께 떠났고,

미국 시민권자가 되었다. 우리 가족의 이민의 역사는 그렇게 시작했다. 2004년 1월 조카가 태어났다. 나는 조카를 보러 샌프란시스코로 갔다. 그리고 다시 네팔로 돌아와서 호텔의 식음료 부서에서 일하게 되었다. 이후 두 번째로 미국에 갔을 때 나는 아주 좋은 조건의 일자리를 제안받았다. 당시 나는 무척 의욕적이었고 샌프란시스코도 마음에 들었던지라 미국에 머물 수 있다는 사실에 행복했다. 샌프란시스코는 다양성이 존재하는 아름다운 도시다. 사람들도 무척 친절했다. 그곳에서 만난 사람들은 마음을 열고 나를 받아주었다. 나는 샌프란시스코에서 아주 많은 기회를 얻었고 11년 전에 미국 시민권도 갖게 되었다.

네팔에서 나는 부족함 없이 살았다. 어려운 문제는 한 번도 겪어보지 않았다. 넉넉한 형편 덕에 다른 이민자들보다 이민 과정도 수월했다. 그러다 전남편을 만나면서 어려움이 닥쳐왔다.

2004년 말쯤, 친구의 소개로 전남편을 만났다. 당시 나는 샌프란시스코에서 요리사로 일했고 전남편은 해군 예비군으로, 미시시피에 있는 간호 학교를 다니고 있었다. 그는 고등학교도 미국에서 다녀서 나와 처음 만났을 당시에는 오히려 네팔어가 조금 서툴렀다. 나는 그 사람과 함께하고 싶었고, 그래서 미시시피로 갔다.

나는 미시시피 같은 곳에 한 번도 가본 적이 없었다. 그 흔한 와플 하우스도 못 가봤다. 우리가 걸어다니면 사람들이 우릴 쳐다봤다. 마치 사람들의 시선이 온몸을 할퀴는 느낌이었다. "아이고, 가엾은 것 같으니." 사람들은 그렇게 말했다. 나는 늘 궁금했다. '가엾다고? 내가?' 이렇게 말하는 사람도 있었다. "자그마하고 예쁘장한 게 꼭 인형 같구나." 사람들의 시선이 언제나 내 몸을 훑고 지나갔다. 반면 샌프란시스코에서는 내가 외국인이라는 사실을 별로 체감하지 못했다. 그곳 주민들도 대부분 다른 나라 출신이었기 때문이다. 샌프란시스코는 모두가 이민자인 그런 도시였다.

그리고 남편의 폭력이 시작되었다. 알코올 중독자였던 남편은 9년 동안 나를 성적으로, 육체적으로, 그리고 정신적으로 학대했다. 나는 매순간 무슨 일이 벌어질지 조마조마했다. 남편은 내가 기도하는 것을 싫어했고, 누군가에게 전화를 걸거나 친구를 사귀는 것도 못하게 했다. 그는 그렇게 나를 철저히 고립시켰다.

그 사람과 살면서 겪은 수천 가지의 나쁜 일들 중 최악의 사건은 그가 내 얼굴에 소고기를 던진 일이었다. 네팔 사람들은 소고기를 먹지 않는다. 하지만 나는 남편을 위해 신념을 접고 요리를 해주곤 했다. 그런데 그는 내 얼굴에 소고기를 던지며 이렇게 말했다. "넌 아무것도 아니야." 사실 그즈음 나는 늘 그렇게 느꼈다. '난 아무것도 아니다. 난 지구상에서 가장 쓸모없는 존재다.'

처음에는 남편의 폭력을 사랑이나 관심으로 이해했다. 한때 나는 네팔에서 교육을 받았고, 유명한 호텔에서 중요한 일을 하기도 했다. 그 시절에는 자신감으로 충만했다. 하지만 남편과 살면서부터 전화 한 통 걸기조차 겁났다. 내 목소리는 언제나 덜덜 떨렸다. 남편은 언제나 나를 평가했고, 조금이라도 일이 잘못되면 가혹하게 비난했다.

그때는 그게 폭력이라는 사실을 몰랐다. 내가 한 번도 겪어본 적 없는 일이었기 때문이다. 부모님이나 언니에게는 남편에 대해 말하지 못했다. 남편이 전화를 사용하지 못하게 해서 언니와 2년 동안이나 통화도 할 수 없었다. 남편이 말하는 대로, 시키는 대로 그렇게 살았다.

　아들이 태어나자 폭력은 더욱 심해졌다. 아이에게 수유를 해야 하는데 젖이 나오지 않아 날마다 스트레스가 치솟았다. 그러던 어느 날 언니가 간신히 내게 전화를 했다. 상황이 최악으로 치닫던 때였다. 내가 남편을 죽이든 남편이 나를 죽이든 할 것 같았다. 나는 캘리포니아 털록에 마련된 쉼터로 갔다가, 거기서 다시 샌프란시스코에 있는 언니네로 갔다. 몇 달 후, 나는 요리를 다시 시작했다.

　언니는 샌프란시스코에서 탁아소를 운영하고 있었는데, 센터의 고객 중 한 명이 내가 음식을 잘한다는 사실을 알아봐주었다. 그분이 나의 첫 손님이었다. 그 일이 출발점이 되었다. 서두르지 않고 아주 천천히, 한 사람 한 사람씩 입소문을 탔다. 일이 점차 잘되자 부모님이 미국으로 와 6개월 동안 도와주셨다. 어머니는 요리를 하거나 음식을 포장했고 아버지는 채소를 썰었다. 형부는 웹사이트를 만들어주었다. 나는 음식이 가득 담긴 가방을 샌프란시스코 여기저기로 배달했다. 배달 가방으로 가득 찬 자동차에 아들을 태우고 저녁 식사거리를 날랐다. 주차장에 차를 잠깐 세워놓고 아들의 기저귀를 갈아야 했던 적도 많았다. 처음에는 언니네 집에서 요리를 하다가 나중에는 지금 살고 있는 아파트로 이사를 왔다. 그렇게 8개월을 일하고 나니 고객이 150명으로 늘어나 있었다.

　당시에 모두들 이렇게 물었다. "라 코시나 출신이세요?" 만나는 사람마다 저 질문을 하는 통에 나는 무척 궁금했다. '도대체 라 코시나가 뭐 하는 곳이지?' 그러던 중 언니의 고객 중 한 명이 그곳에 대해 알려주었다. 사업을 시작할 수 있도록 기본적인 것들을 가르쳐주고 도와주는 곳이라며 나도 신청을 해보라고 권했다. 아마 그 사람은 내게 라 코시나가 필요하다고 생각했던 것 같다. 오리엔테이션에 참가하려고 라 코시나에 처음 간 날을 기억한다. 주방이 사람들로 가득했다. 그때만 해도 내가 그들 중 한 명이 될 줄은 몰랐다.

면접을 볼 때는 언니와 형부도 동행했다. 당시 나는 전남편에게 정신적 학대를 받은 후라 자신감이 바닥에 떨어진 상태였다. 라 코시나 사람들이 내게 사업 계획을 묻기에 나는 그 일을 제대로 해낼 자신이 없다고 솔직하게 말했다. 형부가 나 대신 사업 계획을 말했다. 하지만 음식에 대해서는 자신이 있었다. 라 코시나 사람들은 내 요리 실력을 궁금해 했다. 나는 10여 명 정도 되는 사람들에게 직접 만든 음식을 맛보여줬다. 그들은 모모스를 처음 먹고 아주 마음에 들어 했다. 나중에 나는 전화로 합격 소식을 들었다. 정말 굉장하지 않은가? 도움이 간절한 시기에 라 코시나가 마침 그곳에 있었다니, 정말 놀라울 따름이다.

라 코시나는 나와 아들에게 제2의 집이 되었다. 감사한 이 마음을 어떻게 표현해야 할지 모르겠다. 어떻게 해도 은혜를 갚을 수 없을 것이다. 라 코시나 사람들은 내게 여러 가지로 도움을 주었다. 나는 음식을 만드는 기술은 있었지만, 내가 가진 능력을 확대시키고 빛나게 해준 건 라 코시나다. 어느 날 갑자기 든든하고 안전한 장소가 생긴 것이다. 내 모습 그대로 존재할 수 있는 그런 안식처가 말이다.

내가 만든 음식들은 부담스럽지 않다. 나는 편안하고 건강하며 깨끗한 음식들을 만든다. 손님들은 내가 만든 채식주의자용 모모스를 맛보고는 지금까지 먹어본 모모스 중 최고라고 칭찬한다. 사실 네팔의 거의 모든 음식들이 채식주의자들에게 잘 맞는다. 네팔 사람들은 가끔 잔칫날에나 고기를 먹을 뿐, 평소에는 고기를 먹지 않기 때문이다. 흔히들 네팔 음식이 인도 음식과 똑같다고 오해하는 경우가 많은데, 향신료가 크게 다르다. 심지어 차이 chai에 들어가는 향신료조차 같지 않다. 나는 네팔에서 향신료를 공수해 말린 다음 직접 빻아서 사용한다. 형부가 외딴 마을을 돕는 태양열 사업을 시작하면서 네팔을 자주 오갔는데, 나는 형부에게 향신료를 사다달라고 부탁했다. 그러면 형부는 6개월에 한 번씩 각종 향신료를 가져다준다. 향신료는 들여오는 절차가 무척 까다롭다. 향신료의 이름과 용도를 정확하게 적어 세관원에게 설명해야 들여올 수 있다.

어린아이들도 내 음식을 좋아한다. 언니가 운영하는 탁아소의 작은 아이들도 한 명당 모모스 25개를 먹는다니까 제법 인기가 있는 편이다. 내가 갈 때마다 아이들은 '모모스! 모모스!' 하며 외친다. 아이들의 부모님이 나의 고객이 되기도 한다.

라 코시나와 함께한 지 어느덧 5년이 흘렀고, 물론 지금은 졸업을 했다. 지금은 개인 파티나 기업 파티, 결혼식 등에도 음식을 공급한다. 정말 많은 일들이 일어나고 있다. 요즘에 나는 매주 작은 모모스 28,000개를 만들고, 쌀 450킬로그램과 닭고기 450킬로그램을 요리한다. 그것들을 소살리토에 있는 파머스 마켓과 포트메이슨 공원의 간이식당, 몽고메리 바트역 근처에 있는 작은 가판대 식당에도 팔고, 토요일에는 페리스 빌딩에도 납품을 한다. 내게는 큰 목표가 있다. 음악 축제에서 음식을 팔고, 파머스 마켓과 더 크게 거래하고 싶다. 궁극적으로는 사람들이 앉아서 음식을 먹을 수 있는 공간을 갖고 싶다. 식탁을 몇 개 놓고, 작은 주방이 있으면 좋겠다. 오픈 주방으로 설계하여 오가는 사람들이 내가 모모스를 만드는 모습을 보았으면 한다. 하지만 나의 가장 큰 목표는 미국 전역에 수백 개의 작은 매장을 여는 것이다. 어느 곳에서나 나의 모모스를 볼 수 있도록 말이다.

요리를 할 때면 마음에서 우러나온 무언가가 직원들에게 전달되고, 그것이 음식으로, 그리고 음식을 먹는 사람에게로 전해진다고 생각한다. 내가 만든 음식을 맛본 사람이 미소를 지으면 하루를 버틸 힘이 생긴다. 그게 사랑이라고 생각한다. 나는 나의 음식이 영혼을 위한 것이라고 말하곤 한다. 음식이 먹는 이들의 몸은 물론 영혼에도 보탬이 되길 바라며, 그런 마음을 담아 요리한다. 요리하는 사람에게는 이런 태도가 무척 중요하다고 생각한다.

예를 들어 아침에 배우자와 싸우고 부엌으로 가면, 요리를 할 때도 사나운 심정이 된다. 행복할 때 만든 요리는 더욱 맛이 좋다. 나는 직원들에게 늘 이렇게 말한다. "지금 화가 난 상태라면 잠시 요리를 멈추고 어디 가서 고함을 지르거나 산책을 하세요. 여러분은 지금 음식을 만들고 있습니다. 화가 난 상태로 요리를 하면 안 됩니다."

지금 있는 직원 열두 명은 대부분 티베트와 네팔 출신이다. 책임감도 막중하지만, 큰 축복이라고도 생각한다. 그리고 나 스스로도 편안해지려고 노력한다. 내가 편안해야 다른 사람도 더 잘할 수 있기 때문이다. 나는 샌프란시스코의 최저 임금 인상에 대해 매우 감사한다. 물론 나는 사업을 하는 사람이고 악전고투하고 있지만, 직원들 모두가 열심히 일하고 있으니 노동의 대가를 잘 받아야 한다고 생각한다. 우리 직원들은 최고다. 나는 직원들을 보살피고 직원들은 나를 보살핀다.

　미국에 오기 전에 영어를 배운 것은 무척 행운이다. 앞으로는 기술이 없거나 제대로 지원받지 못한 이민자들을 돕고 싶다. 제대로 교육받지 못한 사람들이 많다. 나처럼 폭력에 시달린 여성들에게는 도움받을 공간이 필요하다. 내가 성공하면 더 많은 이들을 더 많이 도울 수 있을 것이다.

　나는 성공한 요리사가 되는 것 다음으로, 가정 폭력 피해 여성들을 돕는 것을 목표로 삼았다. 나와 비슷한 일을 겪은 여성들을 돕기 위해 매일 조금씩 저축도 하고 있다.

　폭력에 시달렸던 날들을 돌이켜보면, 신체적인 학대보다 정신적인 학대가 상대적으로 극복하기 어려웠다. 어느 정도 안정을 찾은 후에야 나는 스스로의 목소리에 귀를 기울여야 한다는 사실을 깨달았다. 나와 비슷하게 죽음의 공포를 느꼈던 이들도 있을 것이다. 그 사람들과 만나볼 수 있으면 좋겠다. 여성들, 특히 이민자 여성들은 말할 곳이 충분하지 않다. 공포란 참으로 이상한 것이어서, 사람을 불안감에 얼어붙게 한다.

　현재 우리 가게 직원들은 모두 이민자들이다. 다들 미국의 새로운 정책 때문에 엄청난 공포를 느끼고 있다. 뉴스에 무슨 소식이 나오면 그들은 잔뜩 겁에 질린 채 내게 오곤 한다. 그 정책은 내 사업에도 영향을 미친다. 사람들은 예전처럼 소비를 하지 않는다. 심지어 미국에서 나고 자란 고객들도 그렇다. 다들 소비를 줄이고 돈을 꽁꽁 묶어둔다. 결혼식 같은 행사에도 비용을 아끼려고 하고, 일주일에 네댓 번 점심을 사먹던 사람들이 이제는 일주일에 한 번으로 외식을 줄였다. 새로운 정책이 우리 모두에게 영향을 미치고 있다.

내 침대 옆에는 지혜와 행운의 신인 가네샤와 부와 풍요의 신 락슈미를 모셔둔 작은 신전이 있다. 나는 매일 아침 그곳에서 명상을 한다. 부모님을 위해, 사업을 위해, 사랑하는 사람들을 위해 초에 불을 밝힌다. 우리 직원들을 위해서도 불을 밝힌다. 초 하나마다 내가 기도하는 사람이 있다. 그런 식으로 나는 내 바로 앞에 있는 절대적인 존재에게 말을 건넨다. 그렇게 하다 보면 수호천사가 나를 보살펴주는 느낌이 든다. 그게 나를 지탱하는 힘이다.

전남편을 떠난 지 2년 반이 흐른 지금, 나는 그를 용서하기 위해 애쓰고 있다. 그를 위해서가 아니라 나와 아이를 위한 일이다. 나날이 찾아오는 억울하고 슬픈 감정이 무척 싫었다. 나는 일주일에 한 번씩 아들과 함께 마음 치료를 받으러 다녔다. 아들은 참 멋진 녀석이다. 밤에 집에 가면 아들이 창문에 매달려 소리치는 게 보인다. "엄마! 엄마!" 아들의 사랑은 모든 것을 녹여버린다. 나도 좋은 엄마가 되고 싶다.

7월이면 아이가 아홉 살이 된다. 요즘 나는 아이에게 물고기를 가져다주기보다는 물고기를 낚는 법을 보여주고 있다. 다른 사람들을 돕고 싶은 이유 중에는 아이에게 좋은 본보기가 되고 싶다는 마음도 있다. 나는 아들에게 여성을 존중하라고 가르친다. 자녀를 둔 부모라면 옳은 일을 하고 싶은 게 인지상정이다. 내가 정말 열심히 산다면, 아이에게 좋은 본보기가 될 것이다.

현재 나는 의미 있는 삶을 살고 있다. 매일 충만한 기분이 든다. 일을 할 수 있는 날까지 절대 멈추지 않고 계속할 것이다. 살다 보면 무슨 일이든 생길 수 있다. 알고 있다. 전남편과 결혼했을 때, 신은 내게 남편의 성공을 도와주는 역할을 부여했다고 생각한다. 그 사람에게는 도와줄 누군가가 필요했다. 나는 그를 도와주는 역할을 해냈고 덕분에 그 사람은 지금 간호사가 되었다. 내 공을 내세우려는 것이 아니다. 그저 그때의 나도 어떤 목표를 위해 존재했다는 말을 하고 싶은 거다.

지금은 새로운 목표를 가지고 다른 사람들을 돕는다. 공동체에 무언가 기여하고 싶다면, 사람들이 내 모습을 있는 그대로 볼 수 있도록 솔직해지면 된다. 내가 겪었던 폭력에 대해 이야기하는 일은 전혀 두렵지 않다. 어쩌면 나의 경험이 누군가에게 도움이 될 수도 있기 때문이다. 사람들은 내 이야기를 읽고 이렇게 생각할지도 모른다. '이 여자는 이민자군. 그런데도 살아남았고, 성공했어. 그리고 이제는 남을 도와주고 있네.'

히나 파텔
— 애럴린 보몬트와의 대화

나는 인도 서부에 위치한 뭄바이와 아마다바드 사이에서 대가족과 함께 살았다. 그곳의 시간은 표준 시간보다 30분이 빨랐다. 아마다바드에서 꽤 큰 지역인 구자라트주에서는 주민들 대부분이 종교적인 이유로 채식을 한다. 이제 와 돌이켜보면 유년 시절 내가 먹던 음식들은 전부 채식주의 식단이었다.

월요일부터 토요일까지, 어머니는 하루에 두 번 요리를 했다. 아침에는 제대로 음식을 차렸고 저녁에는 좀 더 가볍게 차렸다. 집에서는 밥과 로티, 피클 그리고 두 가지 종류의 채소를 먹었는데, 하나는 녹색 채소였고 다른 하나는 단백질을 보충해주는 콩류였다.

할머니와 어머니는 주로 야외에서 요리를 했다. 두 사람이 불을 지피면 집 안에서도 그 불이 보였다. 할아버지는 주로 정오나 1시까지 밭일을 하시다가 집으로 돌아와 준비된 음식을 잡수셨다. 모든 음식은 손수 기르고 재배한 것들로 만들었다. 할머니는 농장에서 갓 딴 망고로 신선한 망고 처트니(과일, 설탕, 향신료 등으로 만드는 걸쭉한 소스—옮긴이)를 만들곤 하셨다.

할머니는 양파를 칼로 썰지 않고 손으로 짓이겨 즙을 내곤 했는데 그 즙이 참 맛있었다. 칼로 썰어서는 절대 그런 맛을 낼 수 없다. 지금도 사소한 것들이 새록새록 기억난다. 그리고 그 방법 그대로 요리를 한다. 혼합 향신료인 가람 마살라 같은 것은 일절 넣지 않는다. 강황, 소금, 고춧가루, 고수 등 가장 단순한 재료들로만 만든 음식이 얼마나 맛있는지 잘 알고 있기 때문이다.

대가족이어서 주위에는 늘 음식이 있었다. 인도에서는 결혼식이 아주 큰 행사여서 4~5일 동안 잔치를 벌인다. 나는 일곱 살인가 여덟 살 때부터 밤늦게까지 어머니와 할머니가 요리하는 모습을 보곤 했는데, 결혼식이 있으면 어머니와 할머니는 밤새 일하며 네댓새 동안 먹을 음식을 넉넉하게 준비했다. 두 분은 그 많은 음식을 준비하면서도 능숙하게 뭐든 척척 해냈다. 커다란 냄비에 엄청난 양의 음식이 조리되는 광경을 넋 놓고 봤던 기억이 난다.

나의 첫 요리는 재앙에 가까웠다. 어머니가 저녁에 먹을 감자 사브지를 만들어보라고 해서 내가 요리를 했다. 감자를 구워서 만든 사브지는 차파티(밀가루를 반죽해 둥글고 얇게 구워 음식을 싸

먹는 용도로 만든 납작한 빵―옮긴이)와 잘 어울리는 담백한 음식인데, 나는 그 간단한 요리조차 제대로 못했다. 감자를 물에 담가두는 것을 깜박 잊는 바람에 감자들이 전부 갈변되었던 것이다. 나는 모든 재료를 한꺼번에 넣고 기름을 들이부었다. 그랬더니 어머니가 이렇게 말했다. "됐다. 이제 절대 요리는 하지 말거라." 그게 나의 첫 번째 요리 경험이다. 우리 집은 자매가 넷이었는데 어머니는 우리 한 명, 한 명에게 요리를 가르칠 만큼 인내심이 많지 않았다. 어머니는 요리를 가르쳐주기보다는 이렇게 말했다. "내가 해볼 테니 보고 그대로 따라 해."

가족이 뭄바이에 있을 때는 도시 외곽의 작은 아파트에서 다 같이 살았다. 쾌적하지는 않지만 많은 사람들이 북적이는 도시라 꽤 재미있었던 것으로 기억한다.

뭄바이는 샌프란시스코와 비슷한 점이 많다. 샌프란시스코가 더 큰 도시고, 서로 다른 지역의 음식들이 공존하기는 하지만 말이다. 뭄바이에는 인도 음식만 있었지만 그곳에서 내 시야는 더 넓어졌다. 위층에는 내가 '카키'라고 부르던 이웃이 살았다. 인도어로 카키는 아주머니라는 뜻이다. 열여섯 살쯤 되었을 때 나는 위층에 올라가 아주머니가 요리하는 모습을 보곤 했다. 아주머니의 요리는 엄마의 요리와 많이 달랐다. 나는 그때 아주머니가 만들던 요리를 지금도 계속 만들고 있다. 파톨리라는 음식인데 타말리와 비슷하다. 아주머니는 쌀가루와 코코넛 반죽에 생강과 고추를 넣고, 잎 두 장으로 감싸서 반죽을 쪘다. 그리고 찍어먹을 땅콩기름을 곁들였다. 채식 요리인데 정말 맛있었다. 아주머니는 이제 나이가 너무 많아지셔서 그 요리를 할 수 없지만 아직 우리 부모님과 연락을 주고받으며 지낸다.

뭄바이의 집은 구자라트에서 살던 집과 비교하면 아주 좁았다. 구자라트는 집들도 크고 농장들이 많았는데 뭄바이에서는 보통 방 두 칸짜리 아파트에서 지냈다. 대가족이어서 뭐든지 나눠써야 했다. 아파트에 사는 주민들은 모두 문을 활짝 열고 지내서 어느 집에서 무슨 요리를 하는지 늘 냄새로 알 수 있었다. 옆집에는 제인네 가족이 살았다. 온 가족이 채식주의자였는데 종교적인 이유 때문에 감자도 먹지 않았다. 제인네 집에서는 카크라를 자주 만들어 먹었다. 카크라는 밀가루로 만든 아주 얇고 바삭한 크래커에 위에 향신료만 조금 뿌린 요리다. 제인 가족은 밤이고 낮이고 카크라만 먹었다. 그 집에는 성인 여성 네 명과 아주 많은 아이들이 있었다. 나는 그 집 딸들 중 한 명과 친구여서 늘 카크라를 먹으러 놀러 가곤 했다.

스무 살이 되던 해, 아버지가 내게 물었다. "공부를 더 하고 싶니?" 내가 싫다고 하자 아버지는 이렇게 말했다. "그럼 결혼을 해야 한다." 나는 알겠다고 했다. 나는 아버지의 말에 절대 토를 달지 않았다. 그렇게 학교를 졸업하자마자 결혼을 하게 되었다.

결혼은 런던에서 했다. 고모가 런던에 살고 있었고, 내 언니도 런던에 살던 인도 남자와 결혼해 그곳에 살고 있었기 때문이다. 그때만 해도 참 순진했던 것 같다. 내가 원하는 게 뭔지 한 번도 생각해보지 않았으니까. 결혼 전 아버지는 나를 위해 맞선 자리를 여러 차례 마련해주셨다. 남편은 다섯 번째로 만난 사람이었다. 그때는 남자들을 만나 퇴짜 놓는 게 얼마나 재미있었는지 모른다. 그 시절에는 모든 것이 좋았다.

남편과 만난 지 2주 만에 약혼을 했고, 11월에 런던으로 가서 12월에 약혼식을 올렸다. 그리고 1년 후 다시 인도로 돌아와 12월에 힌두식으로 결혼식을 치렀다.

런던에 있을 때 나는 영어를 못했지만 가족들과 구자라트어로 이야기를 했기 때문에 크게 불편함이 없었다. 결혼을 하고 나서는 남편 쪽 식구들과 살아서 영어를 쓰지 않고도 별 어려움이 없이 살 수 있었다. 미국에 와서 사업을 하면서부터는 영어를 해야 했지만, 런던에 있을 때는 모두가 구자라트어를 사용했기 때문에 영어를 배우는 게 시급하다는 사실을 깨닫지 못했다. 그땐 친구도 없었다. 그 나라 언어도 못하면서 친구를 사귀기란 쉽지 않았다. 돌이켜보면 런던에서 나는 무척 외로웠던 것 같다.

런던에서 5년을 보냈다. 일을 시작했지만 바로 임신을 하는 바람에 1년 동안 시어머니와 함께 집에 있었다. 그때 시어머니에게 요리를 배웠다. 시어머니는 인도에서 결혼을 하고 우간다의 수도인 캄팔라로 떠났던 분이었다. 시어머니는 내게 인도에서는 한 번도 사용해보지 않은 채소들에 대해 알려주었다.

남편의 가족들은 아프리카에서 15년을 살다가 런던으로 왔다. 가족이 다 같이 이민을 오면 어떻게든 적응을 하는 것 같다. 반드시 그래야만 하기 때문이다. 살던 곳에서 늘 먹던 음식을 새로운 곳에 가서 다시 하려고 하면 재료를 구하기 힘들 때가 많다. 그러면 방법을 바꿔야 한다. 시어머니는 뭄바이에서 자랐지만 구자라트 사람이었다. 아프리카로 간 그녀는 그곳에서 구할 수 있는 재료들로 뭄바이에서 먹던 음식을 만들기 위해 노력했다.

시어머니는 플랜테인(바나나와 비슷하게 생긴 채소―옮긴이)과 땅콩, 코코넛을 이용한 채소 사브지를 자주 만들었다. 반면 어머니는 고추를 듬뿍 넣은 요리를 좋아했다. 남편 쪽 식구들은 매운 걸 질색했는데 우리 어머니는 아주 좋아했다. 어머니는 두세 종류의 고추를 직접 길렀고, 누가 고추를 먹는 모습만 봐도 뿌듯해할 정도로 고추를 좋아했다.

시어머니는 요리를 하는 동안 기다리고 인내하는 법을 가르쳐주었고, 어머니는 맛을 가르쳐주었다. 오늘날 내가 요리할 때 사용하는 재료들은 두 사람의 음식 맛에 대한 기억을 토대로 한 것들이다. 나는 다른 재료로 같은 맛을 내려고 노력한다. 내가 사는 곳에서 얻은 재료들로 요리해야 하기 때문이다. 일단 버섯을 많이 사용한다. 버섯의 작은 구멍들로 양념이 스미는 걸 무척 좋아하는데, 사실 어머니는 한 번도 요리에 버섯을 사용하지 않았다. 인도에서는 버섯이 하수구나 배수구 근처에서 많이 자라기 때문이다. 어머니는 버섯을 음식이라고 생각하지 않았고, 우리 가족은 버섯을 먹을 수 있다는 사실을 잘 이해하지 못했다.

내가 운영하는 라소이는 '주방' 혹은 '요리하는 과정'이라는 뜻이다. 나는 요리하는 과정이라는 의미로 사용했다. 내가 어머니나 위층 아주머니, 시어머니가 요리하는 모습과 과정을 지켜보면서 영향을 받았기 때문이다. 내가 아무리 똑같이 요리를 해도 그분들이 했던 음식과는 맛이 다르다는 사실을 잘 알고 있다. 요리를 하다 보면 저마다 다른 재료를 조금씩 다른 비율로 사용하기 때문이다.

1992년, 우리는 사업 비자를 받아 미국에 왔다. 런던에서는 행복하지 않았다. 새로운 곳에 적응도 해야 하고, 결혼 생활도 막 시작한 데다가 아이까지 생기면서 모든 일들이 한꺼번에 닥쳐왔다. 런던이라는 도시에 적응하기에도 벅차서 도시를 느긋하게 즐길 수 없었다.

게다가 남편이나 나나 너무 어렸다. 남편은 자신의 직업에 만족하지 못했고, 생계를 꾸리기도 불가능했기에, 가족들과 함께 살아야 했다. 미국에 와서야 다른 길들이 보이기 시작했다.

남편의 동생은 이미 샌프란시스코 남쪽에 있는 소살리토에 살고 있었는데 이렇게 말했다. "내가 사는 곳에 와서 한번 둘러보는 게 어때? 이곳이 마음에 들면 정착하도록 도와줄게." 그렇게 기회가 생겼다. 우린 뭘 어떻게 해야 할지 몰랐지만 2년짜리 사업 비자를 가지고 있었기에 가보기로 했다. 만약 일이 잘되지 않으면 다시 돌아오면 그만이었다. 그때만 해도 가게를 열고 싶다고 하면 2년짜리 비자를 쉽게 내줬다. 미국에 가서는 비자가 만료되기 전에 사업체가 있다는 걸 증명하기만 하면 됐다.

캘리포니아에 올 무렵에는 내 요리 실력도 제법 좋아졌다. 아이들이 라자냐와 파스타를 먹고 싶어 해서 다른 나라 요리도 배웠다. 나는 이탈리아산 치즈 대신에 인도에서 즐겨 먹는 치즈인 파니르를 라자냐에 넣었다. 물론 파니르도 직접 만들었다. 그렇게 인도의 풍미가 가미된 다른 나라 음식을 만들기 시작했다. 한번은 딸이 이렇게 말했다. "엄마, 엄마가 만든 타코에서 인도 음식 맛이 나."

나는 배움에 목마르다. 생선을 먹지 않아서 생선 요리법은 알 필요가 없는데도, 요리법을 익혀서 내 음식에 활용하고 싶다. 바비큐에 대해서도 더 알고 싶다. 푹 익히는 요리법과 덜 익히는 요리법을 배우고 싶고 더 좋은 맛도 내고 싶다. 이곳에서 다른 여러 지역의 요리들을 보다 보니 정말 많은 요리법이 있다는 걸 깨달았다. 이곳에 오기 전에는 중국 음식이나 태국 음식은 한 번도 먹어보지 못했는데, 정말 매콤하고 맛있었다. 인도 음식과는 또 다른 풍부한 맛이었다. 특히 태국 음식이 나의 교과서가 돼주었다.

처음 샌프란시스코에 왔을 때는 인도 식료품점이나 식당이 많지 않아서 식재료를 사러 버클리까지 가야 했다. 그때만 해도 인도 음식을 먹거나 버클리에 있는 음식점 '빅스 차트'까지 가는 게 여간 큰일이 아니었다. 빅스 차트에서는 뭄바이 길거리 음식들을 팔았는데, 내가 어릴 적 먹던 음식과 똑같은 맛이 났다. 나는 매주 이런저런 핑계를 대고 그 식당에 갔다. 남편에게 이렇게 말하곤 했다. "장 보러 가자." 그러면 남편이 이렇게 대답했다.

"하지만 필요한 게 아무것도 없는걸." 그래도 갔다.

빅스 차트에서 음식을 먹으면 뭄바이와의 유대감이 진하게 느껴졌다. 그때만 해도 식탁이 몇 개 없어서 자리가 날 때까지 기다려야 했다. 다들 줄을 서서 다른 사람들의 식사가 끝나기를 기다렸는데 그것마저도 정말 인도식이었다.

샌 라파엘에 있는 파머스 마켓에도 갔다. 파머스 마켓은 정말 멋졌다. 굉장히 크고 여유로우며 멋진 정원도 있었다. 엄마는 파머스 마켓을 보더니 이렇게 말했다. "꼭 뭄바이 같구나. 고향에 온 것 같아." 뭄바이에 살 때는 길거리에 상인들이 나와서 온갖 것들을 팔곤 했기 때문이다. 우리도 거기서 음식이며 물건을 샀다. 딸을 수레에 태우고 여기저기 다니면 내가 인도 사람인 걸 알아챈 상인들은 이렇게 말했다. "메티 드릴까요? 호로파 드려요?" 상인이니까 하는 말이지만, 어쨌든 기분은 좋았다.

음식은 나와 다른 사람을 이어주는 매개라고 생각한다. 내가 만든 음식, 내가 사용한 재료에 대해 사람들과 의견을 나눌 수 있기 때문이다. 하지만 누군가 음식이 너무 맵다고 말해도 덜 맵게 만들지는 않을 것이다. 그건 바꾸고 싶지 않다. 나는 내 음식에 대한 기억을 계속 지키고 싶다.

남편과 나는 마린 카운티에 있는 샌 라파엘에 술과 꽃을 파는 상점을 열었다. 나는 꽃을 팔고 남편은 술을 팔았다.

2000년, 우리는 옆 가게에서 샌드위치를 팔던 식당을 통해 영주권과 노동 허가 승인을 받았다. 그런데 그 가게가 2호점을 열면서 저녁 시간에 식당을 관리할 매니저를 찾았다. 식당 주인은 내게 이렇게 말했다. "히나, 바쁜 건 알지만 당신이 정말 마음에 들어서 부탁하는 거예요. 당신이 우리 식당 매니저를 해줬으면 해요." 나는 할 수 있다고 대답하고 운영하던 꽃 가게를 닫았다. 그때 식당 운영에 대해 정말 많이 배웠다. 식당 일이 어떻게 돌아가는지, 운영에 돈이 얼마나 드는지 알게 되었다. 말하자면 그곳에서 첫 사업 경험을 한 것이다. 그리고 그 경험이 하나의 씨앗이 되었다.

문제는 술을 파는 가게를 운영하면서 술을 전혀 마시지 않는다는 거였다. 샌드위치 전문점에서 일하면서 고기도 먹지 않았다. 주위에는 내가 푹 빠질 수 없는 것들만 가득했다. 문득 내가 정말 좋아하는 음식을 만들고 판다면 어떤 기분일지 궁금해졌다. 그때까지 나는 남이 시키는 대로 살았지, 정작 내 뜻대로 뭔가 시도한 적이 없었다. 요리를 좋아했지만 시간이 부족했다. 아이들이 크면서는 일도 점점 버거워졌다. 요리는 품이 많이 드는 일이다. 나는 일단 우리 사업이 정리될 때까지 기다렸다. 그리고 나 자신에게 이렇게 말했다. '좋아, 지금이야. 이젠 정말 그 일을 하고 싶어. 나이도 점점 들어가는데 시도도 하지 못하고 후회하기는 싫어.'

마침 딸의 친구가 경영 대학에 다니고 있어서 그 친구에게 사업 계획서를 어떻게 쓰는지 물어봤다. 그랬더니 그 애가 라 코시나에 꼭 가보라고 했다. 나는 재단이 이민자 여성의 창업을 돕는다는 게 마음에 들었다. 마치 나에게 직접 하는 말처럼 들렸다.

당시 나는 돈도 없고 전문적으로 요식업을 할 수 있는 지식도 전무했다. 그저 아는 거라고는 요리하는 방법뿐이었는데, 그것만으로 사업을 시작하기는 어려웠다. 요식업에서 요리가 차지하는 비중은 20퍼센트 정도밖에 되지 않는다. 알아야 할 게 정말 많다. 마케팅도 알아야 하고 요리법도 계량화해서 정리해야 하고, 돈의 흐름을 알 수 있어야 한다. 라 코시나는 바로 그 부분을 돕는다.

딸 친구가 이런 말을 했다. "아주머니, 라 코시나에서 아주머니를 받아주지 않더라도 너무 실망하지 마세요. 거긴 경쟁이 정말 치열해요." 나는 직접 만든 음식을 가지고 오리엔테이션에 참가했다. 평소 자신 있던 요리 대여섯 가지를 준비했다. 주로 바다파브, 파브 바지처럼 한입에 쏙 들어가는 뭄바이 길거리 음식들이었다. 심사하는 분들이 얼마나 먹을지 몰라 최대한 많이 준비해갔는데, 다들 정말 좋아했다.

라 코시나와 처음 일을 시작할 때만 해도, 나는 내가 모든 것을 다 알고, 제대로 하고 있다고 생각했다. 그런데 몇 년 동안 사업을 하다 보니 내가 만들고자 하는 요리가 이윤이 나지 않을 수도 있다는 사실을 알게 되었다. 나는 너무 단순하거나 흔한 음식은 만들고 싶지 않았다. 그런데 사람들은 단조로운 음식을 찾는다. 나는 메뉴도 바꾸고 요리하는 법도 다시 배워야 했다. 사람들이 좋아하는 것을 고려해야 했기 때문이다.

최근에는 고기 메뉴도 만들었다. 단순히 사업성이 좋다고 판단해서다. 하지만 나는 여전히 고민 중이다. 내 식당을 갖게 되면 채식주의 식단만 팔지도 모른다. 그렇다고 고기가 나쁘다는 것은 아니다. 훌륭한 고기 요리법을 알고 있다면 굳이 만들지 못할 이유는 없다. 특히 양고기 미트볼처럼 새로운 음식을 요리할 때면 굉장히 설렌다. 고기 요리를 할 때는 함께 곁들여 먹을 소스와 고기를 재울 향신료를 미리 맛보는데, 이 일은 남편이 한다. 남편은 실험용 쥐가 되는 걸 무척 좋아해서 늘 내가 한 음식을 먹고 평가해준다. 남편은 내 요리의 열렬한 팬이다.

요식업은 온 가족의 손길이 필요하다. 아이들은 이메일을 쓰고, 인스타그램과 트위터에 게시물을 올려준다. 꾸준히 배우고는 있지만 아이들 속도는 따라가기 어렵다. 나는 문법을 자주 틀린다. 그럴 때면 아이들이 내 인스타그램 계정에 로그인해서 글을 고쳐준다.

이 일을 하면서 나는 자신감도 얻었고 더 강해졌다. 앞으로는 더 큰 목소리를 내고 싶다. 이민자라도, 인도 출신이라도, 그런 이유 때문에 상황이 나빠지지 않는다는 걸 증명해 보이고 싶다. 인도에서 여러 자매들과 함께 자라는 동안 나는 자신감을 가져본 적이 없었다. 자라면서 나는 늘 차분해지라는 말을 들었고, 그래서 한 번도 내 의견을 주장한 적이 없었다.

한번은 꽃 가게를 할 때 전화 주문이 온 적 있었는데 상대방이 말하는 전화번호를 알아들을 수가 없었다. 영국과는 번호 체계가 달랐기 때문이다. 전화를 건 손님이 화를 내며 이렇게 말했다. "전화번호 하나 똑바로 못 받아 적으면서 무슨 놈의 장사를 한다고 그래? 너네 나라로 가버려!"

수화기를 쾅 내려놓았어야 했는데 나는 그 말에 큰 충격을 받았다. '어떻게 저런 말을 할 수가 있지? 단지 번호를 못 적었을 뿐인데?' 런던에서도 이곳보다 더한 인종차별을 겪었지만 조국을 떠나면 으레 겪어야 하는 일이라고만 생각했다. 런던에서 나는 아주 젊었다. 하지만 나이가 드니 내가 잘못한 게 없을 때는 맞서 싸워야 한다는 걸 알게 되었다. 지금은 그런 식의 차별이 나를 더욱 강하게 만든다.

그건 자신감 문제라고 생각한다. 물론 교육도 도움이 된다. 나는 아이들이 좋은 사람이 되는 법을 알았으면 한다. 물론 걱정도 된다. 특히 아들은 얼굴에 수염이 많다. 미국 시민권이 있다고 해도 늘 걱정이 된다. 무지한 사람들은 아들이 무슬림일 거라고 가정한다. 그래서 아들의 등굣길은 늘 살얼음판 같다. 하지만 나는 아들이 인도 사람임을 자랑스러워했으면 좋겠다. 그래서 아들에게 한 번도 수염을 깎으라는 말을 하지 않았다. 나는 아이들이 자신들이 진정으로 누구인지 알고 다른 사람도 인간적으로 대할 수 있는 사람이 되길 바란다. 자신에게 솔직해지는 건 대단히 중요한 문제다. 나 자신에게 솔직해져야 인종차별을 당했을 때에도 맞설 수 있기 때문이다.

내 음식에는 이민자의 이야기가 담겨 있다. 나는 사람들이 낯선 음식을 먹을 때 사회가 더욱 풍요로워진다고 생각한다. 사람들이 익숙한 음식만 주문하면 실망스럽다. 내가 알고 있는 요리를 사람들에게 보여주고 싶다. 파브 바지는 토마토나 콜리플라워, 초록 콩 등 집에 남은 채소들을 으깨 매운 향신료와 함께 만든 요리다. 차트 마살라는 부드러운 빵과 함께 먹는 음식인데, 어릴 적 내가 뭄바이에서 가장 즐겨 먹던 음식이다. 그 음식들을 먹었을 때 내가 느꼈던 설렘을 다른 사람들도 경험해봤으면 좋겠다. 물론 쉽지 않을 것이다. 내가 소개하는 음식들은 그들에게 익숙하지 않기 때문이다.

나는 이것이 일종의 모험이라고 생각한다. 토요일마다 열리는 파머스 마켓에서 파브 바지를 달걀 요리와 곁들여 내고 싶다. 미국인에게는 달걀 요리가 친밀하기 때문이다. 사람들은 이렇게 생각할 것이다. '이 음식은 샌드위치랑 비슷하니까 먹을 수 있겠

군.' 사람들이 나의 음식을 한번 먹어봤으면 하는 마음이기 때문에 나는 그런 요리법을 택한 것이다. 사람들이 다양한 음식을 맛봤으면 좋겠다. 그래서 나는 사람들이 잘 아는 음식을 나의 음식으로 다시 만들 것이다.

지금은 인도에 가면 오히려 이방인이 된 기분이 든다. 가족들과 떨어져 샌프란시스코에 살면서 스스로가 많이 변한 것 같다. 남편과 나만 샌프란시스코에 동떨어져 있는 기분이다. 남편의 동생도 런던으로 돌아가서 이젠 정말 우리뿐이다. 그래서 서로 더 의지하고 가까워지게 되었다. 라 코시나를 비롯한 지역 공동체나, 영주권을 받을 수 있도록 도와준 샌드위치 가게 사장님 같은 이웃에게도 많이 의지한다. 이제는 그 사람들이 내 가족이나 다름없다.

　다음 달에는 인도에 간다. 연로하신 부모님은 이제 마음도 약해진 것 같다. 부모님과 더 많은 시간을 보내고 싶다. 인도에 가서 인도 음식을 먹을 생각을 하면 정말이지 신이 난다. 지금은 인도 요리도 많이 변하고 있다. 내 어린 시절보다 식재료들이 훨씬 다양해졌다. 키위와 브로콜리가 대표적이다. 세상은 점점 좁아지고 있다. 유튜브에서는 인도 음식을 소개한다. 텔레비전 프로그램을 보면 다들 멕시코 요리 이야기를 한다. 다들 멕시코 음식과 중국 음식에 관심이 많은 모양이다. 물론 나는 인도 음식에 관심이 훨씬 많다.

이사벨 카우디요

— 파올라 베르가라와의 대화

2001년, 나는 가족과 함께 더 나은 미래를 찾아 미국에 왔다. 우리 가족이 살던 곳은 멕시코시티에 인접한 라모스 밀란이었다. 거기서 남편은 택시 운전을 하고 나는 집에서 세 아이들을 키웠다. 처음 미국에 왔을 때에는 캘리포니아 북부에 있는 샌타로자에서 남편 조카네 집에 석 달 동안 살았다.

샌프란시스코에 오니 비싼 집세가 실감났다. 남편은 식당에 일자리를 구했고 나도 보모 일을 구했다. 나는 1년 동안 다섯 명의 아이들을 돌봤다.

라모스 밀란에서 친구들이 놀러 오면 우린 먹을 것을 대접했다. 하루는 내가 친구들에게 말했다. "남편을 돕고 싶어. 나도 일하고 싶어." 그러자 친구들이 이렇게 말했다. "네가 만든 음식을 파는 건 어때?"

2005년부터 집에서 음식을 만들어 팔기 시작했다. 사람들이 앉아서 식사를 할 수 있도록 커다란 식탁을 주방에 놓았다. 멕시코에서 알고 지내던 이웃들과 미국에서 사귄 친구들이 찾아와 입소문을 내주었다. 밥이나 수프에 파스타, 기사도(살사 소스를 넣은 고기 요리), 토르티야, 아구아 프레스카 음료수까지 나오는 메뉴를 전부 다 해서 7달러에 팔았다. 텐더로인에 있는 아파트에서 그렇게 장사를 시작했다. 그런데 사람들이 내게 식품 면허가 없으면 벌금을 물 수 있다고 충고해주었다. 걱정은 됐지만, 음식을 만들어 파는 것 말고는 내가 할 수 있는 일이 없었다. 그러다가 지금 살고 있는 미션의 반니스 22번가로 오게 되었다. 이사를 온

곳에서도 계속 음식을 만들어 팔았다. 예전 집으로 음식을 먹으러 오던 사람들은 새로 이사한 곳으로도 찾아왔다. 주중에는 기사도를 팔고 주말에는 케사디야, 고르디타스, 팜파소, 미가스, 수프 같은 가벼운 음식들을 팔았다. 주말에는 손님들이 몰려들어서 아이들과 조카 손까지 빌려야 했다. 아이들은 음식을 나르고, 남편은 치즈와 크림을 준비하고, 나는 음식을 만들었다. 막내아들은 걸핏하면 조카와 싸우곤 했다. "엄마, 손님들이 얘한테는 팁을 주는데, 난 그냥 음식만 나르잖아." 사람들이 아이들에게 3달러, 4달러, 5달러씩 팁을 줬는데, 그 수입도 제법 됐다.

2007년에 나는 라 코시나 프로그램에 합류하게 되었다. 라 코시나를 알게 된 건 친구 베로니카 덕분이다. 베로니카는 2005년에 라 코시나 프로그램에 합류해 마린 카운티에 '엘 후아라체 로꼬'라는 이름의 식당을 열었다. 가끔 자신의 아이를 돌봐준 적 있는 내게, 베로니카는 프로그램 참가를 권했다.

라 코시나는 가입이 까다로운 편이다. 일단 지원을 하고 시험을 봐야 한다. 내가 지원했을 때는 칼렙 이사와 다른 사람들이 우리 집까지 직접 와서 내 요리를 맛봤다. 이후에는 내가 라 코시나로 가서 발표도 했다. 요리를 시작하기까지는 7개월이 걸렸다. 일일이 레시피를 적고 모든 음식을 계량해야 했다. 쌀이며 토마토, 물 등 전부 다 계량해서 정확한 양을 적어야 했다. 집에서 할때는 눈대중으로 때우던 것들이었지만, 요리를 제대로 배우고 싶었기에 그렇게 했다. 평소에도 머릿속에 레시피들이 맴돌았다. 가령 팅가나 몰리를 만들 때는 뭐가 필요한지, 어떻게 조리하는지 다 알고 있었다. 늘 만들던 것이기 때문이다. 나는 몰리 만드는 법을 어머니에게서 배웠다. 이따금 어머니와 언니, 동생들은

특별한 음식을 만들곤 했는데, 어머니의 경우 항상 닭고기와 밥에 붉은색 몰리를 곁들이곤 했다.

라 코시나에서 나는 다른 식당에 가보라는 숙제를 받았다. 가서 가격도 알아보고, 어떤 음식이 나오는지, 어떻게 조리했는지 살피라고 했다. 그리고 반드시 그 식당만의 고유한 특징이 무엇인지 고민해야 했다. 나는 영어를 잘 못했는데도 라 코시나 사람들은 늘 나를 지지하고 도와주었다. 그들은 내게 요리를 잘할 수 있다면 영어를 못하는 것은 그리 큰 문제가 아니라고 격려해주었다.

아이들이 도와주긴 하지만 내게 영어는 가장 큰 골칫거리이자 걸림돌이었다. 일단 손님들과의 소통이 너무 어려웠다. 하고 싶은 말이 있어도 말하지 못하는 경우도 종종 있었다. 영어를 배우고는 싶었지만, 영어를 공부할 시간을 좀처럼 확보할 수가 없었다. 아들들과 며느리들, 조카들까지 나서서 내가 손님과 의사소통하는 것을 도와주곤 한다.

라 코시나에 들어오자 사람들이 말했다. "이제 우리 프로그램과 함께하게 될 겁니다. 하지만 더 이상 집에서 음식을 팔지는 못해요. 그러면 벌금을 물게 될 거예요." 나는 알겠다고 하고 더 이상 집에서 음식을 팔지 않았다. 이후 작은 매점에서 음식을 팔기 시작했고, 2007년에는 노 밸리에서 열린 파머스 마켓에서도 음식을 판매했다. 칠라킬레스, 타키토, 엔칠라다, 타말리, 케사디야, 포솔레 같은 음식들이었다. 라 코시나 프로그램은 5~6년 정도 지속되는데, 식당을 시작할 자금을 마련할 수 있도록 대출도 도와주고 재정 지원도 해준다. 내가 영어 때문에 아직 준비가 부족하다고 말하자 라 코시나 사람들은 충분히 해낼 수 있다고 격려했다. 사람들이 도메인을 빌려 웹사이트를 만들어주었고, 사이트를 꾸미는 일을 비롯해 다른 모든 것들을 도와주었다. 내 식당에서 일하는 사람들은 전부 아이들의 친구거나 라 코시나에서 만난 여성들이다.

손님들이 집이 아닌 내 식당에서 음식을 먹으니 마음도 편했다. 식당은 이제 제2의 집이나 다름없다. 하지만 치러야 하는 대가도 많아졌다. 무엇보다도 식당에서 일하니 아이들과 보내는 시간이 많이 줄어들었다. 일과 가정의 균형을 맞추기가 어렵지만 그래도 아이들에게 최대한 많은 것들을 해주려고 노력한다.

처음 몇 달 동안은 스트레스와 걱정으로 편안할 날이 없었다. 식당을 운영한다는 건 정말 어렵고 두려운 일이다. 식당이 커지니 이런저런 압박도 든다. 모든 일에 청구서가 따라오고, 그 청구서에 일일이 비용을 치러야 한다. 아침 손님이 적은 날이면 아이들은 굉장히 실망한다. 나는 아이들에게 이렇게 말한다. "직원들 월급 줄 돈도 충분하고, 청구서며 월세를 치를 돈도 있어. 괜찮아." 그러면 애들이 이렇게 묻는다. "엄마, 대체 왜 장기 대출을 받은 거예요?" 아이들은 대출 기간으로 7년은 너무 길다고, 더 짧게 5년으로 대출을 받는 편이 나았을 거라고 생각한다. 나는 아이들에게 이렇게 말한다. "이미 받은 거야. 지난 일은 지난 일이야." 이제 1년이 지났고 앞으로 6년이 남았다. 남은 날들은 어떻게 될지 모르겠지만 지금 우리는 여기 이렇게 있고, 그 후의 일은 아무도 모른다. 대출을 다 상환하고 나서 식당을 계속 운영할 수 있을지 없을지도 말이다.

임대료가 비싸서 초조해질 때도 있다. 지금도 직원들 월급이며 각종 비용에 많은 돈이 든다. 조금이라도 보태려고 행사 음식도 하고 있다. 나는 나 자신에게 '버틸 수 없을 때까지는 버티자'고 말하곤 한다. 대출 상환이 다 끝날 때까지 모든 일이 순조롭게 진행되었으면 좋겠다. 그때 가서 아이들이 계속 해보자고 할지, 그만두자고 할지 아직은 잘 모르겠다. 이 일도 결국에는 아이들에게 달렸다. 아이들이 많은 것을 양보하고 있다. 나는 아이들에게 말한다. 몇 년이 지나서 자기 일을 하고 싶거나, 여기보다 더 나은 곳에서 일하고 싶다면, 혹은 식당을 인수하고 싶은 마음이 든다면, 그때는 원하는 대로 하라고.

같은 수업을 듣는 친구들의 가게도 여러 군데 가봤다. 저마다 경험이 다 달랐다. 한 친구는 이렇게 말했다. "식당을 시작하는 게 아니었어. 너무 힘들어." 또 어떤 친구는 이렇게 말한다. "너도 꼭 해봐. 성공하면 좋은 거고, 성공하지 못해도 별거 아냐." 그 말에 용기가 났다. '그래, 힘들지만 별거 아냐.' 그렇게 해서 나는 계약서에 서명을 했고, 일을 시작했다.

스스로 할 수 있는 일이 무엇인지 찾기 위해 노력하는 것은 좋은 일이다. 행복하게 식사하는 손님들을 보면 나도 기쁘다. 만족스러운 표정으로 돌아가는 손님들을 지켜보는 것은 정말 멋진 경험이다.

이곳 미션 지역에선 멕시코 요리를 파는 식당이 흔하다. 다른 식당과 우리 가게가 어떻게 다른지 아직 잘 모르겠지만, 어쨌거나 나도 정성을 담아 요리할 것이다. 요리를 하는 동안은 절대 화를 품지 않을 것이다.

우리가 식당을 시작할 때부터 함께한 단골손님들이 있다. 단골손님 중에는 9년 전 쯤, 우리가 처음 음식을 팔기 시작했을 때, 결혼식 음식을 해주었던 손님도 있다. 그 손님은 아직도 매주 파머스 마켓에 오고 우리 식당을 찾는다. 그는 우리 음식을 전부 사진으로 찍는데, 사진들로 뭘 하는지는 잘 모르겠다.

나는 이른 아침부터 밤 10시까지 식당에서 하루를 보낸다. 그러다가 집에 가면 마음이 편해진다. 아들들과 며느리들이 일을 거들어준다. 막내아들 부부는 아침에, 큰아들 부부는 오후에 일손을 보탠다. 남편은 언제나 식당에 있는 편이다. 그래서 온 가족을 식당에서 모두 만날 수 있다. 나는 식구들에게 이곳에서 함께 일해서 좋다는 말을 자주 한다. 다 같이 있을 수 있고 돈까지 벌기 때문이다.

　여기까지가, 미국에 온 이후 나의 이야기다. 난 집을 팔아 라코시나에 합류했고, 지금은 나의 식당을 운영하고 있다. 우리는 이렇게 살고 있다. ●

카레는
어디를 가든
진화한다

벤 머비스
Ben Mervis
음식 전문 매거진 편집자

○

란지트 카우르는 자녀들이 어렸을 때 '스크램블드에그' 사브지 요리를 자주 해주었다. 인도 펀자브 지역의 영향을 받은 이 음식은 이름과 달리 달걀 요리가 아니라 파니르 치즈 요리에 가깝다. 파니르 치즈는 남아시아에서 즐겨 먹는 무염의 생 치즈다. 잘게 부순 파니르 치즈에 향신료를 넣으면 노란색을 띠게 되는데, 그 모습이 서양에서 아침 식사로 즐겨 먹는 달걀 요리와 똑같이 생겼다며 카우르의 아들들이 '스크램블드에그'라고 이름 붙였다.

　카우르의 집에서는 신선한 재료로 정성껏 만든 요리를 해먹곤 했는데, 1990년대 영국 가정집에서 거의 사용하지 않던 아시아 채소를 넣고 조리하는 경우가 많았다. 카우르의 집에서는 치킨 티카 마살라(양념에 재워 탄두르에서 구운 닭을 조각내어 토마토소스와 크림 등을 넣은 부드러운 소스에 끓여낸 카레—옮긴이), 발티(양고기나 염소 고기를 넣은 카레—옮긴이), 코르마(요구르트나 크림에 아몬드 등을 넣은 부드러운 맛의 카레—옮긴이), 빈달루(고기나 생선을 넣은 매운 맛의 인도 요리—옮긴이) 등을 주로 해 먹었다. 이는 카우르가 인도 북

스코틀랜드
글래스고 지역의
전형적인 점심 식탁.

서부의 펀자브 지역에서 배운 맛과 기술로 요리한 음식들로, 영국으로 이주한 뒤 카우르는 이 요리들을 직접 만들기 시작했다.

1961년, 펀자브주 마을 잔디알라 외곽의 농장에서 태어난 카우르는 누군가에게 배우기도 하고 스스로 터득하기도 하면서 요리를 익혔다. 집안 여성들이 소박한 주방에서 카우르에게 요리를 가르쳤다. 그들은 음식 만드는 법을 잘 배워두면 가정주부에게 귀중한 자산이 된다고 믿었다. 카우르는 렌틸콩처럼 저렴한 재료로 만들 수 있는 요리나, 신선한 과일과 채소를 고르는 요령, 재료에 따라 익히는 시간을 조절하는 법 등을 배웠다. 이 기술들은 카우르의 신앙인 시크교에서도 대단히 중요했다. 시크교는 인도의 전통 계급 체계인 카스트 제도를 거부하고 평등하게 함께하는 식사를 중시한다. 카우르는 열여덟 살에 결혼하여 남편의 고향인 영국 북부로 이주했다.

영국 북부와 인도 펀자브는 약 6,400킬로미터 떨어져 있다. 가늠조차 할 수 없는 먼 거리다. 날씨 역시 마찬가지여서 춥고 혹독한 요크셔와 극단적으로 덥거나 장대비가 내리는 펀자브는 비슷한 점이 거의 없다. 인도에서는 흔하게 먹을 수 있는 식재료인 틴다, 여주, 오크라 등도 요크셔에서는 찾아보기 힘들다.

물론 카우르가 요크셔에 왔을 때는 영국에서도 이미 수십 년째 인도 향신료들을 주요 식재료로 사용하고 있었다. 인도 음식에 대한 영국의 관심은 수백 년 전, 동인도 회사의 상인들과 병사들, 추방당한 사회 엘리트들이 영국으로 귀환했던 때로 거슬러 올라간다. 18세기와 19세기에는 엘리자베스 액턴, 한나 글라세, 헨리에타 허비 등과 같은 요리 저술가들이 요리책에 인도의 요리법을 수록했다. 심지어 헨리에타 허비는 아예 인도 요리만을 다

란지트 카우르,
란지트 키친의
오너 셰프.

룬 책을 내기도 했다. 하지만 요리책에 소개된 카레 요리는 카레라기보다는 대부분 독특한 향을 풍기는 스튜에 가까웠다. 한나글라세가 소개한 '인도식 닭고기 카레 요리법'을 보면 강황과 생강, 후추를 한 숟가락씩 넣는 것이 전부다.

1948년, 영국 의회는 영연방 시민들이 모두 영국에서 일할수 있도록 하는 법안을 통과시켰다. 당시 영국은 2차 세계대전의 여파로 일손이 절대적으로 부족했다. 경제 발전과 구직에 대한 희망으로 수만 명의 이민자들이 영국으로 왔다. 주로 인도와파키스탄 등 영토 분할로 정치 갈등과 폭력 사태가 일어난 데에서 온 사람들이었다. 영국의 시크교 공동체 구성원들은 대부분펀자브 출신으로 1951년에는 7,000명 정도였으나 1981년에는

144,000명으로 늘었다.

카레 전문점도 인기가 많아졌다. 사실 영국에서 인도 식당이 증가한 것은 전쟁 직후 식당 문화가 전파되면서부터였다. 1960년부터 1980년 사이에 영국 내 카레 전문점의 수는 열 배가 늘어나 300곳에서 3,000곳으로 증가했고, 1990년에는 여기서 다시 두 배가 되었다. 영국인이 가장 친근하게 여기는 요리를 뽑는 설문 조사에서는 '피시 앤드 칩스'보다 '치킨 티카 마살라'가 더 높은 순위를 차지하기 시작했다.

인도 요리가 영국에 자리를 잡으면서 수준 높은 향신료와 인도의 요리용 버터인 기ghee도 활발하게 사용되었다. 캠벨 통조림 토마토소스를 섞어 카레 소스를 만드는 데 불만을 표하는 소비자들을 충족시키기 위해 글래스고 출신 요리사가 치킨 티카 마살라를 만들었다. 따뜻하고 부드러우며 풍미가 좋은 영국식 인도 요리는 자연스레 반주를 곁들이는 저녁 식탁에 올랐고, 애주가들이 즐겨 찾는 안주가 되었다.

2017년 음식 역사학자 비 윌슨은 《가디언》에서 이렇게 말했다. 카레 전문점은 식민지의 잔재를 외면하고 싶어 했던 백인들에게 마늘과 고추에 품었던 의심을 버리라는 가르침을 주었다. 카레 애호가들은 개방적인 문화를 가지려면 낯선 향신료도 받아들여야 한다고 말했다.

윌슨의 글은 2016년 영국이 유럽 연합을 탈퇴한, 이른바 브렉시트 사태 이후에 쓰였다. 윌슨은 카레에 대해 깊은 애정을 지닌 영국인들이 카레를 만드는 이주민 요리사에 대해서는 공감하지 못한다는 사실을 안타까워했다. 실제로 카레 식당은 EU 탈퇴를 주장하는 쪽에서도, 잔존을 주장하는 쪽에서도 모두 화두였다. 양쪽 모두 영국이 남아시아 출신 요리사에게 엄격한 이민 정책을 적용하지 않는다면 무슨 일이 벌어질지 궁금해 했다.

　브렉시트 투표에 앞서 저임금 노동력을 둘러싼 논쟁이 있었다. 이민 1세대 카레 요리사들이 은퇴하기 시작하면서 카레 식당들은 모자란 인력을 구하기 위해 악전고투했고 문을 닫는 식당도 늘어났다. 젊은 세대 이민자들은 기계나 정비 등 임금 조건이 더 좋은 직장을 찾아다녔고, EU가 아닌 지역에서 이민 온 요리사들은 영국에서 일하기가 매우 어려웠다(브렉시트 이전 영국은 EU 출신 요리사와 방글라데시 및 인도 등지에서 온 요리사 사이의 임금과 조건, 대우가 현저히 달랐으며 EU 출신이 아닌 지역 요리사에게는 엄격한 이민법을 적용했다. 이에 영국카레협회에서는 브렉시트를 지지하는 선언을 하기도 했다—옮긴이). 결국 논쟁은 영국 태생이거나 EU 국가 출신인 요리사들이 제대로 된 카레를 요리할 수 있는지에 대한 문제로까지 확대되었다. 하지만 브렉시트가 야기하는 거대한 문제를 단지 저렴한 노동력과 남아시아의 '진정한' 맛으로만 국한해 생각하는 태도는 이민자 사업가들이 영국과 지역 사회에 미치는 중요한 영향력을 지나치게 과소평가하는 것이다. 카레가 영국 음식 문화의 정수라면, 남아시아 이민자들 역시 영국의 본류이다.

80년대 후반, 카우르와 그녀의 가족은 스코틀랜드 서쪽의 글래스고 남부로 이사했다. 역사적으로 노동자 계층이 많았던 글래스고는 진보적 자유주의의 역사를 가지고 있고, 이탈리아, 인도, 파키스탄, 폴란드, 루마니아 등 다양한 국가에서 온 이민자들이 규모를 갖춘 각각의 공동체를 꾸리고 있는 이주민의 터전이다. 하지만 글래스고는 이른바 글래스고 효과로 악명이 높다. 글래스고 효과란 대체로 열악한 영양 상태가 원인이 되어 지역 주민들의 건강이 좋지 않고 사망률 역시 높은 현상을 이르는 말이다.

카우르는 글래스고의 시크교 사원인 구루드와라에서 자원 봉사를 시작했다. 사원 공동체 주방에서 그녀는 '세바'를 수행한다. 세바는 봉사를 의미하며, 자원봉사를 통해 더 나은 지역 종교 모임을 만드는 것을 목표로 한다. 주로 주방에서 청소, 요리, 설거지 등과 같은 일을 하는 경우가 많다. 사원의 식당인 랑가르에서 카우르는 다른 여성들과 함께 어마어마한 양의 채소들을 손질한다. 카우르가 다니는 구루드와라는 다른 사원들과 마찬가지로 모든 이에게 무료 음식을 베푼다. 사원의 식당에서는 인종과 종교에 상관없이 모두 함께 마룻바닥에 앉아 평등하게 식사한다.

구루드와라에서 조금 떨어진 곳에서 카우르는 펀자브의 전통 과자들을 대량으로 굽는다. 우유에 베산(녹두 혹은 병아리콩 가루)을 넣어 만든 바르피와 설탕 시럽에 기와 베산을 넣어 공 모양으로 빚은 라두 같은 과자들인데, 사실 이 과자들은 코코넛 가루부터 쌀가루나 렌틸콩 가루, 견과류 가루 등 어떤 재료로도 만들 수 있다. 처음에는 친구와 친척들에게만 과자를 팔던 라우르는, 점차 유명해지면서 지금은 과자와 사모사(채소와 감자 등을 넣고 삼각형으로 빚어 튀긴 인도식 만두—옮긴이)를 대량으로 주문 받아 판매하고 있다.

쿠키를 만들기 위해 식재료를 준비하는 일에는 온 가족이 동원된다. 카우르의 아들 구르지트는 대학에 다니면서도 틈나는 대로 집에 들러 감자 깎는 일을 자처한다. 가족들이 주방에 모여 일을 하다 보면 조금 더 장기적이고 안정적인 일에 대한 이야기가 나오기 마련이다. 구르지트와 형제들은 어머니에게 주방 식탁을

카우르는 우유를 주재료로
누구나 좋아할 만한
달콤한 과자를 만들었다.

넓혀 직접 식당을 운영하면 어떠냐고 제안했다.

글래스고에 카레 전문점은 무척 많지만 채식주의자를 위한
인도 음식점은 없었다.

란지트 키친은 2015년에 문을 열었고, 다양한 고객층을 확
보하며 급속도로 성장했다. 란지트 키친의 메뉴는 나이 든 인도
남자, 서양의 젊은 가족들, 세련된 학생들 모두가 즐길 수 있는
식단이었다. 식당 내부도 벽에 타지마할 사진들이 걸려 있는 진
부한 인도풍이 아니라 따스한 느낌으로 꾸며졌다. 긴 나무 탁자
들이 나란히 배치되었고, 벽에는 펀자브 고유의 자수인 폴카리
무늬가 그려졌다. 구르지트의 형제인 재그와 하르딥, 사촌 탈리샤
가 식당 운영을 돕는다. 주방은 란지트 카우르가 총괄하고, 네 명
의 친구들, 사브지트와 사브지트(동명이인), 하리, 리암이 돕는다.

란지트 키친에는 오만함도 우아함도, 식탁보도, 화려한 식

기도, 극진한 서비스도 없다. 음식은 모두 한번에 나온다. 어떻게 보면 인도의 다바가 떠오른다. 다바란 인도의 길가에 흔히 있는 노천카페와 식당을 일컬으며, 노동자 계층이 즐겨 찾는다. 다바에서는 펀자브식의 단출한 카레와 갓 구운 로티를 먹을 수 있고, 요리를 주문하면 납작한 빵을 기본으로 제공한다. 로티는 통밀을 반죽해, 빵을 굽는 전용 프라이팬인 타바에서 굽는다. 타바는 발효시키지 않은 납작한 빵인 파라타를 구울 때도 사용한다. 파라타는 감자, 무, 콜리플라워 등으로 속을 채운 음식으로 중독성이 강한 설탕 시럽과 함께 먹기도 한다.

란지트 키친의 메뉴는 단출하다. 렌틸콩에 향신료를 넣고 끓인 달 카레와 채소를 넣고 요리한 사브지 카레 몇 가지가 전부다. 카우르가 만든 사브지는 양파와 커민, 마늘, 생강, 풋고추 등을 넣고 끓이며 이따금 호로파라고 하는 채소를 넣기도 한다. 호로파는 콜리플라워와 감자를 넣은 알루 고비(알루는 감자, 고비는 콜리플라워를 의미한다―옮긴이)나 시금치 카레인 삭 등을 요리할 때도 사용된다. 이곳의 카레는 인도의 집밥에 가까우며 불타는 듯한 매운맛을 선사하는 고추가 없는 것이 특징이다. 음식들은 모두 향이 풍부하고, 향신료가 섬세하게 가미되어 있으며, 채소를 풍성하게 넣은 연한 육수로 천천히 만든 것들이다.

이 식당에서는 매일 직접 만드는 파니르 치즈를 흰 완두콩 요리에 얹거나 병아리콩과 고추로 만든 매콤달콤한 요리에 으깨 곁들이거나, 온 가족이 가장 좋아하는 '스크램블드' 파니르 치즈로 만들어 먹는다. '파니르 파코라'는 토마토소스를 곁들인 치즈 샌드위치에 밀가루 반죽을 얇게 입혀 살짝 튀긴 음식이다.

카우르 특제 음식인 사모사는 바르피와 더불어 란지트 키친의 대표 메뉴다. 바르피는 커피와 함께 먹는 작은 사각형 모양의 과자인데, 스코틀랜드에서 차를 마실 때 곁들이는 단맛 강한 전통 과자와 비슷하다. 다만 바르피는 단맛이 덜하고 질감이 더 바삭하면서도 부드럽다.

"이따금 손님들이 탈리(인도에서 사용하는 여러 음식을 담아 먹는 큰 접시 혹은 식사법을 일컫는 말—옮긴이)에 담긴 달이나 사브지가 아름답다고 말하곤 해요. 그리고 우리가 먹는 방식대로 먹으려고 하지요." 구르지트가 말했다. 그는 어머니의 사랑스런 대변인 역할까지 톡톡히 해낸다. "어릴 때부터 늘 달이며 사브지, 로티를 먹으며 자랐어요. 가끔 어린아이가 그런 음식을 먹는 걸 보고 안타까워하는 사람들도 있었어요. 감자 와플이나 냉동 게를 먹고 싶지 않느냐면서요. 하지만 지금은 다른 사람들이 우리 가게에 와서 달이나 사브지를 주문해요. 일주일에 서너 번씩 들러 행복하게 식사하는 사람들도 있고요."

채소를 그다지 즐기지 않는 도시에서 란지트 키친은 채소를 다양하게 활용해 손님들의 사랑을 받는다. 현지인에게 친숙한 채소와 이국적인 채소 모두가 요리에 사용된다. 구르지트는 어릴 적 어머니가 들려주었던 말을 떠올렸다. "여기 사람들은 요리하는 법을 모른다고 하셨어요. 그래서 대충 만든 음식을 먹는다고요. 이 지역 사람들은 이곳에서 쉽게 구할 수 있는 콜리플라워나 감자가 얼마나 훌륭한 식재료인지 모른다고요."

이 식당을 찾는 손님들은 여러 채소들 사이의 연관성을 찾으려 한다. 그리고 남아시아 식료품점에서 본 채소들을 이야기한다. "손님들이 와서는 다른 상점에서 본 것들을 이야기해요. 하지만 그 채소들이 무엇인지는 저도 모르죠." 이따금 손님들은 여주나 찹쌀 같은 생소한 채소와 곡물로 만든, 메뉴에 없는 카레를 주문하기도 한다.

란지트 키친의 성공 덕분에 카우르는 지역 자선 단체에 도움을 줄 수 있었다. 초기 투자 비용을 회수한 뒤, 카우르 가족은 수익의 일정 부분을 그 지역과 스코틀랜드, 그리고 펀자브의 자선 단체에 기부하기 시작했다.

스크램블드에그 사브지는 향수를 자극하는 음식이다. 이 음식에 다른 지역의 재료들이 자연스럽게 더해진다.

카레는 전 세계 어디에나 있다. 남미의 다양한 고추와 남아시아의 온갖 향신료들, 포르투갈의 식초 등 다양한 문화권의 식재료가 카레에 들어간다. 인도와 파키스탄, 방글라데시에는 수백 종류의 카레가 있으며 일본, 태국, 남아프리카, 자메이카, 포르투갈의 지배 흔적이 남은 마카오 등에도 저마다 특색을 가진 카레 요리가 있디. 물론 영국도 빼놓을 수 없다. 2016년을 기준으로 영국에는 12,000개가 넘는 카레 전문점이 있다. 영국에서 카레의 위상은 오래전부터 굳건했다.

카레는 문화적 개방성의 산물이자 결실이다. 카레는 어느 곳에서든 끊임없이 진화했으며, 새로운 지역의 요리법을 만나며 더욱 풍성해졌다. 탈공업화 도시 글래스고의 다채로운 길목에서도 그랬다.

그루지트는 이렇게 말한다. "우리가 만든 공간을 사랑해요. 이민의 좋은 점을 모두 입증할 수 있는 곳이니까요. 문화를 공유하고, 가족으로서 그리고 공동체로서 가진 것을 함께 나누고, 그렇게 나눔으로써 행복해진다는 사실을 증명하는 공간이죠. 우리는 스스로가 자랑스러워요." ●

당신의 불과
나의 불은
같은 것을 요리한다

아리엘 존슨
Arielle Johnson
MAD R&D 과학자

○

250만 년 전, 부싯돌 칼을 휘두르던 초기 인류 호모 하빌리스가
등장한 이후 인류는 음식을 준비하는 기술과 더불어 진화해왔다.

뼈와 화석 자료에 의하면 190만 년 전, 호모 하빌리스 이후
등장한 호모 에렉투스는 이전 인류의 식습관을 바꾸었다. 이때
생긴 중요한 해부학적 변화는 현재 인류에게도 이어지고 있다.
뇌가 점점 커지고 치아는 점차 작아지면서, 인류는 날음식을 먹
던 식습관을 더 이상 유지할 수 없었다. 음식들을 보다 쉽게 소화
시킬 수 있는 조리법이 필요해진 것이다.

소화를 용이하게 해주는 조리 기술로는 발효를 꼽을 수 있
다. 발효는 북극 지역의 전통 요리법으로 널리 활용되고 있었으
며 카사바 같은 덩이줄기를 수월하게 조리할 수 있게 해주었다.
호모 에렉투스는 땅이나 연못, 바위 등에서 식재료를 구했고 이
렇게 구한 식재료를 발효시켜서 섭취했다.

인류가 개발한 또 다른 중요한 기술은 불로 음식을 익히는
방식이다. 생식을 주장하는 이들은 어떻게 말할지 몰라도 인간은

다른 모든 곳의 사람들과 마찬가지로
몽골 사람들도 불을 이용해
음식과 물을 따뜻하게 데운다.

조리되지 않은 날음식만으로는 생존할 수 없다. 채식주의자도, 잡식주의자도 마찬가지다. 인간은 익힌 음식을 먹어야 한다. 그리고 음식을 익히는 일은 모든 곳에서, 매일, 온갖 종류의 방식으로 이루어지고 있다. 불을 피우기 위해 장작을 준비하고 그 열로 날음식을 볶고, 찌고, 연하게 만들고, 굽고, 그슬리고, 부드럽게 하고, 삶으면서, 불을 이용한 요리는 지구 모든 곳의 식문화가 되었다.

불은 요리 기술에서 부인할 수 없이 가장 중요한 기술이지만, 인류가 언제부터 불을 요리에 이용했는지는 정확히 알 수 없다. 진화 생물학자인 리처드 랭엄은 200만 년 전, 호모 에렉투스가 요리를 시작했다는 주장을 매우 설득력 있게 펼친다. 하지만 125,000년 전, 호모 사피엔스가 등장한 무렵에 이미 불이 널리 사용되고 있었다는 사실을 인정하기 싫어하는 일부 고고학자들도 있다. 인류가 불을 사용했다는 명백한 증거는 100만 년 전 원더베르크 동굴에도 남아 있다. 그 불이 횃불이었는지 우연히 번진 들불이었는지는 확실하지 않지만 말이다. 이후 호모 에렉투스, 네안데르탈인, 그리고 다른 인류를 거쳐, 호모 사피엔스 무리가 아프리카, 유럽, 아시아 등지에서 불을 사용했다.

불을 이용한 요리는 인류의 인간다움을 가장 확실하고도 구체적으로 보여준다. 불과 음식과 열로 이루어진 아름답고 단순한 이 기술을 결코 시시하다거나 하찮다고 생각해서는 안 된다. 장작을 태우려면 6가지의 개별적인 화학 작용이 한꺼번에 일어나야 하며, 각 작용은 수백, 수천 가지는 아니지만 최소한 몇 가지 이상의 개별 요소들이 반응해야 한다. 연소 과정만 보더라도 불꽃 형성, 흑체 복사, 스펙트럼선 방사 등과 같은 복잡한 작용이 일어난다. 나무가 그을리면서 연기가 나고 열분해 현상이 일어나는데 이 두 가지 과정을 통해 나무는 연소된다. 이때 생성되는 연기는 휘발성의 불안정한 분자와 용액에 용해된 분자, 미립자 형태의 분자 등이 대단히 복잡하게 섞인 혼합물이다.

이 모든 사실을 종합해 살펴볼 때 불을 지피는 것은 화학적으로 무척이나 복잡한 과정이다. 세계의 모든 요리사들은 불을 직관적으로 이해한다. 하지만 불에 담긴 화학적인 원리를 알고 있는 경우는 드물다.

그럼 차근차근 기초부터 시작해보자.

엄밀히 말해 불 혹은 연소는 물질이 아니라 일련의 과정을 일컫는 말이다. 산소와 가연물, 가령 수소나 메탄 같은 것들 사이에서 화학적 산화 반응이 대단히 빠르게 일어난다. 그리고 그 산화 반응으로 인해 열과 이산화탄소 같은 부산물이 생성된다. 어떤 화학 반응이든 특정 분자에서 시작한 반응은 다른 분자에 가서 끝난다. 처음에 가지고 시작하는 분자를 반응 물질이라고 한다. 반응 물질은 말 그대로 다른 물질에 반응한다. 반응을 일으켜 마지막에 생기는 물질을 반응의 산물이라고 한다. 연소 작용에서 산소는 다른 반응 물질의 분자로부터 전자를 붙잡아 다른 전자 분포를 지닌 산물 분자를 생성한다. 이렇게 전자를 붙잡을 때 매우 높은 온도의 열이 발생하는데, 이는 전자가 빛과 열의 형태로 에너지를 방출한다는 의미다.

불꽃은 눈에 보이는 불의 일부로, 연소가 일어나는 동안 방출된 에너지에 의해 극도로 뜨거워진 반응물(산소, 수소, 메탄 등)과 산물(이산화탄소 등)의 결과물이다. 불꽃의 다양한 색은 연료 속의 전자가 에너지를 흡수할 때 흥분하여 일시적으로 더 높은 에너지 양자 상태가 되어서 생긴다. 그러다가 다시 평소의 양자 상태로 돌아올 때 에너지를 방출하는데, 이 방출된 에너지가 전자를 빛의 형태로 바꾸어준다. 그 파장, 즉 색은 에너지가 얼마나 많이 떨어지느냐에 따라 결정된다. 원자와 분자들은 저마다 구분되는 에너지 간격이 있으며, 이 에너지 간격에 따라 빛의 파장과 방출 스펙트럼이 발산된다.

만약 불이 푸른색이라면, 수소나 메탄, 프로판처럼 완전히 가스 형태인 연료가 산소에 공급되고 있는 것이다. 말하자면 보다 순수한 불인 셈이다. 오렌지 색 불은 나무 같은 보다 복잡한 연료 공급원에 의해 생기기도 하고 산소 농도가 낮아서 생기기도 한다. 이렇게 오렌지색을 띠는 불은 그을음과 같은 불순물과 부산물을 많이 생성한다. 그을음은 불이 완전히 연소되지 못할 때 불에 생기는 미립자로, 흑체 방사라고 불리는 과정을 통해 색이 있는 빛을 발산하게 된다.

불꽃은 대류 현상과 중력에 의해 눈물방울 같은 모양을 띠게 된다. 뜨거워진 가스는 위로 올라가고, 신선하고 차가운 산소는 불 밑바닥 쪽으로 내려오게 된다. 우주 공간처럼 중력이 없는 공간에서 불꽃은 구형을 띤다.

불꽃은 가스 연료가 연소될 때만 생긴다. 그렇다면 나무는 명백히 가스가 아닌데 왜 타는 걸까?

바로 열분해라고 하는 과정 때문이다. 불의 중심부에는 최소한의 산소만 있으며 온도도 더 높아서 나무가 검은 색으로 변하게 된다. 이렇게 높은 열이 분해되는 것을 열분해라고 한다. 나무가 뜨거워지면 나무속에 있던 수분이 증발하는데, 이때 나무는 '잠재적 가연물'에서 '실질적 가연물'로 변하고 리그닌, 셀룰로오

스, 헤미셀룰로오스, 수분, 송진, 수액 등이 순수한 탄소(숯)와 가연성 타르(석탄산, 과이어콜, 푸란, 기타 산물), 증기(메탄, 프로판, 다른 탄화수소, 일산화탄소, 메탄올, 아세톤, 아세트산)로 변한다.

검게 된 나무는 마침내 은은한 잉걸불에 도달하고, 새로 만들어진 숯은 연기를 피우며 바스라진다. 그을음은 더욱 느리게 진행되는 연소 과정으로, 산소가 물질의 단단한 표면에 직접적으로 반응해서 일어난다. 그을음의 반응 속도와 열은 불 혹은 연소 과정에 비해 훨씬 더 낮은데 그 이유는 혼합될 수 있는 산소와 연료의 양이 숯의 표면으로 제한되기 때문이다.

마침내 불을 피우게 되면 열분해로 생성된 인화성 가스와 증기가 산소와 급속하게 반응하면서 열과 빛을 만든다. 불 위로 피어오르는 연기는 열분해로 인한 또 다른 산물이다. 연기는 증기와 용해된 타르(과이어콜로 인해 특유의 냄새가 난다), 순수한 탄소의 작고 단단한 입자들, 다환 방향족 탄화수소, 재의 혼합물이다. 나무가 열분해로 인해 숯과 가연성 가스로 더욱 많이 분해될수

록 깨끗하게 연소되어 연기가 적어진다. 밤새 화구 앞에서 요리를 하는 요리사들이라면 이 사실을 잘 알고 있겠지만, 가장 뜨거운 불은 연료가 그을려서 검은 숯이 생기고 난 후 생기는 잉걸불이다.

하지만 온도가 불의 전부는 아니다. 요리 이야기를 할 때는 열과 온도를 구분해야 하는데 사실 열과 온도는 다른 것이다. 둘 다 에너지를 측정하는 기준이지만, 열은 에너지를 전체적으로 측정하는 것이고, 보다 익숙한 개념인 온도는 열의 응집성 혹은 열의 밀도를 나타낸다. 비유로 설명하자면 위스키와 와인에 빗댈 수 있다.

위스키와 와인에 같은 양의 순수한 알코올이 들어 있다 하더라도 위스키가 알코올보다 응집도가 훨씬 높다. 열이 순수한 알코올의 양이라면 온도는 잔에 들어 있는 술의 알코올 도수다. 열과 온도는 연관되어 있지만, 요리를 할 때는 열과 온도를 분리해서 미세하게 조절해야 한다.

쉽게 설명해보겠다. 기본적으로 요리는 어떤 물질에 있는 열에너지를 다른 곳으로 이동시키는 과정이다. 연료에서 음식으로 이동하는 에너지의 총량은 음식이 어떤 방식으로 조리되느냐에 따라 결정된다. 얼마나 빠른 시간 안에 조리하는지, 음식 표면에서 어떤 종류의 화학적 반응이 일어나는지는 온도에 달려 있다. 높은 온도에 노출된 음식은 처음에는 익다가 그다음에는 갈색의 물렁한 상태로 되는 캐러멜화가 일어나고, 그다음에는 메일라드 반응(열 또는 화학 처리에 의해 식품의 환원당과 아미노산 잔기가 반응해서 일어나는 갈변 현상—옮긴이)이 일어나고, 그다음에는 표면에 열분해가 일어나 숯이 될 것이다. 더 낮은 온도에서는 열에 의한 변화의 속도가 더 천천히 일어나며 전혀 다른 결과물이 나온다.

요리는 두 가지 속성이 끊임없이 조율되는 과정이다. 하나는 요리사가 음식에 이동시키고자 하는 열의 총량이고, 다른 하나는 이동하는 열의 온도다. 요리사는 이 두 가지를 적절하게 조절해야 한다. 어떤 연료를 선택하느냐, 어떤 연소 방법을 사용하느냐, 어떤 경로로 열을 연료에서 음식으로 이동시켰느냐에 따라 이 두 가지 속성은 다르게 나타난다.

활활 타오르는 불을 이용할 것인가, 이글거리는 숯불을 이용할 것인가? 식재료를 불이나 숯에 직접 노출시킬 것인가, 아니면 팬이나 뚝배기와 같은 매개체를 이용해 전도열을 흘려보낼 것인가? 팬이나 뚝배기를 이용하면 불과 같은 온도에는 절대 도달하지 못하지만, 이런 도구들은 불의 열을 흡수해 보다 넓은 면적에 확산시켜서 낮은 온도의 열을 골고루 전달할 것이다.

연기 냄새를 입힌 요리를 하고 싶은가? 그렇다면 음식에 연기를 쐬면 된다. 숯불에서 요리할 경우 장작을 조미료 양념처럼 조금 더 넣으면 향이 짙어진다. 음식에서 빠져나온 즙이 숯불 위에 떨어지면서 열분해가 일어나 맛 분자들이 더 잘게 쪼개지면서 자체적으로 만들어낸 훈연 향을 입기도 한다. 가스 불에서 요리를 한다면 즙과 연기만이 훈연한 맛의 원천이 된다. 물론 육즙과 나무는 화학적으로나 구조적으로 매우 다르기 때문에 전혀 다른 풍미가 난다.

기본적으로 장작불은 모두 같은 과정으로 타지만, 장작불을 이용한 요리는 무궁무진하다. 숯을 넣어 사용하는 웨버 바비큐 그릴도 있고, 세라믹 재질의 가마를 그릴로 이용할 수도 있다. 훈연기를 사용할 수도 있고, 화로를 활용하여 아사도 스타일을 시도할 수도 있다. 인간이 불을 다루고 조절하는 무수한 방식을 보면 놀라움을 금할 수 없다. 더욱 놀라운 사실은 불을 다루는 장치만 달라졌을 뿐, 이미 수백만 년 전부터 인류의 조상들은 같은 방식으로 불을 다뤘다는 것이다. 즉, 오래전 인류든 현대인이든 탄소와 산소를 열로 전환시키는 방식을 똑같이 사용해왔다. ●

바비큐 구이 전문가 로드니 스콧이
돼지고기에 훈연한 나무 향을
입히고 있다.

프라이드치킨은
만국
공통이다

오사이 엔돌린 Osayi Endolyn 작가, 편집자

○

내추럴 와인으로 얼얼한 입술을 달래가며 매운 닭 요리를 먹고 있던 맥글론은 생각했다. '이걸로 돈을 벌어야겠군.'

맥글론은 10년 동안 전 세계 맛집들을 돌아다닌 뒤, 미국인 셰프 션 브록에게 3년 동안 요리를 배웠다. 그는 내슈빌에서 가장 유명한 요리를 천연 발효 와인과 함께 판매할 아이디어에 골몰해 있었다. 주 고객은 그가 가장 잘 아는 사람들, 그러니까 호주 사람들이었다.

물론 맥글론이 미국식 프라이드치킨 사업을 구상하기 한참 전부터 많은 이들이 같은 생각을 했다.

미국에서는 최소한 150년 전부터 닭을 튀긴 요리가 판매되고 있었다. 최초로 튀긴 닭을 판 사람은 1863년 노예 해방 선언으로 자유의 몸이 된 흑인 여성들이었다. 사람들은 이 기업가 정신이 투철한 요리사들을 '웨이터 캐리어'라고 불렀다. 그들은 솜씨 좋게 요리한 닭을 시장과 기차역으로 가져갔다. 버지니아주 고든스빌 같은 마을을 지나는 여행자들이 그들의 고객이 됐다. 그들은 그렇게 해서 자신과 가족의 생계를 해결했다. 튀긴 닭을 파는 일은 그들이 돈을 벌 수 있는 유일한 수단이었다.

수백 년 동안 이들의 요리는 그 공로를 인정받지 못했지만, 아프리카인 혹은 아프리카계 미국인 요리사들의 남부 요리는 미국에서 광범위한 인기를 얻었다. 그들은 서아프리카 전통 요리와 북미 원주민 요리, 유럽 식민지 요리를 조합했다.

19세기 초반에는 미국의 제3대 대통령 토머스 제퍼슨의 먼 친척인 메리 랜돌프를 비롯한 고위층 백인들이 흑인들의 요리법을 빼앗아 책을 만들었다. 이 요리책이 백인 사회에 전파되면서 프라이드치킨 같은 요리가 광범위하게 인기를 얻었다. 한편, 에이드리언 밀러는 저서 『소울 푸드Soul Food』에서 아프리카계 미국인들은 비인간적인 환경에서 요리를 하면서 튀긴 닭 요리에 혐오감을 갖게 되었다고 썼다. 노예 상태로 토지 소유주를 대접할 요리를 한 뒤, 생계를 위해 튀긴 닭을 팔아야 하는 처지가 된 아프리카계 미국인들은 광고와 엽서, 신문, 전단지 등에 닭 도둑, 프라이드치킨을 먹는 육식주의자로 묘사되었고, 이 이미지는 오늘날까지도 이어진다. 미국에 거주하는 흑인들 대다수가 여전히 공개적인 자리에서 프라이드치킨을 먹지 않는 것도 이런 이유 때문이다. 비록 얼굴 한번 본 적 없는 조상들이지만 그 조상들에게 씌워진 오명을 함께 안타까워하고 있는 것이다.

하지만 이런 모욕에도 불구하고 프라이드치킨은 흑인 사회에서 사라지지 않았다. 오히려 600만 명의 아프리카계 미국인들이 남부의 폭압과 인종차별에서 벗어나, 북부와 서부 도시에서 새로운 삶을 시작하기 위해 '흑인 대이동'이 일어나던 60년 동안 더욱 널리 확산되었다. 학자인 프시케 윌리엄스 포슨은 『닭다리로 집짓기Building Houses Out of Chicken Legs』에서 남녀노소를 막론하고 기차의 침실 칸을 이용하지 못했던 흑인들이 긴 여행을 하는 동안 튀긴 닭을 먹으며 버텼던 이야기를 들려준다. 그렇게 도착한 새로운 정착지에서 튀긴 닭 요리는 일요일에 먹는 특별식이 되었다. 20세기 초반 프라이드치킨은 그렇게 자리를 굳혔다.

할랜드 샌더스는 제2차 세계대전이 끝나고 몇 년 후 켄터키주에 식당을 열었다. 그곳에서 그는 고온에 튀긴 닭을 팔기 시작했고 이 식당은 '켄터키 프라이드치킨Kentucky Fried Chicken, KFC'이라는 상호의 프랜차이즈로 성장했다. 그는 자신의 상징인 '대령'의 이미지와, 노예 시대의 대규모 농장을 연상시키는 이미지를 대거 활용하면서 KFC를 수백만 달러에 달하는 기업으로 성장시켰다. 샌더스가 사업 운영에서 물러난 후에도 KFC는 100여 개가 넘는 국가에서 번창했다. KFC의 성공은 미국 남부의 프라이드치킨을 전 세계로 확산시켰다.

샌더스 대령이 첫 프랜차이즈를 개업한 지 70여 년이 흐르고, 노예 해방이 일어난 지 한 세기 반이 지났다. 마오리족과 아일랜드인 사이에서 태어난 상냥한 성품의 부주방장이자, 미국에서 가장 유명한 남부 요리 전문가로 손꼽히는 맥글론이 프라이드치킨 요리법과 사업 계획서를 들고 호주로 갔다. 그는 프라이드치킨과 내추럴 와인을 조합시켜보겠다고 다짐하고 있었다.

이 모든 것이 가능한 이유는 프라이드치킨이 명백하게 맛있기 때문이다. 다양한 시대를 거치면서 프라이드치킨은 열망과 거부, 상징, 비난, 과소평가, 명예, 사업의 대상이 되어왔으며, 종종 이 모든 것들을 한꺼번에 품은 대상이 되기도 했다. 튀긴 닭 요리의 정확한 기원은 확정하기 어렵고 이 책의 논지와도 거리가 멀다. 다만 세계의 음식에 관한 짧은 설문 조사에 의하면 사실상 거의 모든 문화권에서 뜨거운 튀긴 닭 요리를 먹는다.

　뼈가 붙은 고기에 빵가루를 묻혀 튀긴 닭 요리는 미국 어디에서나 볼 수 있다. 한국에서는 두 번 튀긴 닭에 매운 양념을 발라 먹는다. 과테말라에서는 닭에 양념을 문질러 바른 요리를 즐기고, 일본에서는 닭에 간장과 생강, 마늘 등의 양념을 발라 튀겨 낸 가라아게를 만들어 먹는다. 브라질식 프라이드치킨, 중국식

매운맛 프라이드치킨은 전 세계적인
음식이 되었지만, 그 시작은 테네시주 내슈빌의
'블튼스 스파이시 치킨 앤 피쉬' 같은 식당이었다.

프라이드치킨, 태국식 프라이드치킨이 있으며 인도 케랄라에서 태어난 미국인 요리사 아샤 고메즈는 고수와 민트, 그리고 조지 아주 애틀랜타에서 특히 사랑받는 세라노 고추를 넣고 프라이드 치킨을 만든다. 식료품점, 주유소, 도로변에 위치한 창가가 있는 상점, 고급 식당에서도 튀긴 닭 요리는 양동이나 바구니에 담겨 치킨 샌드위치, 치킨 랩, 치킨 비스킷, 치킨 너겟, 치킨 텐더, 치킨 핑거, 버펄로 윙 등의 요리로 팔린다. 미국무역협회는 미국인이 하루에 총 13억 5,000여 개이 닭 날개를 먹을 것이라 추산하고 있다. 2018년 슈퍼볼에서 수많은 관중들이 당연하다는 듯 버펄로 치킨을 먹었다. 버펄로 치킨은 바싹 튀긴 닭에 매운 소스를 바른 후 샐러리와 당근에 풍미 짙은 블루치즈 드레싱을 곁들인 음식이다.

1945년, 내슈빌의 흑인 마을 해들리 파크에서 손턴 프린스가 BBQ 치킨 가게를 열었다. 오늘날 이 치킨집의 이름은 '프린스 핫 치킨'이며, 최초의 매운맛 치킨을 판매한 곳이 바로 여기다. '핫 치킨'이라는 이름은 이 음식에 대한 매혹적이고도 적절한 묘사다. 닭 가슴살과 다리, 날개에 밀가루 옷을 입혀 튀긴 후 고춧가루가 듬뿍 들어간 매운맛 향신료를 튀긴 닭에 뿌린다. 보통 이 요리 위에는 부드러운 흰 빵이 얹어져서 나오는데, 이 빵이 닭의 기름과 향신료의 매운맛을 흡수한다. 여기에 달콤한 오이 피클을 곁들여 먹는다.

프린스 핫 치킨은 저녁 식사나 야식으로 아프리카계 미국인들 사이에서 명성을 쌓았다. 식당이 번화가로 옮겨가자 백인들도 이 요리에 관심을 갖기 시작했다. 수십 년 사이에 프린스의 식당은 관광객들이 반드시 들러야 하는 맛집이 되었고, 이내 미국 전역에서도 인기를 얻었다. 모방 업체들도 줄지어 생겨났다. 내슈빌에서는 이제 핫 치킨 페스티벌이 열린다. 2016년에는 미국 전역 4,000개 이상의 KFC에서도 매운맛 치킨을 팔기 시작했다.

2012년, 프린스의 식당에서 영감을 얻은 '400 Degrees'라는 식당에서 맥글론은 처음 핫 치킨을 맛보았다. 당시 그는 '허스크 내슈빌'이라는 이름의 식당 주방장이었다. 허스크 내슈빌은 미국의 유명 요리사 션 브록이 운영하는 뉴사우던 식당과 자매를 맺고 있었다. 맥글론은 미국 남부에 오기 전 10년 동안 요리 업계를 들락거렸다. 상파울루의 알렉스 아탈라나 파리의 피에르 가니에르 같은 요리사 밑에서 일했다. 뿐만 아니라 그는 화보 촬영 현장에서도 일한 경험이 있고 패션계 상류층의 보안 요원 겸 스카우터로 일하기도 했다. 그는 래퍼 디디가 개최하는 파티장 같은 곳에서 러시아 모델들, 록 스타들, 진짜 피카소 작품 등과 함께 일했다.

대다수 요리사들이 그러하듯, 맥글론도 여기저기를 떠돌았다. 태어난 곳은 뉴질랜드였지만 그곳에 오래 머물지는 않았다. 그는 미국 남부 요리를 극찬하며 같이 일해보자고 제안한 브록을 믿고 그와 함께 3년 반을 일했다.

"남부 요리는 그저 프라이드치킨과 바비큐가 전부라고 생각했어요. 하지만 위그노 교도며 유대교인들, 특히 찰스턴의 유대교 정착민들, 그리고 걸러어(사우스캐롤라이나 해안의 흑인들이 사용하는 언어로 영어와 여러 아프리카어가 혼합된 언어—옮긴이)를 사용하는 사람들에게 영향을 받은, 무척이나 세련된 요리들이 있더군요." 맥글론이 말했다.

미국의 남부 요리는 흑인의 요리라 할 수 있다. 특히 아프리카계 흑인과 그들의 자손들이 직접 기르고, 경작하고, 조리하고, 개선하고, 준비하고, 제공한다는 점에서 그렇다. "이 음식은 제 문화권에서 탄생한 것이 아니에요. 중력에 이끌리듯 제가 이 음식에 끌렸던 거죠." 맥글론이 말했다.

많은 지역에서, 특히 미국 같은 곳에서 이런 말은 애매하게 들린다. 누구든 어떤 문화에 이끌릴 수 있다. 하지만 '남부의 문화'라는 말에는 너무 많은 사람들이 복잡하게 포함되어 있다. 트랩(힙합 음악의 한 장르—옮긴이) 래퍼부터 시골의 다람쥐 사냥꾼에 이르기까지 많은 사람들이 남부의 문화에 대해서 애정을 갖고 이야기할 것이다. 하지만 그런 태도는 다른 문화를 자신의 문화처럼 여기는 '문화 유용'이 되기 쉽다.

아프리카계 미국인 요리사들에게는 공통점이 있다. 그들은 사회적 인식과 정부의 지원, 보상 측면에서 백인들과 동등한 대우를 받기 위해 고군분투한다. 그러나 19세기에 웨이터 캐리어로 일했던 흑인 여성들은 자신들이 하고 있는 일을 프랜차이즈 사업과 연결시켜 생각하지 못했다. 백인들의 문서화된 사회 정책과 암묵적 관행이 그런 생각을 불가능하게 만들었다.

맥글론의 멘토인 브록은 자신보다 앞서 뛰어난 요리사로 이름을 떨친 흑인 남부 요리사들에게 감사와 존경심을 보여주기 위해 매우 신중한 행보를 걸어야 했다. 미국 남부에서 자란 브록과 달리 폴리네시아와 유럽 혈통의 이주민인 맥글론은 그 문제로부터 한 발자국 떨어져 있다. 맥글론은 지구 반대편에서 핫 치킨을 팔고 있다.

맥글론은 재능 있는 요리사다. 그가 운영하는 식당은 세계 각지에서 사랑받는다. 그는 매운 향신료들의 미묘한 차이, 밀가루가 물을 흡수할 때 생기는 좋은 점, 치킨을 바삭하게 튀길 수 있는 적절한 온도 등을 공부한다. 그는 매운 닭 요리를 발명하고 보급한 것이 흑인 혈통의 미국인 기업가라는 사실을 잘 알고 있다. 그는 여러 나라의 시민권자이며 4개 국어를 한다. 그가 만든 닭 요리는 호주에 열렬한 팬을 거느렸으며 미국을 비롯한 세계 각지에서 온 관광객의 입맛을 사로잡는다. 그는 콩과 채소, 마카로니, 치즈 같은 재료를 사용하는 것이 남부에서 배운 요리법대로라며 자랑스레 말했다. 그는 사람들에게 음식을 대접하기 좋아한다. 누군가 자신이 한 요리를 먹을 때 그는 행복해진다.

하지만 프라이드치킨은 미국 흑인들에게 덧씌워진 폭력적이고, 사납고, 이기적이라는 인종적 이미지와 불가피하게 엮일 것이다. 물론 미국이 아닌 다른 나라에서는 프라이드치킨이 그렇게 사연 많고 복잡한 역사가 있는 음식으로 보이지 않을 수도 있지만 말이다.

"사람들은 이 음식이 정말 맛있는지 확인하고 싶어 하죠." 맥글론은 벨스에 있는 자신의 식당에서 말했다. "그러고 나면 이 음식에 기원이 있는지 확인하고 싶어 하고요. 그다음에는 이 음식이 뭔가 유의미한 방식으로 지속된다는 사실을 알고 싶어 해요."

그 지점에서 맥글론은 모든 음식에 해당되는 두 가지 질문을 한다. 맛있는가? 무언가 의미가 있는가?

프라이드치킨의 맛에 대해서는 이론의 여지가 없다. 채식주의자를 제외한 모든 사람들이 프라이드치킨을 사랑한다. 그러나 미국 스타일의 프라이드치킨을 팔고자 하는 사람은 시장에서 부단히 노력해야 한다. 프라이드치킨을 사랑하는 모두가 제대로 된 프라이드치킨을 원한다. 사회 경제적 혹은 정치적 배경이 완전히 다른 사람들도 프라이드치킨의 맛에 대해서는 동의한다.

맛에는 이론의 여지가 없으니 이제 남은 것은 의미다. 미국의 프라이드치킨은 어디에서 만들어졌건, 험난한 역경을 버텨낸 이들의 노력과 기술이 담겨 있다. 미국 남부 방식의 프라이드치킨 요리법을 멜버른과 시드니에서도 따른다. 거기에 어마어마한 가능성이 있다. 프라이드치킨을 함께 먹는 데 동의하는 사람이라면, 어쩌면 거기에 담긴 복잡하고 지난한 유산의 무게도 함께 나눌 수 있을지도 모른다. ●

씨앗 하나가 전부를 지배한다

티엔 로 호
Tienlon Ho
작가, 변호사

참깨는 문명화의 토대이자 인류 역사상 가장 오랫동안 경작되어 온 곡물이다. 그러나 미국의 콘 벨트에서 보낸 유년 시절 동안 내게 참깨란 그저 '햄버거 빵 위에 뿌려진 희끗희끗한 것'에 지나지 않았다.

창백한 빛깔에 눈물방울처럼 생긴 씨앗이 그토록 풍부한 향미를 품고 있으리라고는 상상하기 어렵다. 그 향은 어머니가 중국식 호떡인 충유빙을 만들 때 밀가루 반죽에 바르던 기름 냄새와 비슷하다. 맛은 페르시아 상점에서 파는 검은깨처럼 모호하다. 우리는 검은깨를 볶아서 빻은 다음 흑임자죽을 만들어 먹거나 검은깨와 설탕을 넣은 일종의 찹쌀 경단인 탕위안을 만들어 먹었다.

우리는 국수부터 뜨거운 국물 요리에 이르기까지 거의 모든 음식에 참깨를 갈아 만든 황갈색 소스 즈마장을 이용했다. 대학 시절 늦은 밤이면 팔라펠(병아리콩과 채소 등을 넣어 둥글게 만들어 튀긴 중동식 요리 — 옮긴이)에 타히니 소스(중동에서 주로 먹는 참깨 소스)

를 듬뿍 찍어 먹곤 했다. 그러던 어느 날 문득 타히니 소스와 즈마장이 어린 시절 먹던 햄버거 위의 작은 씨앗들과 어떤 연관성이 있다는 사실을 깨달았다.

참깨는 어디에나 있다. 참깨는 전 세계의 무수히 많은 요리에서 다양한 역할을 한다. 그토록 다양한 요리에서 그토록 다양하게 쓰이는데도 불구하고 전 세계 모든 참기름, 참깨 소스, 빵위에 뿌리는 깨 등은 '새서뭄 인디쿰'이란 학명을 가진 단일 품종 참깨로 만들어진다. 참깨는 지금으로부터 약 4,000년 전, 오늘날 파키스탄에 해당하는 하라파의 인더스 강 유역에서 처음 경작되었다.

들깨는 크기도 작고 검은색이었는데, 아프리카에서 세계 각지로 퍼져나가면서 크기와 색이 달라졌다. 들깨는 열대의 뜨거운 기온과 태양 아래서 잘 자라지만, 서늘한 기온에도 잘 적응할 수있으며, 이따금 비만 내려준다면 흙이 아주 얇게 깔린 땅에서도 자랄 수 있다. 인간이 재배하기 시작하면서 참깨는 작고 매끈한 잎을 지닌 호리호리한 식물로도, 땅딸막하고 잎이 무성한 식물로도 자랐으며, 어떻게 자라든 다양한 맛을 내는 씨앗을 만들어냈다.

인간이 재배한 참깨는 부드럽고 꽃향기가 나는 것부터 더 복합적이고 짙고 무거운 풍미를 지닌 것까지 다양하다. 겉껍질의 색깔도 검은색, 흰색, 옅은 갈색, 붉은색, 황금색 등 여러 가지다. 오늘날 시장에서는 흰깨를 가장 값비싸게 평가하는데 그 이유는 기름기가 많고 맛도 가장 풍성하기 때문이다.

하지만 수단에서는 붉은깨를 으뜸으로 치며, 일본에서는 검은깨의 풍미가 더 깊다고 여겨 검은깨를 선호한다. 지금까지 과학자들은 인도와 중국에서 25,000 종류가 넘는 참깨를 분류했는데 각 종류마다 가뭄에 견디는 정도, 병충해 저항력, 영양 성분, 색, 크기, 풍미 등이 달랐다. 고대 인도에서는 참깨를 신비한 능력이 있는 장수 식품으로 여겼다. 아픈 사람의 침대 밑에 참깨를 뿌려두기도 했고 힌두교 신들과 조상에게 바치기도 했다. 참깨는 절반은 지방이고, 5분의 1은 단백질이며 나머지에도 칼슘, 철분, 기타 미네랄 성분이 들어 있다. 영양가도 풍부해서 석가모니는

몬트리올에서는
빵과 패스트리에
깨를 뿌린다.

매일 쌀로 끓인 죽에 참기름을 약간 넣어 먹으며 수행했으며, 깨달음에 가까워질 무렵에는 하루에 참깨 한 알만으로 생명을 유지했다고 전해진다.

역사적으로 보면 인간은 참깨를 주로 참기름으로 만들어 먹었다. 볶지 않은 참깨를 압착하면 옅은 황금색 기름이 나오는데, 이 기름은 발연점이 높고 특별한 맛이 없다. 반면 볶은 참깨를 압착한 기름은 짙은 호박색으로 요리보다는 주로 드레싱 용도로 사용된다. 오늘날 인도에서 '자틸라(들깨)'라는 말은 모욕적인 표현으로 사용되는데, 이는 들깨에서 기름이 매우 적게 나오는 것에 빗댄 말이다. 자틸라는 '아무짝에도 쓸모없다'는 의미로도 통한다.

수천 년 전, 참깨는 인도에서 메소포타미아, 이집트, 그리스, 로마, 중국 동부, 아시아 지역 등으로 퍼져나갔다. 참깨가 이렇게 이동할 수 있었던 것은 영양가가 풍부하고 이동에 용이했기 때문

시안에서도 빵과 패스트리에
깨를 뿌린다.

이다. 참깨는 광대한 사막을 건너는 동안에도 썩지 않았다. 참깨의 유일한 단점은 수확 시기가 난처하다는 것이다. 무르익은 참깨는 꼬투리가 툭 하고 터지는데 이때 귀중한 참깨들이 여기저기 흩어진다. 『알리바바와 40인의 도적』에 나오는 마법의 주문 '열려라 참깨!'는 이렇게 툭 터지며 꼬투리가 열리는 참깨의 모습에서 착안한 말이다. 이 작은 참깨들을 땅에 떨어뜨리지 않고 수확하려면 꼬투리가 아직 녹색일 때 반드시 지지대를 묶어주어야 하며, 건조된 줄기들을 한데 묶어 흔들거나 막대기로 세게 치는 방식으로 깨를 털어내야 한다. 그러지 않으면 수확하기도 전에 바람에 산산이 흩어져버린다. 거의 모든 참깨는 인도, 수단, 중국, 미얀마, 나이지리아 등 참깨가 재배되기 시작했던 지역에서 손으로 하나씩, 주로 가난한 이들이나 식민 지배를 당하는 이들이 거두어들인다.

17세기 초 참깨가 대서양을 건너 아메리카 대륙으로 전파될 때, 참깨에 대해 잘 아는 서아프리카의 노예들도 함께 건너왔다. 그들은 깨에서 기름이 우러나오도록 깨를 적신 다음 곱게 빻아 스튜와 빵 반죽에 넣었다. 참깨는 캐롤라이나주 노예들이 경작하는 밭부터 자메이카에 이르기까지 무럭무럭 자랐지만 북미 전역에 전파되기까지는 300년이나 걸렸다. 깨를 콤바인으로 수확할 수 있게 되고, 깨를 기를 때 사용하는 지지대와 화학 비료로 특허권까지 얻게 되자 깨를 매력적인 상업 작물로 보게 된 것이다. 1967년 미국 맥도날드 빅맥의 푹신한 빵 위에 볶은 참깨가 뿌려져 나오기 시작했다.

사람이 그렇듯, 시간이 흐르면 외국 문물이었던 음식이 다른 지역에서 새로운 문화유산이 되기도 하고, 시간이 충분히 흐른 뒤에는 그 문화에 깊숙하게 뿌리를 내리는 것도 가능해진다. 한 지역에서 감동을 준 음식은 다른 지역에서도 그렇게 되기 쉽다. 예를 들어, 깨를 얹은 빵은 미국 이외의 곳에서도 유래를 찾아볼 수 있다. 고대 메소포타미아의 서쪽 끝자락에 있던 레반트에서는, 그 지역이 여러 국가가 되기 이전부터 깨를 뿌린 빵을 먹었다. '카아크'로 알려진 빵은 발효시킨 이집트 콩을 주재료로 가운데가 뚫린 둥근 모양으로 굽는다. 레바논에서는 우유와 설탕으로 빵 겉면에 윤기가 나게 해서 먹고, 이라크에서는 건포도를 넣어 풍미를 더한다. 그리스와 터키에서는 쿨루리 혹은 시미트로 불리는 납작한 모양의 빵을 만든다. 터키에서는 포도당을 뿌려 달콤하게 먹기도 한다. 600년경, 중국에 온 아랍 상인들은 위에 깨를 뿌린 빵과 마나기쉬 같은 빵을 중국 각지에서 팔았다. 마나기쉬는 자타르 같은 향신료를 얹은 빵으로 위에 얹는 향신료에 참깨를 섞는다. 중국 내에 거주하며 이슬람교를 신봉하는 후이족은 여전히 샤오빙을 전통 음식으로 즐겨 먹는다. 샤오빙은 여러 겹으로 된 둥글고 얇은 빵 위에 깨를 듬뿍 뿌린 음식으로, 주로 속을 풍성하게 만들어 채워 먹는다. 카아크나 마나기쉬, 샤오빙 등은 서로 연관이 있지만 저마다 자리 잡은 지역에 맞는 개성을 지니고 있다.

위에 언급한 사례처럼 깨가 일종의 양념 역할을 하는 경우는 헤아릴 수 없이 많다. 중동에서는 누가 자타르를 만들든 흰깨에 옻나무 가루, 타임, 마조람, 소금, 기타 향신료를 섞어서 만든다. 일본에서는 참깨와 소금을 섞은 깨소금이나 말린 생선과 해초를 깨와 섞어 만든 후리가케, 검은깨와 흰깨에 고춧가루, 산초, 오렌지 껍질, 생강, 해초 등을 첨가한 시치미토가라시 등을 만들어 먹

까다로운 사람들도
후무스의 맛에는
쉽게 고개를 끄덕이곤 한다.

는다.

　서아프리카의 시에라리온에선 참깨로 오기리 사로를 만든
다. 오기리 사로는 기름을 만들고 남은 콩 찌꺼기를 발효시켜 제
조하는 양념이다. 발효시킨 페이스트는 한 번 훈제한 다음, 크리
스마스 부시 잎이나 바나나 껍질로 싸서 부드러우면서도 진한 맛
이 날 때까지 다시 훈제한다. 이렇게 만들어진 양념은 스튜에 깊
은 맛을 더해준다. 인도네시아의 카북은 볏짚을 태워 만든 재에
참깨로 만든 소스를 넣어 숙성시킨 뒤, 소금과 마늘, 고추를 넣은
음식이다.

　깨로 만든 과자들도 세계 각지에서 다양하게 만들어진다. 할
와는 참깨와 시럽을 반죽해 다양한 모양으로 만드는데, 이스탄불
의 피스타치오와 그리스 테살로니키의 오렌지 등 각 지역의 풍미
에 맞는 재료들이 첨가되곤 한다. 할와는 발칸 반도와 중동 지역
의 유대인 이민자들로부터 전파되었다. 유대인 이주민들은 19세
기 폴란드와 루마니아 등지에서, 그리고 오늘날에는 브루클린에
서 할와를 만들어 먹는다. 시리아의 이주민들은 리우데자네이루
처럼 멀리 떨어진 곳에서 브라질너트를 넣은 고유의 할와를 만들
었다.

　참깨 페이스트는 이스라엘에서는 타히니, 이라크에서는 라
시, 이란에서는 아데, 터키에서는 타빈, 키프로스에서는 타쉬라
고 부르는데, 만드는 방식은 거의 비슷하다. 먼저 꼬투리에서 깨
를 분리해낸 다음, 볶아서 빻는다. 중동에서는 부드러운 질감의
페이스트를 선호하는 반면 지중해 지역에서는 좀 더 되직한 질감
을 좋아한다. 타히니는 레몬주스와 빵에 곁들이기도 하고 고기나
생선 요리에 발라 먹기도 한다. 때로는 지방과 단백질의 균형을

맞추거나 감자나 콩 등에 풍미를 더하기 위해 활용된다. 팔레스타인에선 양고기 표면에 타히니를 바른 다음 구워서 시니야를 만든다. 그렇게 하면 풍미도 짙어지고 고기 표면이 딱딱해져 육즙이 빠져나가지 않아 맛이 좋아진다.

언젠가는 참깨에 대한 공통의 입맛이 정치적 경계선을 지울 수 있을지도 모른다. 세계 최고의 타히니는 나블러스 외곽에 있다. 나블러스는 웨스트 뱅크 지역에서 두 번째로 큰 도시로 그곳에 팔레스타인 사람이 운영하는 가장 오래된 타히니 공장이 있다. 이곳에서는 시리아에서 수입된 현무암 맷돌을 이용해 에티오피아산 참깨를 간다. 유대인들에게 타히니는 대단히 중요한 음식이어서, 랍비들은 타히니가 제조되는 공장에 원격 카메라를 설치해 모든 제조 과정이 코셔(전통 유대교 율법에 따라 식재료가 선택되고 조리되는 과정―옮긴이)에 맞게 진행되는지 철저히 검사한다. 직접 감시하지 않고 카메라로 지켜보는 이유는 그 도시의 일부 지역에는 들어가는 것이 법으로 제한되기 때문이다. 웨스트 뱅크의 일부 타히니 제조업자들은 제한된 구역에 특별히 들어갈 수 있어서, 벤구리온 공항에 접근할 수 있는 특권을 즐기기도 한다. 타히니를 만들려면 물과 기름이 서로에게 완전히 스밀 때까지 잘 섞어야 한다.

깨는 특정 음식에 대한 소유권을 두고 벌어지는 불꽃 튀는 전쟁과 법정 소송의 피뢰침이 될 수도 있다. 요르단부터 시리아, 이라크, 레바논, 이집트, 팔레스타인, 이스라엘에 이르기까지, 중동의 거의 모든 국가의 요리사들은 후무스가 자국의 음식이라고 주장한다. 특히 이스라엘과 레바논은 가장 단순한 형태인 병아리콩을 넣은 타히니를 두고 치열한 논쟁을 벌인다. 이 싸움은 후무스를 '이스라엘의 전통 간식'으로 묘사하는 것을 두고 벌인 논쟁부터 세상에서 가장 큰 후무스 그릇 기네스북 기록을 두고 벌인 치열한 경쟁에 이르기까지 다양하다. 이 문제가 법정 소송으로 이어지고 EU에 청원하는 일까지 벌어지자 양국 소비자들은 서로의 제품에 대한 불매 운동을 벌였다.

이스라엘인 스트라우스와 대기업 펩시콜라가 공동으로 소유하고 있는 소스 업체 사브라는 2014년 미국 FDA에 청원서를 제출했다. 청원의 내용은 후무스에 최소한 5퍼센트의 타히니와 병아리콩이 들어가야 한다는 것이었다. 사브라 기업은 이 청원서에서 13세기 카이로에서 공개되었던 요리법에 '후무스hummus'라는 단어의 어원이 나온 것을 인용했다. 후무스는 '후무스 비 타히니hummus bi tahini'의 줄임말로 병아리콩을 넣은 참깨 페이스트라는 뜻이다. 또한 Exhibit B의 전시회(이 전시회는 남아프리카 출신의 브렛 베일리가 기획한 전시로 흑인과 노예를 주제로 한 퍼포먼스와 전시를 선보였다—옮긴이)에서 무지방의 구운 고추 후무스가 희화화되었던 것도 인용했다. 이는 연간 판매액이 약 10억 달러 규모로 확대된 미국 후무스 시장에 자리를 확보하려는 시도인 동시에, 제대로 만든 후무스를 규정지으려는 움직임이기도 했다. 미국 FDA는 아직 특별한 규정을 만들지는 않았다.

하지만 참깨는 현대의 정치적 분쟁이나 고대 왕국보다 훨씬 오래전부터 존재했고, 때문에 문화 정체성의 상징으로도 여겨진다. 그토록 다양한 요리에 사용되면서도 참깨는 기르는 사람에 따라 독특한 형태로 성장했고, 요리하는 사람의 재량에 따라 다양하게 사용되었다.

사람과 마찬가지로, 참깨도 뿌리를 내린 곳 어디든 적응할 것이며 그곳이 새로운 고향이 될 때까지 계속 자라고 변화할 것이다. 어떤 종은 더 빨리 자라서 건조한 기후를 견딜 것이고, 또 어떤 종은 천천히 무르익으며 폭우에 맞설 것이다. 어떤 참깨는 쌉쌀하지만 영양가 풍부하게 자랄 것이고 또 어떤 참깨는 가볍고 단맛을 품을 것이다. 생김은 모두 다르지만 막상 껍질을 까보면 그 속에는 모두 같은 참깨가 있다. ●

잘 적응하는
곳이
고향이다

레네 레제피
René Redzepi
노마 오너 셰프

◯

15년 전, 레스토랑 노마를 개업했을 때 우리는 북유럽 탐험을 목표로 선언했다. 물론 그건 요리를 초월한 대전제였고, 그보다 더 큰 목표는 없었다.

처음에는 식재료가 전부일 것이라고 생각했다. 오직 제대로 된 식재료를 찾기만 하면 된다고 판단한 것이다. 나는 당시 주방 파트너였던 매즈 레프룬드와 함께 수입한 향신료나 허브를 배제하고 어떻게 제철 음식을 만들 수 있을지 머리를 맞대고 궁리했다. 우리는 이곳에서 나고 자란 재료들만으로 완전히 순수한 식탁을 만들고 싶었다. 따라서 토마토 같은 채소는 우리 요리와 맞지 않다고 판단했다. 지중해 정체성이 너무 짙은 데다가 토마토가 더운 기후에서 잘 자라는 채소였기 때문이다. 토마토를 싫어해서 내린 결정은 절대 아니었다. 어린 시절, 가장 좋았던 기억은 마케도니아에 있는 우리 집 텃밭에서 토마토를 하나 따먹던 순간이다. 토마토를 깨물고 20여 분 동안 천천히 토마토즙을 빨아 먹으면 건포도처럼 쪼글쪼글한 토마토만 남곤 했다.

데마크 출신의 요리사가
호주에서 식재료를
채집하고 있다.

초창기에 우리는 정체성을 찾고 구축하는 일에 몰두했다. 의도적인 것은 아니었지만 우리 자신을 무언가에 단단히 고정시키고 싶다는 열망이 있었다. 결국 우리는 이런 제약들을 약간 포기했지만, 극단적으로 지역 산물을 추구했던 태도는 놀라운 성과를 가져다주었다. 야생의 식재료를 활용하고 채집하는 것도 이러한 제약 속에서 생겨난 것이다.

우리는 점차 주변의 식재료에 익숙해졌고 날씨가 식물에 미치는 아주 작은 변화에도 주의를 기울이게 되었다. 논리적으로 따지면 우리가 밟아야 할 다음 단계는 자연으로 가서 쓸 만한 식재료를 직접 찾는 일이었다.

채집에는 유대감을 느끼게 해주는 무언가가 있었다. 이전 직장에서 주방장은 야생 마늘과 버섯을 손수 채취했는데 양이 무척 적었다. 평범한 북유럽 사람이 채취할 수 있는 정도를 넘을 수 없었다. 그때 나는 밖으로 나가 자연에서 식재료를 찾는 일의 의미를 조금씩 깨달았다.

나는 프랑스와 이탈리아, 스페인 등지의 요리사들이 할머니의 음식에 대해 말하는 것을 듣고 자랐다. 그들은 할머니의 주방에서 언젠가는 자신도 요리사가 될 것이라는 사실을 깨달은 아름다운 순간을 이야기하곤 했다. 나는 그런 말을 들을 때마다 지나치게 낭만적인 이야기이며 어쩌면 사실이 아닐지도 모른다고 생각했다. 어떻게 모든 사람의 할머니가 전부 뛰어난 요리사일 수 있단 말인가? 어린 시절 먹었던 음식이 너무 맛이 없어서 요리사가 되기로 결심한 사람은 없을까?

나는 자연스레 나의 어린 시절을 돌아보았다. 우린 마케도니아에 사는 가난한 알바니아 농부 가족이었다. 온 가족이 밭일을 할 때 아이들은 딸기며 밤 등을 주우러 들판을 뛰어다녔다. 나도 채집을 하며 자랐다. 하지만 채집은 내가 하던 일을 설명하는 적절한 단어가 아니다. 우리에게 채집은 그냥 놀이였다. 하지만 어른이 되고 내 어린 시절의 모습을 아름답게 보기 시작하면서 문득 깨달았다. 어떤 문화를 이야기할 때 거기에 더 높은 가치를 둔다고 해서 덜 알려진 이야기가 중요하지 않다는 의미는 아니라는 사실을.

노마 레스토랑이 처음 문을 연 이후에도 우리의 여정은 계속되었다. 우리는 여전히 세상의 한 귀퉁이에서 요리가 지니는 의미를 찾고 있다. 오직 지역 생산물로만 음식을 하겠다는 최초의 생각은 결국 새롭게 제기된 질문들의 무게를 이기지 못하고 무너졌다. 이 지역에 건너온 지 얼마나 오래되어야 이 고장 산물인가? 이 지역 산물을 규정하는 요소는 무엇인가? 어떤 식재료에 대해, '이제 이 재료를 이 메뉴에 넣어야겠다. 이젠 그래도 되겠다'라고 생각하게 만드는 이유는 무엇인가?

돌이켜보면 냉장고에 있던 재료들 대부분이 어디에선가 건너온 것들이다. 우리는 나중에야 카다멈 같은 재료가 어느 지역에서 1,000년의 역사를 지녔다는 사실을 알게 되었다. 이 지역에서 카다멈은 왜 배척됐을까? 계피는 어쩌다 사라지게 됐을까? 아시아 남쪽 지역의 토착 산물인 생강은 덴마크에선 전통 빵을 만드는 주재료이며, 북유럽 사람들은 대부분 생강 향에 무척 익숙하다. 그렇다면 생강은 덴마크의 특산물인 걸까?

식재료뿐이 아니다. 요리의 아이디어도 뿌리를 내리고 자라난다. 지난 10년 동안 나는 멕시코에서 많은 시간을 보냈고, 멕시코 고추의 얼얼한 매운맛을 알게 됐다. 매운맛이라고 해서 단순

히 입이 불타는 듯한 감각만 일컫는 것은 아니다.

고추들이 각기 미묘하게 다르다는 것을 터득하면 매운맛도 감칠맛이나 신맛과 비슷하다는 사실을 깨우치게 된다. 그러면 매운맛이 짠맛, 단맛, 쓴맛 등에 이어 여섯 번째 맛으로 자리를 잡는다. 북유럽 요리에서 매운맛은 그다지 큰 비중을 차지하지 않았다. 하지만 매운맛이 존재한다는 사실을 알아차렸는데 그 여섯 번째 맛을 활용하지 않을 이유가 없지 않은가? 50년 전, 혹은 그보다 훨씬 이전에 북유럽 요리에 매운맛이 없었다는 사실은 중요하지 않다. 매운맛은 뭔가 대단한 맛이 될 수도 있다.

사람도 똑같다. 열 살까지 나는 마케도니아를 조국으로 생각했다. 그렇게 유년 시절 대부분을 마케도니아와 덴마크를 오가며 보냈지만 유고슬라비아 전쟁이 끝나면서 나의 조국은 덴마크가 됐다. 그리고 경험이 필요한 젊은 요리사는 고향을 떠나야 한다. 최고의 주방장이 되려면 그곳을 떠나야 한다.

최근에 나는 팝업 레스토랑을 열면서 일본, 멕시코, 호주 등에서 3년 이상을 보냈는데, 그러다 보니 덴마크에서 보낸 시간은 내 삶의 절반 정도밖에 되지 않았다. 그럴 때면 나는 이런 의문이 든다. '나는 북유럽 사람인가? 나는 이 지역 주민인가?'

요즘 나는 이렇게 생각한다. 무언가가 이곳에서 자란다면, 그 작물은 이곳에 속한 것이라고. 만약 멕시코 농부가 우리에게 씨앗을 주어 우리가 그 씨를 덴마크 땅에 뿌렸고, 아주 맛있는 무언가가 나왔다면, 나는 기꺼이 그 작물을 덴마크의 일부로 환영할 것이다.

운 좋게도 노마 레스토랑에는 함께 일하고 싶어 하는 요리사들이 아주 많다. 요리사들과 스타지(정식 요리사가 되기 전의 견습 과정)가 세계 각지에서 이곳을 찾아왔다. 처음 노마에 온 이들은 대부분 함께 일하는 과정에서 큰 어려움을 겪는다. 하지만 수십 개국에서 온 다양한 사람들이 있는 환경에 적응하는 법을 배운다면, 다양한 의견과 태도를 이해하고 분별할 수 있다면, 앞으로는 어디를 가든 잘해낼 것이다.

요리사가 자신의 길을 찾는 과정을 오로지 당사자에게만 맡겨둘 수도 없다. 우리 레스토랑에 온 요리사나 스타지가 성공하기를 바란다면, 우리도 그들을 편하게 대해주어야 한다. 특히 다양한 지역에서 온 요리사들이 제대로 정착할 수 있는 여유를 주는 것이 대단히 중요하다. 그들은 어떤 일이든 맡은 일을 하겠지만, 우리는 그들이 편히 지낼 분위기를 조성해주어야 한다.

나는 우리 레스토랑에 온 모든 요리사들이 적응할 수 있도록 개인적으로 도와주곤 한다. 힘든 일은 없는지, 살 곳은 마련했는

멕시코 툴룸에 있는
노마 레스토랑 요리사들이
저녁 식사를 준비하고 있다.

지, 동료들과는 잘 지내는지, 함께 마주 앉아 이야기한다. 하지만 내가 상사라는 이유로 절대 마음을 열지 않는 이들도 더러 있다. 요리사인 준이치 다카하시에게서는 어떤 말도 들을 수 없었다. 그는 길거리에서 피 흘리는 노숙자일 수도 있었다. 그는 늘 이렇게 말하곤 했다. "저는 괜찮습니다. 다 괜찮아요."

그래서 장모님 벤테 스벤슨에게 요청했다. 장모님은 정식으로 심리 상담사 교육을 받은 분으로, 지금도 사람들의 마음을 보듬는 직업을 갖고 있으며, 직원들의 할머니 역할을 톡톡히 해낸다. 장모님의 상담 내용은 철저히 비밀로 유지되지만, 우리 식당 직원들 중에 긍정적이든 부정적이든 특정 심리적 패턴이 감지되면 그 사람이 더 나아질 수 있는 방법을 내게 알려주시곤 한다.

단순하고 직접적인 방법은 하나도 없다. 스무 명 이상의 직원들 모두가 저마다 처한 상황에 다르게 반응하고 적응한다. 우리는 제각기 다른 양육 환경과 다른 문화, 다른 의견, 다른 존재의 소용돌이에서 길을 찾아야 한다. 관건은 언어다. 너무도 많은 순간에, 너무도 많은 일들이 꼬여버리고 무수한 오해가 빚어진다. 내가 오스트리아 출신 요리사와 이야기를 하면 오스트리아 출신 요리사는 위층으로 올라가 말레이시아 출신인 그의 주방 보조에게 말을 하고, 말레이시아 출신의 주방 보조는 그것을 독일인 스타지에게 설명한다. 이렇게 통역에 통역이 되는 과정에서 정보의 20퍼센트 정도는 사라진다. 몇 시간이 지나 내가 한 말의 결과를 마주칠 때면 '이게 뭐지?' 하는 의문이 든다.

만약 우리 직원들이 전부 영어를 할 줄 아는 덴마크인으로만 구성되었다면, 주방은 완벽한 기계처럼 빈틈없이 돌아갔을지도 모른다. 하지만 우리는 그로 인해 또 다른 무언가를 잃게 될 것이다. 북유럽 사람들은 대체로 개방적인 편이지만 다른 한편으로는 놀라울 정도로 비슷하기도 하다. 함께 일을 하다 보면 아마 모두가 똑같이 생각하고 행동한다는 사실을 알게 될 것이다. 그렇게 되면 퇴보하고 만다. 다문화주의는 어렵다. 앞으로도 계속 어려울 것이다. 쉽게 얻어지는 것은 없다. 다양한 문화를 가진 사람들이 섞여 있다고 해서 저절로 인내심이 길러지거나, 다른 문화에 대한 공감이 생겨나지 않는다. 나와 내 옆에 있는 사람이 절대 똑같아질 수 없다는 사실을 인정하고 받아들이려는 노력을 모든 사람이 함께 해야 한다. 덴마크나 미국 출신 직원들은 이민자 요리사들에게 자신들의 문화에 동화되어보라고 말한다. 하지만 동화는 양방향으로 이루어지는 것이다. 주인이라면 새로 온 사람을 위해 좀 더 편안한 분위기를 조성해야 한다.

내 경험에 의하면 그런 일은 노력을 기울일 만한 가치가 있는 일이지만 한편으로는 끝이 없기도 하다. 유럽 남부 출신의 무슬림인 아버지만 봐도 그렇다. 아버지는 덴마크에서 덴마크인들과 살며, 가족을 꾸리고 수십 년을 살았다. 하지만 아버지는 덴마크에서 이런 말을 숱하게 들어야 했다. "당신은 아니지만, 다른 무슬림들은……."

편견은 극복하기 어렵다. 우리가 할 수 있는 일은 한 사람을 대할 때마다 부단히 노력하는 것뿐이다.

몇 년 전, 노마 레스토랑을 새로운 곳으로 옮기자는 이야기가 나왔다. 나는 새로운 레스토랑을 상상해보았다. 그러자 이곳에 와서 처음 6개월 동안 느꼈던 두려움이 다시 떠올랐다. 우린 새로운 곳에 가서도 이곳에서 했던 일들을 똑같이 반복하게 될 것이었다.

우리는 지금 우리가 하는 일에 매우 익숙하다. 손님들에게 우리가 하는 일을 설명할 필요가 없다. 우리는 이 공간을 잘 이해하고 있으며, 이 지역에 어울리는 미의식을 만들어왔다. 하지만 월계관을 쓰고 안주하는 것이 무슨 의미가 있단 말인가? 앞으로 나아가지 않으면 멈출 것이다.

고향에서는 누구도 하지 않을 일을 하기 위해, 스스로에게 도전하기 위해 우리는 어디론가 떠나야 했다. 모두가 그 사실을 알고 있었다. 우리는 다시 한번 낯선 장소에서 마음을 열고 완전히 새로운 방식으로 적응해보고 싶었다. 그래서 팝업 레스토랑을 확장할 계획을 세우기 시작했다. 지난 3년 동안, 우리 직원들은 전혀 다른 세상으로 가서 반년씩 머물렀다.

첫 시도는 일본이었다. 나는 일본으로 가기에 앞서 팀을 보내 그 지역에 맞는 요리 연구와 사전 조사를 하도록 했다. 몇 주 후 일본에 도착해서 보니 앞서 간 팀이 덴마크에서와 거의 똑같은 요리를 재료만 일본에서 난 것으로 바꿔 만들고 있었다. 큰 회의가 들었다. 내가 우려했던 일이 그대로 벌어졌기 때문이다. 결국 정신 훈련 시간에 나는 이렇게 말했다. "우리는 그곳에 가지 않을 겁니다." 어떤 일이 벌어질지 알고 있다면, 그 상황은 피해야 했다.

다음 장소는 호주 시드니였다. 시드니에 가고 싶었던 이유는, 그곳에 가서 호주 원주민들의 음식과 요리법을 보고, 그곳 토착민들이 처음 발견하고 채집한 과일이며 곤충, 식물 뿌리, 덤불, 바다에서 얻은 각종 식재료들을 확인하고 싶었기 때문이다.

지난 몇 해 동안 우리는 익숙하지 않은 것들을 받아들이는 훈련을 해왔다. 요리사라면 낯설고, 불편하고, 알지 못하는 것들을 기꺼이 수용해야 한다. 그러지 않으면 다른 나라에 가는 것이 무슨 의미가 있단 말인가? 덴마크에 와서 "여긴 너무 추워" 하고 투덜거리는 사람들을 볼 때면 마음이 불편하다. 비행기를 예약하면서 대체 어느 나라를 간다고 생각했던 걸까? 안타깝게도 이런 반응은 매우 일반적이며, 특히 음식에 대해서는 더욱 그렇다. 사람들은 그저 익숙한 음식만을 원하곤 한다.

　여행에도 수고가 필요하다. 다른 이의 고향에 발을 들여놓을 때, 그 지역을 이해하는 데 필요한 것은 그곳 사람들의 노력만이 아니다. 그 문화에 발을 들여놓은 사람 역시 새로운 문화를 이해하고 식생활을 접하려고 노력해야 한다. 책도 읽고 자료도 찾아야 하고, 현지인들과 대화도 나눠야 한다. 최근에는 멕시코 툴룸에 팝업 레스토랑을 열었다. 멕시코에는 친구도 별로 없고, 식당을 열기까지 굉장히 오랜 시간이 걸렸지만, 우리는 멕시코에 가기 전 그 나라의 역사와 음식에 관해 많은 책을 읽었고 자료를 모았다.

　알지 못하는 문화를 접하려면, 우선 그 문화에 대한 열린 마음과 존중의 자세를 갖춰야 한다. 그곳 사람들을 만나고, 그들에게 이것저것 물으며 가르쳐달라고 부탁해야 한다. 우리는 완벽하지 않다. 대신 우리는 가는 곳마다 그 지역 사람들의 도움을 받으며 제대로 된 길을 찾는다. 우리는 열심히 공부했다. 우리는 그들의 아이디어를 훔치려고 그 지역에 가는 것이 아니다. 타인의 삶에 우리를 잠시나마 드러내고, 마음가짐을 새롭게 하는 것이 우리의 목표다. 그렇게 찾은 곳에서 세금을 내고 비용을 투자했다. 우리는 각종 재료에 지불하는 비용에 대해 공평해지려고 노력했다. 하지만 모든 일에는 결과가 있다. 멕시코에서 우리는 옥수수 1킬로그램당 25페소를 지불했지만(보통은 6페소 정도다) 그 지역 옥수수 영농 조합원들은 이렇게 말했다. "이렇게 하면 안 됩니다. 결국에는 시장의 전체적인 흐름을 방해하는 셈이에요."

이는 또 다른 문제였다. 우리는 새롭게 찾은 지역을 완전히 이해하지 못하리라는 사실을 인정해야 했다. 어쩌면 우리는 닉스타말화의 과학적 원리는 잘 알지 몰라도, 수십 년간 마사(닉스타말화된 옥수수 가루)를 만지고 냄새 맡으며 살아온 이들의 경험에는 미치지 못한다. 그 어떤 책을 읽는다 해도, 그런 숙달된 경험을 능가할 수는 없다. 자신의 삶을 송두리째 바꾸고 싶은 게 아니라면 아예 따라갈 엄두도 내지 말아야 한다. 우리에게 여행은 타인의 삶을 통해 무언가를 배우고, 고국으로 돌아가 요리를 할 수 있는 영감을 얻는 과정일 뿐이다.

물론 우리가 하는 일을 보고 강경하게 말을 하는 이들도 있다. "지금 여기서 뭐 하시는 겁니까? 당신들은 멕시코인(혹은 일본인이나 호주인)이 아니잖습니까? 여기서 요리하실 수 없습니다." 정말 끔찍한 태도다. 나는 그러한 태도가 현대 사회가 나아가고 있는 위험한 방향을 함축하고 있다고 생각한다. 더 이상 여행하지 못하고, 돌아다니지도 못하고, 서로에게 배우지 못하게 된다면 모든 이들이 미친 국가주의자가 될 것이다.

조금만 더 여유를 갖고, 서로의 실수에 조금만 더 너그러워지도록 하자. 나는 지금 깊숙이 뿌리박힌 비도덕적이고 인종차별적인 실수를 논하는 게 아니다. 내가 말하고자 하는 것은 선의로 빚어진 실수들에 관한 이야기다. 때로는 낯선 나라를 찾은 이방인이 잘 알지 못해서 잘못된 말을 할 때도 있다. 배우지 못해서 생긴 실수를 너무 나무라지는 말자. 익숙하고 편안한 곳을 떠나 다른 세상에 사는 사람들과 만나는 일은 젊은 요리사에게 꼭 필요한 경험이라고 생각한다. 다른 사람을 이해할 때 나 자신에 대해서도 배울 수 있다. 여행, 이민, 배움, 공유는 우리 모두를 고양시킨다. ●

닉스타말화.
옥수수를 수산화나트륨 용액에 끓이면
풍미와 영양가가 모두 높아진다.

잎은
훌륭한
찜기다

애럴린 보몬트
Aralyn Beaumont
MAD 부편집장

○

겉으로 보기에 모든 요리의 전통은 달라 보이지만 놀라울 정도로 비슷한 면이 있다. 인간은 2,000년이 넘는 시간 동안 잎사귀에 싼 음식을 다양한 방법으로 조리해왔다. 끓는 물에 넣기도 하고, 뜨거운 흙무더기 속에 묻기도, 커다란 가마솥에 찌거나 화덕에서 익히기도 한다. 조리법은 많고 많다.

　나뭇잎은 내용물에 열이나 먼지, 수분이 직접 닿는 것을 막는다. 또한 조리 시간 동안 내용물을 촉촉하게 유지시키며, 나뭇잎 특유의 향과 풍미를 더한다.

　주로 조직이 견고하고 먹을 수 있는 잎들이 사용된다. 연잎, 호박잎, 대나무 잎, 체리 잎, 포도 잎, 판단 잎, 야자나무 잎, 오크 잎, 토란 잎, 바나나 잎, 양배추, 옥수수 껍질 등은 모두 좋은 조리 도구다. 여느 나뭇잎보다 더 실용적인 잎도 있다. 가령, 파파야 잎에는 파파인이라고 하는 효소가 포함되어 있어서 고기의 육질을 부드럽게 해준다.

　가장 흔한 조리법은 잎으로 내용물을 싸서 익힌 후 잎을 벗

**잎사귀에 음식을 싸는 조리법은
어느 지역에서나 볼 수 있는
기본적인 기술이다.**

코치니타 피빌

옥수수 껍질에
싼 타말리

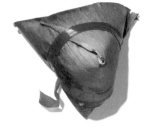

반 잇 냔 듀아

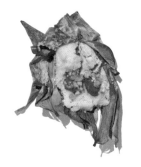

쫑쯔

수만

로마이까이

바나나 잎에
싼 타말리

목플라

사쿠라
모찌

기고 음식을 먹는 방법이다. 가령 옥수수 껍질로 싼 타말리와 연잎에 싸서 요리한 로마이까이(연잎에 찹쌀, 닭고기, 버섯 등을 넣고 찐 요리─옮긴이)가 그렇다.

내용물을 싼 잎을 벗기지 않고 잎사귀째 먹는 경우도 있다. 각종 재료를 포도 잎으로 싸서 만든 돌마, 양배추 쌈, 팥을 넣은 분홍색 떡을 소금에 절여 벗나무 잎으로 감싸 만든 사쿠라 모찌 등이 그렇다.

잎이나 껍질로 싼 음식은 물리적으로나 문화적으로 이동하기가 편리하다. 예를 들어, 미국에서 타말리는 물리적 혹은 문화적 거리를 모두 쉽게 넘나들며 사랑받고 있다. 타말리는 보통 옥수수 껍질로 내용물을 싼다. 유카탄 반도의 오악사카나 남미의 많은 지역에서는 바나나 잎을 사용하기도 한다.

미시시피 델타에는 매운 타말리도 있다. 찌지 않고 끓여서 익힌 타말리로, 고추와 치즈를 넣어 조리하며 마사가 아닌 옥수수 가루를 사용한다.

커다란 나뭇잎을 이용해 고깃덩어리를 감싸거나, 통구이용 고기 전체를 잎으로 덮어 석탄을 깔아놓은 흙구덩이에 묻는 요리는 세계 각지에서 볼 수 있다. 뉴질랜드의 칼루아 돼지고기 요리가 그 대표적인 요리법이다. 이 요리법은 해산물을 해초로 덮어서 익혀 먹는 요리나 미국 남부 지역의 굴 요리와 그 원리가 비슷하다.

미국 남부 지역에서는 젖은 삼베를 나뭇잎처럼 활용한다. 물론 나뭇잎에 음식을 싸서 요리하는 방법은 고기나 생선 등을 양피지 같은 종이에 감싸 오븐에 요리하는 앙 파피요트 요리법과도 비슷하다.

이러한 요리법은 인간이 사용하는 가장 단순하고도 우아한 방식이다. 그 보편성이 우리를 하나로 만들어준다. 음식이 이토록 흥미로운 것은 동일한 기본 원칙 안에서 무수히 많은 요리가 탄생하기 때문이다. ●

메노나이트
치즈는
멕시코 치즈다

마이클 스나이더
Michael Snyder
작가

○

멕시코 북부 두랑고주의 정중앙에 위치한 메노나이트(네덜란드 종교 개혁자 메노 시몬스가 세운 가장 큰 재세례파 교파로, 외부 세계와 단절한 채 엄격한 규율을 추구한다—옮긴이) 정착촌은 지금 오전 7시다. 건너편에 있는 고속도로는 서머타임을 적용하므로 벌써 8시이지만, 이곳에서는 앞으로 두 시간 동안 상점들이 문을 열지 않을 것이다. 메노나이트 교도가 거주하는 지역은 다른 세상이다. 해가 뜨면 하루 일과가 시작된다. 신도들은 오직 신이 허락할 때에만 노동을 멈춘다.

아브라함 클라센은 오전 5시에 하루를 시작했다. 소 열여덟 마리의 젖을 짜고, 아내와 세 자녀, 장인, 장모와 함께 침묵의 기도를 올린 뒤, 인스턴트커피와 집에서 만든 빵과 버터와 잼으로 아침을 먹었다. 7시가 되어갈 즈음, 클라센은 삐거덕거리는 나무 수레를 처남의 낡은 오렌지 트랙터에 매달고 이웃집에 소젖을 짜러 갔다.

전날 밤 거대한 먹구름이 몰고 온 장대비 때문에 귀리밭은

멕시코·두랑고 목장의 농부
아브라함 클라센.

흥건하게 물에 잠겼고, 낮게 자란 옥수수 줄기들도 한여름 폭우에 윗부분까지 젖었다. 독일인 특유의 깔끔한 분위기를 풍기는 흰색 담장과 흰색 교회 사이에는 바큇자국이 남은 진흙 길이 생겼다.

"오늘 같은 날은 밭일하기에 땅이 너무 질어요." 클라센이 김이 무럭무럭 나는 철제 깡통을 수레에 실으며 스페인어로 말했다. 그는 눈을 가늘게 뜨고 하늘을 휘감은 거대한 붕대 같은 구름을 바라보았다. "그래도 할 일은 늘 있지요. 이 일에서 손을 놓으면 저 일이 생기니까요."

최초의 멕시코 메노나이트 정착촌이 치와와주에 자리 잡은 지 2년 후인 1924년, 캐나다에 살던 클라센 가족은 두랑고로 이주해왔다. 이곳에서 3대째 살고 있는 클라센의 말투는 토종 멕시코 갱단의 억양이다. 빠르고 비꼬는 듯한 말투가 농담하는 것처럼 들리기도 하지만, 그의 말 어딘가에는 모국어인 저지 독일어(독일 북부 및 서북부 지방에서 쓰는 독일어 방언—옮긴이) 억양이 묘하게 배어 있다.

클라센과 그의 처남 아브라함 월은 서른네 곳의 메노나이트 거주지를 돌며 우유를 수거한다. 이곳에는 이렇게 우유를 수거하는 팀이 수십 개 있으며, 그들은 매일 아침저녁으로 6,500여 만 평에 달하는 목장을 관리한다. 그렇게 해서 모은 수십 톤의 우유는 시골 마을에서 가장 큰 치즈 회사인 '케세리아 올란다'로 배달된다.

메노나이트 신도가 1970년에 설립한 올란다 기업은 1993년부터 협동조합 형태로 운영됐다. 기업의 수입은 우유를 공급하는 사람과 배송하는 사람, 공장에서 치즈를 만드는 토지 없는 젊은 이들에게 분배된다. 현재 두랑고 지역에 거주하는 8,000명의 메노나이트 신도가 생산한 우유의 80퍼센트는 올란다 기업으로 모인다. 하루 평균 100톤의 우유가 수거되는데, 20년 전까지만 해도 전기가 들어오지 않았고, 10년 전까지는 자동차조차 없었던 지역에서 생산된 것임을 감안하면 어마어마한 양이다. 기업은 납품받은 32,000톤의 우유로 3,200톤의 치즈를 만든다. 올란다보다 작은 규모의 기업 두 곳과 상당수 가정에서 나머지 20퍼센트의 우유를 소비한다. 메노나이트 중에서도 가장 보수적이라고 알려진 올드 콜로니 메노나이트는 기독교에서 강조하는 소박한 삶을 극단적으로 추구하기 위해 의도적으로 외부와 단절한 채 옛날 방식으로 살아간다. 텔레비전이나 인터넷을 삼가는 것은 물론, 더 보수적인 이들은 자동차나 전기조차 사용하지 않는다. 이들은 외부 세상의 영향 밖에 있다. 두랑고의 낙농업이 그 꿈을

클라센(왼쪽)이 아침에
우유를 배달하고 있다.

가능하게 해준다.

케세리아 올란다에서 생기는 소득으로 메노나이트 공동체는 독일인 학교를 위한 기금을 조성하고, 도로를 보수하고 유지하며, 우물을 만든다. 내부에서 빚어진 갈등은 자체적으로 재판하고, 외부 세계의 기술을 도입할 때는 언제 어떤 기술을 들여올 것인지 논의해 결정한다. 교사와 공동체 운영자들은 마을의 성인 남자들이 2년에 한 번 투표로 뽑으며, 이들의 월급은 우유의 가치로 환산해 계산한다.

내가 두랑고에서 처음 만난 사람은 케세리아 올란다의 이사인 아이작 앤스였다. 우리는 배급소 사무실에서 이야기를 나눴다. 어둑한 흰색 사무실 밖으로 아르마스 광장이 보였다. 아르마스 광장은 새로운 이상이라는 의미의 멕시코 마을 누에보 이데알에 있는 광장이다. 메노나이트 신도들은 커피부터 휴대전화며 변호사에 이르기까지, 정착촌에서는 구할 수 없는 모든 것을 누에보 이데알에서 구한다. 여느 올드 콜로니 메노나이트처럼 검정색 오버올 바지에 격자무늬 셔츠, 챙이 넓은 카우보이 모자 차림을 한 앤스는 주문서와 송장이 잔뜩 쌓인 긴 책상에 팔짱을 끼고 위엄을 갖춘 채 앉아 있었는데, 그 모습이 어딘지 모르게 다소 부자연스러웠다. 다만 그의 미소는 온화했고 말씨는 진솔했다. 깊게 주름진 얼굴에선 이따금 소년 같은 미소가 번졌다.

대화가 거의 끝날 무렵 그가 말했다. "얼마 전 이런 말을 들었습니다. 독일 격언인데요. '아이들에게 줄 수 있는 가장 좋은 것은 당신의 아버지에게 물려받은 것이다. 아버지에게 받은 것을 아이에게 주지 않으면 아이의 영혼은 죽는다.'" 그는 정확한 단어를 고르려는 듯 잠시 말을 멈췄다. 그러고는 이렇게 덧붙였다.

"전통은 우리를 살아 있게 해줍니다."

다음 날 아침, 들판에는 옥수숫대가 싱그러운 비에 반짝였고 마을을 요새처럼 감싸고 있는 야트막한 산맥이 물웅덩이에 비쳤다. 클라센은 마지막 우유 통을 수레에 실었다. 족히 90개는 되어 보이는 통에 든 우유를 다 합하면 2,500리터쯤 될 터였다. 그에게

아이작 앤스,
케세리아 올란다의 이사.

어릴 적 꿈이 무엇이었는지 묻자 그는 푸른 눈을 반짝이며 의아하다는 미소를 지었다. 그러고는 살면서 들어본 가장 이상한 질문이라는 듯 조금도 주저 않고 말했다. "지금 제가 하고 있는 일이지요."

멕시코 북부에 자리한 누에보 이데알은 평범한 작은 마을처럼 보인다. 흙먼지가 이는 무미건조하고 분주한 마을. 한때 자홍색이나 청록색 페인트로 화사하게 칠해졌을 야트막한 건물들은 오랜 세월 강렬한 햇살과 거친 바람, 이따금 퍼붓는 비를 견디느라 회색빛으로 바랬다. 트윈스나 몬타나 같은 이름의 식당에서는 60센티미터 길이의 '부리토 기간테스'(거대한 부리토라는 의미로, 부리토는 고기와 야채를 밀가루 전병에 싸먹는 음식이다―옮긴이)와 김이 무럭무럭 나는 메누도(고기와 채소 등이 들어간 멕시코식 국물 요리―옮긴이)를 판다. 평일 오후에는 대가족이 광장으로 나와 얼마 되지 않는 나무 그늘에서 쉰다. 물론 마약 갱단 두목 엘 탈리반 같은 자가 나타나 총을 휘두르는 날은 그럴 수 없지만 말이다.

현재의 모습을 갖추기 전, 누에보 이데알은 '로스 파토스'라는 이름의 작은 시골 마을이었다. 로스 파토스는 겨울마다 캐나다에서 이 지역 골짜기 곳곳에 있는 습지로 날아오는 수천 마리의 오리를 의미한다. 이 마을이 현대적인 모습을 갖추게 된 것은 캐나다로 이주했던 최초의 메노나이트 정착민들이 1924년 6월 15일 서스캐처원주에서 6량짜리 기차를 타고 이곳에 도착하면서부터였다.

아이작 앤스의 증조할아버지도 로스 파토스에 정착한 최초의 메노나이트 중 한 명이었다. 아이작의 증조할아버지는 아름다운 고딕체의 저지 독일어로 일기를 썼다. 앤스는 내게 말했다.

"최초의 정착민들은 가지고 있던 모든 물건을 꾸려서 왔어요. 옷가지며 가구, 냄비, 프라이팬은 물론이고, 말과 닭, 소까지 데리고 왔지요." 그 모든 물건들은 그들이 고립된 삶을 유지하는 데 반드시 필요했을 것이다.

메노나이트는 종교 개혁의 일환으로 16세기 독일 북부 지역에 그 분파가 생긴 이후 줄곧 거처를 옮겨 다녔다. 16세기 이후 300년 동안 메노나이트는 네덜란드, 폴란드, 시베리아, 현대의 우크라이나 등지로 이주했다. 이주할 지역에 대해서는 몇 가지 필수 조건이 있었는데, 곡식을 경작할 평야와 군대를 면제해줄 정부(메노나이트는 평화를 추구하는 종교다), 한때 논쟁거리였던 성인 세례(이미 유아 세례를 받은 사람이라도 성인이 되어 신앙 고백을 하고 다시 세례를 받는 관행을 의미한다—옮긴이)를 포함한 종교의 자유, 자신들이 옳다고 믿는 방식대로 자녀를 교육할 자유 등을 메노나이트는 원했다.

메노나이트는 '세상에 속하지 않은 자'가 되는 것을 목표로 삼는다. 이는 요한복음에 나오는 성서 구절을 인용한 표현이다. 세상에 속하지 않기 위해서 그들은 20세기 초에 정치와 권력, 현대 문물로부터 동떨어진 자신들만의 사회를 만들었다. 대다수 사람들이 더 나은 미래를 위해 고향을 떠난다면, 올드 콜로니 메노나이트는 과거의 삶을 찾아 이주한다.

독일의 메노나이트는 종교 개혁의 박해에 맞서 자신들을 보호하기 위해, 가장 먼저 폐쇄된 공동체로 살아가는 법을 터득했다. 스위스에서는 습지대의 물을 빼고 치즈를 만드는 법을 배웠다. 1562년, 어느 부유한 폴란드 가문에서 단치히(훗날 바이마르로 불렸다가 현재는 그단스크라는 지명을 사용하고 있다) 외곽으로 흐르는 비스와강 인근 습지에 그들이 정착할 곳을 마련해주었다. 18세기 후반 프로이센이 그 지역을 점령했을 때, 마르틴 루터파는 다른 종교 집단이 토지를 소유하는 것을 임격히 규제해줄 것을 정부에 요구했다. 특히 비스와강 유역의 습지를 비옥한 농경지로 변모시키며 영토를 확장하던 메노나이트가 주요 경계 대상이었다. 메노나이트는 세상 그 어느 곳에서도 시민으로 인정받지 못했다.

1762년, 예카테리나 2세는 러시아의 거대한 내륙으로 외국인들을 이주시키려 했다. 메노나이트는 예카테리나 2세의 정책을 받아들였고, 자신들의 신념을 러시아에 전파하지 않겠다는 합의를 한 뒤, 1789년 크림반도에 최초의 정착촌을 세웠다. 단치히에서 그랬던 것처럼 러시아의 메노나이트 교도는 급속도로 늘어났다. 주로 밀을 재배하던 메노나이트는 자신들의 농장에서 일하던 러시아 농민들에 비해 상대적으로 풍요롭게 살았다. 메노나이트는 남쪽으로는 캅카스산맥까지, 동쪽으로는 사마라와 시베리아, 만주 지역까지 뻗어나갔고, 다음 세대에게 물려줄 수백 곳의 정착촌을 만들었다.

1870년 알렉산드르 2세가 증조할머니인 예카테리나 2세가 허용했던 군 면제 제도를 철폐하자, 러시아에 거주하던 메노나이트 교도 50,000명 중 3분의 1이 손에 들 수 있는 짐만 꾸려 북미로 향했다. 북미에서는 자영 농지법(홈스테드법, 5년간 일정한 토지에 거주하여 개척을 한 자에게 미국 서부의 미개발 토지 20만 평씩 무상으로 제공한다는 내용의 법—옮긴이)과 캐나다 토지법(미국의 자영 농지법과 비슷한 개념의 법으로 목초지 개발을 장려하기 위해 캐나다에서 만든 법—옮긴이)이 실행되어 중앙의 대초원 지역까지 서양의 식민지로 개방되어 있었다(물론 그 대가로 토착 원주민들이 희생되었다). 가장 보수적인 메노나이트 신도 7,000여 명이 캐나다로 이주했다. 캐나다의 법은 관대해서, 러시아에 두고 온 그들의 정착촌과 비슷하게 생활하기 수월했다. 이 무렵 메노나이트는 자신들을 '알트콜로니어'라고 부르기 시작했다. 알트콜로니어는 독일어이며 오래된 정착민Old Colony이라는 뜻이다.

1918년, 캐나다 정부가 영어를 사용하는 교육 정책을 실시하자 매니토바와 서스캐처원주에 거주하던 보수적인 메노나이트 대다수는 다시 한번 이주를 결심했다. 1년 후 그들은 남미에 새로운 정착지를 찾기 위해 대표단을 보냈다. 남미에서는 인구를 늘리기 위해, 특히 백인 인구를 늘리기 위해, 유럽 출신 이주민들을 적극적으로 받아들이고 있었다. 대표단은 아르헨티나와 파라과이, 우루과이, 브라질 등을 다니며, 경작지가 있으면서 자신들에게 관대한 정책을 베풀어줄 나라를 찾았다. 대표단에는 앤스의 증조할아버지도 있었다.

그러나 대표단 중 한 명이 브라질에서 사망하자 메노나이트는 여정을 중단했다. 부에노스아이레스에서 뉴욕으로 가는 배에서, 멕시코 영사는 독특한 분위기를 풍기는 사람들을 마주친다. 금발에 푸른 눈을 하고 마치 다른 시대 농부들이 입었을 법한 옷을 걸친 사람들을 본 멕시코 영사는, 그들에게 왜 그렇게 낙담한 표정이냐고 물었다. "그들은 캐나다를 떠나게 된 사연과 더 이상 전통을 유지하기 어려워진 상황을 설명했지요. 그러자 영사는 당신네들이 찾는 곳이 어쩌면 멕시코에 있을지도 모른다고 이야기해주었어요." 앤스는 말했다. 3년 동안 메노나이트는 치와와주에 땅을 사들이고 정착촌을 만들었다. 그리고 2년 후 두랑고에 메노나이트가 탄 열차가 도착했다.

앤스의 증조할아버지는 가뭄과 냉해로 첫 경작물인 밀이 모두 죽었다는 이야기를 기록했다. 귀리나 수수, 옥수수 같은 사료 작물들은 그나마 두랑고의 고지대 풍토를 잘 견뎠다. 밀농사를 망친 뒤 메노나이트는 분야를 바꿨다. 그들은 우유와 크림, 버터, 치즈 등을 만들기 시작했고, 그렇게 생산한 제품을 마차에 실어 두랑고를 오가는 이들에게 팔았다. 이후 이 느릿느릿한 국경 마을은 남쪽으로 120킬로미터나 더 뻗어나갔다.

현대 문물도 조금씩 스며들었다. 처음에는 고무바퀴가 달린 트랙터가 들어왔고, 다음에는 산업용 전기가, 그다음에는 우물 펌프가 들어왔다. 현대 문물을 들여오려면 남자들에게만 허용된 투표를 거쳐야 했다. 초창기에 현대 문물을 받아들였던 사람들은 추방되었는데, 그렇게 추방된 많은 이들은 보다 진보적인 메노나이트 교회와 결합해 새로운 분파를 만들었다. 오늘날 정착촌에는 11개의 교회가 있지만, 올드 콜로니 메노나이트는 그들을 '다른 종교'라고 부른다.

다만 두랑고를 연구하던 역사학자 릴리아나 살로몬 메라즈는 조금 순화된 표현으로, 1999년 전기를 도입한 메노나이트 가정에 대해 '분파Schism'라고 묘사했다(schism은 종교에서 신념이나 관행 등이 다른 집단끼리 대립하다 나뉘는 것을 의미한다. 여기에서는 전통 관습에서 벗어나 전기를 사용하는 메노나이트들을 분립된 종파로 보았다는 의미다—옮긴이). 1년 사이 메노나이트 공동체 지도자 10명이 아르헨티나로 이주하여 두랑고에는 몇 달 동안 성직자가 없었다. 몇 년이 지나자, 트럭을 사는 메노나이트 가정이 생기기 시작했다. 현재는 모든 가정마다 트럭을 두세 대씩 가지고 있다.

하지만 음식의 변화는 전기나 트럭보다 먼저 시작되었다. 메노나이트 낙농업 제품이 지역 시장을 점령하면서 멕시코 북부에서는 '치즈'와 '메노나이트'가 유의어로 사용되기에 이르렀고, 메노나이트 가정집 식탁에도 멕시코 음식이 오르기 시작했다. 이민 1세대인 앤스는 이렇게 말했다. "옥수수를 빻아 오븐에 구워 빵을 만드는 데 몇 년이 걸렸는데, 그렇게 만든 빵은 바위처럼 딱딱했어요. 다른 사람들이 토르티야를 먹을 때 우리는 딱딱한 빵을 우물거렸죠." 요즘에는 대부분의 메노나이트 신도들이 일주일에 몇 번씩 토르티야와 콩 요리인 프리홀레스를 먹는다. 더러는 시내에 나가 부리토와 고르디타스(얇은 밀가루 빵 안에 채소와 고기, 살사소스 등을 넣어 먹는 요리―옮긴이)를 사먹기도 한다.

반면 누에보 이데알의 멕시코인들은 이따금 근사한 식사를 하고 싶으면 고속도로 건너편에 있는 피에스타 호텔 레스토랑에 간다. 이 호텔은 진보적인 메노나이트 신도가 운영하는 곳으로, 이들은 현대인처럼 옷을 입고 스페인어를 유창하게 구사한다. 이 호텔 레스토랑에서 가장 인기 있는 음식은 부드러운 흰색에 신맛이 감도는 치즈, 케소 메노니타가 풍성하게 올라간 피자다.

어느 날 아침, 나는 메노나이트 전통 요리를 맛보기 위해 아브라함 클라센의 친척인 요한과 사라 하더의 집을 방문했다. 오전 11시, 소박한 목장주인 사라는 넓은 주방에서 분주하게 움직이고 있었다. 그녀는 소금을 넣어 굳힌 우유를 삼각형 모양의 밀가루 반죽에 부은, 만두 비슷한 '바레니키'라는 음식을 만들고 있었다. 창문을 투과해 들어온 햇살이 요리 중인 사라를 비췄다. 마치 신이 사라를 피사체로 두고 사진을 찍는 것 같았다. 사라의 딸들인 아나와 아가네타는 가스레인지에 물을 올려 돼지고기를 넣

어 직접 만든 소시지인 초리소를 익혔다. 방 하나 크기의 식료품
저장실에는 사라가 보관해둔 비트며 소금에 절인 양배추, 살구
마멀레이드, 파인애플 피클 등이 수십 병의 유리 단지에 담겨 있
었다.

　우리는 식탁에 앉아 기도를 한 다음 18세기 러시아식으로
차린 음식을 조용히 먹었다. 생크림을 으깬 감자에 넣어, 바레니
키에 뿌렸다. 바레니키 속에 든 굳은 우유는 부드럽고 짭짤하면
서도 신맛이 감돌았고, 만두피는 두툼하고 쫄깃했다. 식초에 절
여 만든 피클들은 제각각 독특한 풍미가 있었다. 집에서 구운 빵

이 바구니에 담겨 있었는데, 이 빵은 사라가 열두 살 때 처음 배운 요리였다. 살치촌도 몇 조각 있었다. 살치촌은 훈제 소고기와 마늘을 넣어 만든 소시지로, 메노나이트 정착촌에서도 극히 소수의 가정집에서만 만들어 먹는 요리다. 맛은 소고기를 넣어 율법대로 만든 코셔 핫도그와 비슷했다. 손으로 저어가며 만든 버터가 통에 담겨 있었고, 통 옆에는 '발렌티나' 상표가 붙은 핫소스와 바닥이 거의 다 드러난 할라페뇨 통조림이 있었다.

이곳 메노나이트 주민들은 1940년 정부로부터 6,500여 만 평에 달하는 땅을 구매한 후 더 이상 영토를 확장하지 않았다. 하지만 주민은 계속 늘어났다. 케세리아에서 일하는 직원 대다수는 자기 땅이 없는 젊은 남자들이었다. 메노나이트 인구 중 10분의 1 정도는 다른 멕시코인들과 함께 해마다 고향을 떠나 북쪽으로 가고, 거기서 캐나다인 농장의 이주 노동자로 일한다. 전기와 자동차를 이용하는 것을 못마땅하게 여기는 보수적인 가정들은 사카테카스주, 캄페체주, 킨타나로오주 등지에 조성된 새로운 정착촌에 땅을 구입하거나 파라과이, 볼리비아, 아르헨티나 등으로 이주하기도 한다.

올해 스물아홉 살인 안나 베커는 네 살 때 부모님과 함께 두랑고를 떠난 뒤 매해 겨울 멕시코로 돌아왔다. 그러다가 9년 전 결혼을 하면서 이곳에 완전히 정착했다. 베커는 주중에 통합 메노나이트 서비스Servicios Integrales Menonitas, SIM에서 일한다. 그곳에서 정착촌의 성인 여성을 대상으로 하는 스페인어 수업을 돕기도 하고, 독일어나 영어 혹은 스페인어로 된 성경을 팔기도 한다. 또 기독교에 관련된 서적이나 음악, 영화 등을 대여해주는 일도 한다.

　내가 처음 SIM 사무실에 갔을 때, 안나와 나는 스페인어로 대화를 나눴다. 대화를 나누기 시작한 지 얼마 되지 않아 안나는 내게 영어를 할 수 있느냐고 물었다. 내가 그렇다고 하자 안나는 안도의 한숨을 내쉬며 말했다. "배우고는 있지만, 제 스페인어 실력은 아직 형편없거든요." 외지에서 온 안나는 지역 시스템의 단점을 객관적으로 파악하고 있다. 이곳 아이들은 6세부터 12세까지 하루에 네 시간씩, 연중 6개월 동안 수업을 듣는다. 교과서는 고지 독일어로 된 성경이다. 학교를 졸업한 아이들은 곧바로 일을 시작한다. 젊은 남성들은 회사나 농장에서 함께 일하는 동료에게 스페인어를 배우는 경우가 많다. 언어를 배우는 여성은 극히 드물어서, 안나는 그 부분을 몹시 안타까워했다.

　"아이들에게 보다 나은 교육을 제공해주어도 전혀 나쁠 것이 없다고 생각해요. 농업이 영원히 지속되지는 않을 테니까요. 다음 세대 아이들은 다른 일을 해야 해요. 그러려면 스페인어를 할 줄 알아야 하고요."

　안나는 소심하게 웃어 보였다. "안타깝게도 저는 그런 결정을 내릴 수 있는 사람이 아니에요." 안나는 나와 동행한 사진작가 펠리페에게 카메라와 사진 작업에 관해 물었다. 안나는 사진작가가 되는 것이 꿈이라고 했다. "과거로 돌아가서 공동체의 이야기를 돌아보는 것은 정말 근사한 일이라고 생각해요. 하지만 이곳에 사는 많은 사람들은 역사를 잘 알지 못해요. 학교에서 역사를 배우는 것도 현실적으로 어렵고요."

　안나에게 디지털 카메라는 반박의 여지없이 좋은 기술이다. 인터넷의 경우, 이 공동체에서는 원칙적으로 금지하고 있지만 인터넷을 사용하는 젊은이들은 날로 늘어가고 있다. 이제 인터넷은 더 이상 거부할 수 없는 기술이 됐다. 안나는 인터넷에 접속해 캐나다에 있는 가족들과 소식을 주고받는다. 남편도 인터넷을 활용해 사업을 하고 있다. 안나의 남편은 정착촌 초입 부근에서 정비소를 운영한다. 케세리아도 몇 년 전부터 회계 관리를 위해 컴퓨터를 이용하기 시작했으며, 치즈 공장에서는 치즈를 가공하기 위해 일반 가정집에서 전기를 사용하기 한참 전부터 전기를 사용해 왔다. 이 '분파' 역시 현대 멕시코의 힘겨운 삶에서 폐쇄적인 메노나이트 공동체를 유지하기 어렵다는 사실을 점점 실감하고 있다. 2009년부터 2013년 사이, 민간인 납치 문제로 촉발된 마약 전쟁의 여파가 누에보 이데알을 강타했고, 메노나이트 공동체에도 파장이 전해졌다. 당시 공동체에서 함께 지냈던 릴리아나 살로몬 메라즈는 이렇게 말했다. "사람들이 납치되자 협조하는 것 말고는 선택의 여지가 없었어요. 우리는 모두 겁에 질려 있었어요." 폭력과 물 부족 문제가 심각하던 치와와주에서는 상황이 훨씬 더 심각했고, 러시아로 도망가는 가족들도 생겨났다.

　　분파가 되던 해 비숍으로 선출된 페터 브라운은 두랑고의 몇몇 메노나이트 신도들도 마약 전쟁 당시 마약을 밀매한 혐의로 체포되었다고 말했다. 내가 두랑고에서 만난 이들 중 가장 보수적이었던 페터 브라운은 실제 나이인 62세보다 족히 열 살은 더 많아 보였다. 눈과 얼굴에는 붉은 기운이 감돌았고 카우보이 모자 아래 감춰진 머리는 정수리까지 벗어졌으며, 두피는 오랫동안 깁스를 하고 있던 팔뚝처럼 군데군데가 희끗거렸다. 우리는 희미한 불빛이 있는 그의 집으로 들어가 커다란 주방으로 갔다. 식탁에는 갓 구운 쿠키가 있었다. 쿠키 위에는 달걀 흰자위로 거품을 내 구름처럼 폭신하게 만든 크림이 올려져 있었는데, 이 쿠키 역시 메노나이트에서 생산하는 대표 상품이었다. 주방에서 능숙한 솜씨로 쿠키에 초콜릿을 덧바르던 브라운의 아내가 우리에게 고개를 끄덕이며 인사했다.

브라운은 메노나이트 신도들이 구속된 사건을 전통의 실패라고 보았다. "그들은 마땅히 있어야 할 곳에 있는 겁니다. 해야 할 일을 하지 않았으니까요." 브라운은 단호하게 말했다. 레이스 커튼 뒤로 해가 저물고 있었다.

두랑고는 내가 아메리카 대륙에서 처음 재세례파 집단을 만난 곳이다. 나는 볼티모어 교외에서 자랐고, 이따금 우리 가족은 펜실베이니아주 랭커스터 카운티에 있는 아미시 마을(아미시는 미국에 거주하는 메노나이트다—옮긴이)과 허쉬 공원에 가곤 했다. 말과 마차들, 소박한 목재 가구들이 있던 풍경이 기억난다. 우리 가족은 레드 카부스 모텔에 자주 머물렀는데, 그 모텔은 지금도 운영 중이다. 승무원실을 의미하는 카부스Caboose라는 이름에서 짐작하듯, 모텔 객실은 열차처럼 연결되어 있었다. 붉은색으로 예스럽게 단장한 객실에 들어서면 마치 여행을 떠나는 듯한 기분이 되곤 했다.

2011년, 칠레에 머물던 나는 파라과이에 있는 그란차코에 갔다. 파라과이 서쪽 지역 전체와 볼리비아, 아르헨티나에까지 걸쳐 있는 이 광활하고 건조한 초원은, 한때 녹색 지옥이라 불리던 곳이다. 메노나이트가 처음 이곳에 온 것은 1920년대 초반이었다. 1910년대 후반에 있었던 볼셰비키 혁명의 여파로 많은 이들이 러시아에서 달아났는데, 그들 중 일부는 캐나다에서 건너온 이주민들에 이어 이곳에 두 번째로 정착했다. 황량한 초원이었던 이곳은 메노나이트 덕분에 파라과이에서 경제적으로 가장 윤택한 지역이 되었다. 그란차코에 거주하는 메노나이트 신도들은 자신들이 텅 빈 땅을 비옥한 땅으로 바꾸었다고 생각한다. 그러나 메노나이트는 토지를 일군다는 명목으로 초목을 벌채해, 남미에서 가장 큰 아마존 외곽의 생태계 구역을 파괴했으며, 세상과 동떨어져 살던 9개 부족 원주민들을 메노나이트 목장 노동자로 만들었다. 차코의 메노나이트 주요 정착지인 필라델피아에서는 말쑥한 마을을 말라리아 발진처럼 에워싸고 있는 판잣집들을 볼 수 있다. 현대의 미국 중서부 지역과 재건 시대 남부 지역이 뒤섞인, 영화 〈환상 특급Twilight Zone〉의 한 장면 같다. 언젠가 누더기를 걸친 어머니와 아이들이 거대한 땅콩 공장 저장고 옆에서 외바퀴 손수레에 수박을 놓고 팔던 광경을 본 적 있다. 그 수레 옆으로 반짝반짝 빛나는 흰색 픽업트럭들이 미끄러지듯 지나갔다. 차코의 메노나이트는 세상을 거절하면서도 세상에 속하는 사람들이었다.

이듬해 나는 90년대에 볼리비아 남부로 이사 온 미국 아미시 가족을 찾아갔다. 그들은 멀리 떨어진 곳에 새로운 정착지를 찾기 전까지 거의 10년 동안 올드 콜로니 메노나이트 집단에서 살았다. 그러다가 볼리비아 북부 열대 우림 깊은 곳에 자리한 마디디 국립공원 근처에 머물 땅을 찾았다. 아미시 가족은 그곳에 통나무 오두막을 짓고 19세기 방식대로 살았다. 딱 하나 있는 전구는 태양열 전지판으로 전력을 얻었다. 물레바퀴가 돌아가는 방앗간에서 켄터키주 출신인 가장이 가구를 만들어 판다. 이들은 카카오를 직접 재배한다. 내가 머물던 날 밤, 그 집의 장녀인 주디스는 내게 카카오 열매로 만든 촉촉한 초콜릿 케이크를 만들어 주었다. 케이크를 먹는 동안 연한 갈색 머리의 넬리와 입양된 아이이자 넬리의 형인 카이코는 갓 짜낸 우유와 수제 사탕수수 시럽을 내왔다. 버터 풍미가 그윽한 달콤 쌉싸름한 시럽은 내가 먹어본 것 중 최고였다. 어느 날 오후에는 넬리가 한 손에는 닭을, 다른 한 손에는 도끼를 든 채 나를 맞아주었다. 그는 내게 닭을 죽여보고 싶냐고 물었다. 그날 밤 우리는 저녁 식사로 치킨 수프를 먹었다.

두랑고에 거주하는 메노나이트는 두 세계 사이에서 살아간다. 메노나이트가 아닌 이웃과 공존하면서도 적당한 거리를 두면서 말이다. 누에보 이데알 주민들과 대화를 나누었을 때, 그들은 메노나이트를 '고된 노동', '효율성', '헌신', '완벽' 같은 단어로 묘사했다. 또한 그들은 메노나이트를 예외 없이 이방인으로 설명하기도 했다.

두랑고 출신의 화학자 안젤리카 데보라는 케세리아 기업에서 일하는 메노나이트가 아닌 근로자 세 명 중 한 명이며, 두랑고의 케세리아 치즈 공장에서는 유일한 비非메노나이트 직원이다. "모두 똑같은 옷을 입고 있어서 저는 오랫동안 그들을 구분하지 못했어요." 어느 날 아침 데보라가 항생 물질을 검사하기 위해 우유 샘플을 살펴보면서 내게 말했다. 그곳에서 일하는 몇 년 동안, 데보라는 남자 직원 몇 사람과 친구가 되었는데 그중에는 아브라함 클라센도 있다. 아브라함 클라센은 늘 데보라에게 농담을 한다. "두랑고에 있는 샘 클럽에 쇼핑하러 갈 때마다 회원 카드 하나를 온 직원이 다 같이 사용해요. 멕시코 사람에게 메노나이트 신도들은 모두 똑같아 보이니까요."

누에보 이데알에 거주하는 멕시코인과 메노나이트 문화는 거리가 먼 듯하면서도 상호 의존적이다. 멕시코인 목장주들은 이따금 케세리아에 우유를 공급하기도 하고 메노나이트 농장에서 일하기도 한다. 자신들의 차를 메노나이트 자동차 정비소에서 수리하기도 하고, 케사디야나 칠리 레예노(멕시코 고추에 속을 채워 튀긴 요리―옮긴이)를 만들 때 메노나이트 치즈를 넣기도 한다. 누에보 이데알 중심가의 론체리아 메노티나 같은 메노나이트 패스트 푸드 식당의 주요 고객도 멕시코인들이다.

론체리아 메노티나 식당에는 빨간색과 노란색이 들어간 메뉴판이 여기저기 걸려 있다. 주방에선 멕시코인 종업원들이 큼직한 샌드위치를 만든다. 햄버거와 롤에 들어가는 고기와 치즈를 비롯하여 모든 재료는 건너편 마을, 메노나이트 공동체에서 만든 것이다.

올해 서른세 살인 아이작 하이데는 2년 전 론체리아 식당을 개업했다. 그의 가족은 캐나다에서 1년 6개월을 살다가 두랑고로 이주했는데, 그 뒤로 멕시코에 범죄가 급증하면서 열여덟 명의 가족 구성원 중 한 명이 납치되었다. 하이데는 일곱 살이 될 때까지 캐나다에서 살았다. 그의 가족이 두랑고로 돌아온 것은 1991년, 그의 아버지가 자동차를 구입하기로 결정하면서였다. 그 일로 하이데 가족은 캐나다 공동체에서 제명되었다. 그들은 이제 복음주의 성향의 브레드런 교회의 일원이다.

아이작은 론체리아 식당을 지역 내에 몇 군데 더 내고 궁극적으로는 전국에 체인점을 낼 계획이다. 작년에 이 식당 이름으로 상표권을 취득했을 때 작은 논쟁이 있었다. "사람들이 묻더군요. 어떻게 그럴 수 있느냐고. 그래서 설명했어요. 당신들이 여기서 이 이름을 사용하지 못한다는 의미가 아니라 내가 더 성장하고 싶다는 뜻이라고요."

피에스타 호텔의 아침은 분주하다. 객실 대부분은 친지를 만나러 캐나다에서 온 메노나이트 가족들이 차지하고 있다. 사실 모텔에 가까운 이 호텔은 메노나이트 거주지와 멕시코인이 소유한 땅 사이에 걸쳐 세워졌다. 그러니까, 나무랄 데 없이 깨끗하고 깜짝 놀랄 정도로 저렴한 이 호텔은 멕시코와 메노나이트 지역의 정가운데에 완벽하게 자리 잡은 것이다.

호텔은 오전 6시에 문을 열고 차량 픽업 서비스도 이때 시작하며, 오후 9시가 되면 모든 영업을 종료한다. 주차장에는 격자무늬 셔츠에 야구 모자를 쓰거나, 긴 치마에 하얀 보닛 모자를 쓴 아이들이 있다. 정오에는 긴소매 꽃무늬 원피스에 흰 운동화 차림의 젊은 금발 여성들이 깔끔한 철제 수레를 밀며 나타나 객실 침대를 정리하고 수건을 갈아준다. 고속도로 건너편에서 온 멕시코인 가족들은 호텔 레스토랑을 드나든다. 평소에 레스토랑은 호텔 주인의 장녀이자 대단히 효율적인 운영자 카산드라가 관리한다.

어느 날 아침, 나는 아브라함 고어츤을 만났다. 고어츤은 온타리오주에서 다섯 명의 자녀 중 둘을 데리고 이곳을 찾았다. 그는 15년 전, 스물여덟 살의 나이에 두랑고를 떠나 캐나다로 갔다. 당시 그는 케세리아 올란다에서 하루에 75페소(한화 약 4,400원 ─ 옮긴이)를 받고 일했다고 한다. "밀가루 한 포대를 사기 위해 꼬박 닷새를 일해야 했어요." 그가 영어로 말했다. 캐나다식 모음에 독일 억양이 밴 영어였다. "요즘은 돈이면 다 되잖아요. 캐나다에서는 단지 조금 더 일할 뿐이지요. 두랑고에서 메노나이트는 멕시코인들과 진정으로 융화되지 않아요. 하지만 캐나다에서는 이웃들 모두 영어를 써요. 내가 사는 곳에서는 메노나이트 공동체의 경계가 분명하지 않아요."

몇 해 전, 고어츤은 살균 처리를 하지 않은 치즈인 케소 메노니타를 만들기 위한 장비를 직접 제작했다. 그는 어머니와 장모님의 방식대로 치즈를 만들어 공동체 일원들에게 판매한다. 사는 곳 주위에 멕시코계 메노나이트가 얼마나 있는지 묻자, 그는 숫자로 대답했다. "음, 처음 시작할 때는 일주일에 우유 200리터로 치즈 20덩어리를 만들었지요. 그런데 지금은 1,500덩어리를 만들어도 모자라요."

고어츤은 이곳으로 왔을 때 이민국과 문제가 있을지도 모른다는 생각에 몹시 불안했다고 한다. "사람들이 저를 멕시코 사람으로 볼 거라고 확신했거든요." 180센티미터가 넘는 키에 창백한 피부, 불그스레한 뺨을 가진 그는 전형적인 멕시코계 미국인처럼 보이지는 않았다. 내가 그에게 멕시코 사람 같지는 않다고 말하자 그는 어깨를 으쓱하며 말했다. "난 멕시코 사람이에요."

앤스가 말했던 것처럼 만약 전통이 공동체를 살아 있도록 하는 힘이라면, 500년 후 이주 문화는 그 자체로 메노나이트에서 가장 중요한 전통이 될지도 모른다. 어느 곳이든 한 지역에 충분히 오래 머물면 결국 동화가 되기 마련이다. 설령 내가 세상에 적응하지 않더라도 세상이 내게 적응하기 때문이다. 이주자로 산다는 것은 이방인으로 사는 것이다. 올드 콜로니 메노나이트가 늘 바라는 것도 이방인의 삶이다. 어쩌면 이주는 전통을 유지하는 수단으로서는 덜 생산적인지도 모른다. 메노나이트에게는 이주

민의 정체성이 뼛속 깊이 새겨져 있다. 변하는 것은 오직 어디에
서 와서 어디로 가는가뿐이다.

그날 밤, 나는 아르마스 광장에 있는 술집 911에서 맥주를 마셨
다. TV 채널은 WH1에 맞춰져 있었다. 저녁 8시, 젊은 메노나이
트 네 명이 술집으로 들어왔다. 두 명은 남자고 두 명은 여자였
다. 한 남자는 청바지에 티셔츠 차림이었고 다른 한 사람은 오버
올을 입고 있었다. 여자 두 명은 모두 소매가 긴 원피스에 흰색
운동화를 신고 있었다. 네 사람은 구석 자리에 앉아 쿠바 리브레

(콜라와 럼과 라임을 넣어 만든 쿠바 음료―옮긴이)를 마셨고, 마이클 잭슨이 대륙을 넘나들며 부르던 'Black or White'의 뮤직비디오를 함께 봤다. 그들은 40분 정도 그렇게 앉아 있다가 계산을 하고 나갔다. 바텐더 말로는 주중에는 늘 그렇게 한다고 했다. 바텐더는 그들을 '메노니타스 레벨데'라고 불렀다. 반항적인 메노나이트라는 의미다.

잠시 후 폭풍우가 몰아쳤다. 거리에 순식간에 물이 불었다. 나는 맥주를 다 마시고 차를 몰고 중심가에 있는 론체리아 식당을 지나 주유소로 갔다. 빈 수레에 철제 바퀴가 달린 존 디어(미국의 농기계 제조업체―옮긴이) 트랙터가 상징물처럼 주유소 앞에 세워져 있었다. 길 건너편 카페에는 '캐나다 커피'라고 쓰인 광고 문구가 붙어 있었다. 고속도로를 건너자 빗줄기가 차츰 약해지더니 드문드문 내리다가 마침내 완전히 그쳤다. 흙먼지 이는 도로는 거의 젖지도 않았다. 날씨도 고속도로를 경계로 이 두 지역이 다른 세계라는 사실을 알고 있는 듯했다.

피에스타 호텔로 돌아온 나는 잠이 들었다. 밖에서는 10대 아이들이 깔깔대고 함성을 지르며 병을 자갈밭에 던지는 소리가 들렸다. 멕시코의 평범한 10대 아이들이 노는 것과 다를 바가 없었다. 아이들 말을 알아듣진 못했지만 독일어를 하는 건 분명했다. ●

모든 음식은
변한다
― 레이철 콩과의 대화

토니 탄
Tony Tan
요리사

○

토니는 정성껏 준비한 코스 요리 만찬을 차려낸 뒤에야 얼굴을 내비쳤다. XO 소스로 만든 타로 뇨키, 칠리 소스를 얹은 굴, 레몬그라스와 얇게 저민 금귤을 곁들인 킹조지와이팅 생선회, 흑초를 넣은 녹두 국수와 수제 생강 절임, 하카 스타일로 구운 닭고기 등이 차례로 식탁에 올랐다. 그가 만든 모든 음식들은 중국식 말레이시아 음식과 매우 비슷하다.

이후 며칠 동안 토니는 멜버른에서 자신이 자주 가는 식당들로 나를 데리고 다녔다. 플라워 드럼은 연회석을 갖춘 유명한 중국 식당으로, 40년 동안 멜버른 요식업계의 한 부분을 차지해왔다. 서비스도 대단히 훌륭하다. 웨이터들은 베이징 덕과 함께 나오는 해선장으로 작은 오리 그림을 그려준다. 엠블라는 와인바로, 그곳의 도미 카르파치오는 정신이 혼미해질 정도로 맛있다. 플라워 드럼에서 토니는 스파클링 와인을 서비스로 받았다. 엠블라에서는 요리사가 집에서 만든 두툼한 빵 한 덩어리를 슬며시 건네주었다. 토니는 멜버른

163

요식업계에서 유명 인사였고, 많은 이들이 그를 무척 좋아했다.

토니와 나는 가족과 함께 중국에서 말레이시아로 이주했다는 공통점이 있다. 그곳에서 우리는 다시 다른 곳으로 떠났다. 토니는 하이난 출신의 가족들과 함께 말레이시아 쿠안탄에서 카페를 운영하다가 호주로 건너갔다. 표면상의 이유는 대학을 졸업하기 위해서였다. 하지만 그곳에서 '마지막 히피 시대'를 보내며 그의 인생은 급격하게 바뀌었다.

호주에서 사카하리 채식 식당을 드나들던 그는 마크로비오틱(음식을 인위적으로 다듬지 않고 뿌리부터 껍질까지 다 섭취해야 한다고 믿는 조리법—옮긴이)을 추구하는 히피들과 어울리기 시작했다. 당시에 토니는 그 식당에서 일하는 유일한 중국계 말레이시아인이었다. 그는 주말에 설거지를 하는 것으로 식당 일을 시작했다. 그러던 어느 날 음식을 한번 만들어보라는 말을 들었다. 그는 말레이시아 스타일이 가미된 코코넛 크림 파이를 만들어 보였다. 그렇게 매주 토요일마다 요리를 하기 시작했다.

호주에 처음 왔을 때, 나를 도와줄 사람은 아무도 없었다. 모든 것이 익숙했던 말레이시아와는 전혀 딴판이었다. 사카하리 식당 위층에는 명상실이 있었는데, 금요일 밤이 되면 명상에 열심인 사람들이 찾아와 명상을 했다. 정말 멋진 경험이었다. 식당 안에 그런 공간이 있으리라고 누가 상상이나 하겠는가? 그들 중 하나는 내게 마리화나를 건넸다. 처음에는 마리화나가 뭔지도 몰랐다. 중국 문화는 아주 보수적이다. 처음 마리화나를 피웠을 때에는 '세상에나!' 하는 기분이었다.

　나는 그렇게 다른 문화권에서 새로운 삶을 산다는 것이 어떤 의미인지를 배워나갔다. 명상에 대해서도 깨우쳤다. 나는 채식주의자가 되었고 마크로비오틱을 시작했다. 주위에 멋진 사람들이 많으면 아무래도 그 사람들에게 영향을 받게 된다. 심지어 다들 나보다 나이도 많았다. 그들은 내게 언제나 이렇게 말하곤 했다. "그렇게 해서는 안 돼. 오직 현미만 먹어야 해."

　이따금 자의식이 강하게 느껴지기도 했다. 지금은 호주에 아시아인이 많지만 내가 처음 이곳에 왔을 때만 해도 그렇지 않았다. 당시 호주에서는 인종차별이 매우 심했다. 다른 사람들과 어울리려고 노력했지만 생김새도 말투도 다른 내게는 어려운 일이었다. 나는 현미를 먹었고, 렌틸콩도 먹기 시작했다.

　내게는 이 모든 것이 완전히 새로운 경험이었다. 가끔은 혼자라는 생각에 무서워지기도 했다. 원래는 호주에서 학업을 마친 뒤 다시 집으로 돌아갈 계획이었다. 호주에서 마크로비오틱 방식으로 곡물과 단백질만 먹는 식습관을 유지하다 보니 몸무게가 절반이나 줄었다. 된장은 허용되었지만 달걀과 치즈는 금지되었다. 이런 방식이 좀 지나치다 싶을 즈음 사장님이 그런 식습관은 이제 됐으니 중단하자고 선언했다. 그래서 우린 동남아시아 음식을 만들기 시작했다.

　토니는 사카하리 식당에서 몇 년간 일하다가, 사장이 식당을 팔기로 하자 함께 일하던 말레이시아 친구 두 명과 힘을 모아 그 식당을 인수했다. 세 사람은 사카하리 식당을 12,000달러에 샀다.

어쩌다 보니 우리는 스무 살을 갓 넘긴 나이에 식당 주인이 되었다. 급작스러운 일이었다. 우리는 그간 고수하던 채식주의 식단과 말레이시아 요리법 따위를 완전히 뒤엎었다. 구운 땅콩을 갈아소스에 넣었다. 생 채소 위주의 채식주의 식단은 자칫 너무 지루하고 빤할 수 있기에 거기에 더 좋은 풍미를 더해야 했다. 우리는 그 부분을 노력했다. 우리가 만든 음식을 처음 내놓았을 때 얼마나 짜릿했는지 모른다. 그렇게 우리 식당은 인기를 얻기 시작했다.

식당을 하겠다고 하자 처음 몇 년 동안은 부모님이 반대하셨다. "공부를 하라고 보냈더니, 공부를 안 하는구나. 더 이상 돈은 안 보낸다."

나는 이렇게 말했다. "괜찮아요. 저도 제 앞가림은 할 수 있어요. 제 식당을 운영하고 있거든요."

그러자 부모님이 되물었다. "뭐라고? 왜 하필 식당이냐? 절대 안 된다. 엔지니어가 되어도 좋고, 의사도 좋고, 우주 비행사도 좋다만, 주방 일은 절대 안 된다. 그 일은 너무 힘들어!"

말레이시아에서 아버지는 레스토랑의 왕으로 불렸다. 부모님은 모두 영국에서 요리사로 오래 일하신 분들이었다. 당연히 트러플이 뭔지, 스콘이 뭔지 잘 알았다.

부모님은 신통찮은 눈치였다. 나는 아시아 학생들에게 요구되는 기준치를 충족시키지 못하고 있었다. 그리고 테리에 대해서는 당연히 부모님에게 말하지 않았다.

식당을 인수할 무렵 토니는 테리라는 이름의 호주 남자를 만났다. 테리는 변호사였고, 토니보다 나이가 많았다. 두 사람은 연인 관계가 되었다. 나는 토니에게 어릴 때부터 게이라는 사실을 알고 있었냐고 물었다. 그러자 토니는 이렇게 대답했다. "어렴풋이 알고는 있었어요. 여자아이들과는 한 번도 사귀지 않았거든요." 하지만 말레이시아에서 토니는 자신을 드러내기 위해 애쓰지 않았다. 호주에서는 달랐다.

나는 말레이시아에서 성 정체성을 깨달았는데, 상황이 좋지 않았다. '맙소사. 저 사람들 게이래. 게이는 도대체 어떻게 생긴 사람들이야?' 동성애를 바라보는 당시 분위기는 이랬다. 그저 학교에 가고 공부를 하는 게 생활의 전부였다. 여자아이들 이야기가 나오면, 그저 웃었다. 어쨌든 공부는 뒷전으로 밀려났다. 반대로 호주에서는 섹스가 생활을 지배했다. 테스토스테론이 주체할 수 없이 넘쳤다. 나는 마리화나를 하는 히피족이었다. 양심의 가책이 들었지만 나는 나 자신을 찾느라 정신이 없었다.

토니와 테리는 시드니로 이사했고, 거기서 식당을 열었다. 식당 이름은 '태틀러스 카페'였다. 토니는 요리를 담당하고 테리는 경영을 담당했다.

내가 스스로의 이름을 정한 건 시드니에서였다. 사업을 시작하고 3, 4개월이 되었을 때, 우리는 마지막 몇천 달러를 모두 쏟아부었다. 그리고 첫 평가를 받았다. 우리 식당에 대한 기사가 알려지자, 손님들이 몰려왔다. 이후에는 정말 정신이 하나도 없었다.

평일에는 밤낮으로 식당 문을 열었는데, 금요일이 되면 둘다 기진맥진해서 거의 죽을 것 같았다. 토요일 밤에는 우리가 먹을 빵이며 파스타를 만들었다. 대형 마트에 가서 우리가 먹을 채소나 생필품을 사는 일이 재미있었지만 한편으로는 두렵기도 했다.

테리와 나는 다투기 시작했다. 내가 좀 더 빨리 갈 수 있는 길을 거부했기 때문이다. 그건 나의 평판이 걸린 문제였다. 어떻게 성공하느냐의 문제 말이다. 결국 사업체를 파는 것 말고는 선택의 여지가 없어졌다. 테리는 미국으로 떠났고, 나는 멜버른으로 돌아가 사카하리에서 함께 일했던 옛 동료 밑에서 일하게 되었다. 나는 대학에 복학하기로 결심했고, 대학에 가서 역사를 공부했다.

6개월 뒤 테리가 돌아왔다. 그는 내가 식당에서 일하는 것도, 대학에 다니는 것도 원하지 않았다. 하지만 난 공부도 해야 했고, 식당 일도 해야 했다. 밤 11시나 되어서 집에 오면 그는 잠을 자고 있었다. 주말이 되면 나는 테리가 주중에 먹을 저녁을 준비했다. 음식 용기에 월요일, 화요일, 수요일 이런 식으로 라벨을 붙였다. 연인을 위해서는 다들 그렇게 하니까. 여느 연인들이 그렇듯 나도 그렇게 정성을 다했다. 나는 사랑에 푹 빠져 있었다.

그러다 텔레비전에 출연하게 되었는데, 정말 재미있는 경험이었다. 마침 TV 프로그램에서 음식에 대해 이해하고 이야기할 수 있는 사람을 찾고 있었다. 출연 제의를 받고 장난 전화이거나 속임수일 거라고 생각했다. 아직도 기억난다. 전화를 받고는 테리의 작은 사무실로 가서 이렇게 말했다. "지금 무슨 일이 있었는지 알아? 방금 텔레비전에서 인터뷰 제안을 받았어." 테리가 말했다. "말도 안 돼." 나도 동의했다. "맞아. 나도 그렇게 생각했어. 말도 안 된다고 말이야."

전화가 온 곳은 〈미식가들을 위한 호주 가이드〉라는 프로그램으로, 총 18부작이었다. 프로그램의 성공 덕에 나는 국민적 관심을 받게 되었다. 유쾌하고 즐거운 시간이었다. 테리에게 이렇게 말했던 것이 기억난다. "내가? 말레이시아의 조그만 어촌 출신인 별 볼일 없는 남자애가 세계적인 텔레비전 프로그램에 나간다고?"

방송 출연 이후, 그는 '토니 탄 요리 학교'를 시작했다. 그곳에서 토니는 요리는 물론 음식의 역사도 함께 가르쳤다. 학생들도 열심이었다. 수업은 강의와 실습으로 나뉘었다. 그는 이 요리 학교가 자신의 소명임을 깨달았다.

정말 근사했다. 우리는 현대 호주 음식, 현대 중국 음식 등 온갖 음식들을 맛보았다. 애티카 레스토랑 출신의 벤 셔리가 우리를 위해 요리를 선보였는데, 정말 최고였다. 유명한 사람들이 음식이나 요리에 대해 우리만큼 잘 알지 못한다는 사실에 조금 놀라기도 했다. 우리는 사람들에게 최대한 많은 정보를 줬다. 역사를 가르쳤고, 문화도 알려주었다. 그렇게 해서 사람들이 음식뿐만 아니라 음식의 이면에 담긴 맥락을 이해하기를 바랐기 때문이다. 이 부분은 정말 적절했다고 생각한다. 서구 사회나 백인 문화권에 살다 보면, 일본을 제외한 아시아 음식에 대해 오해하는 사람들을 자주 마주치곤 한다. 우리는 그 둔중한 편견의 벽을 계속해서 부수고 있다.

2009년은 테리가 나를 떠난 해다. 그때 나는 거의 제정신이 아니었다. 테리와 헤어지고 나서는 요리 학교도 운영하지 못했다. 최악의 상황이었다. 테리와 그의 변호사는 나의 모든 것을 가져갔다. 말 그대로 모든 것을. 나의 요리 학교도, 나의 삶도.

요리 학교가 문을 닫은 뒤에도 토니는 멜버른에서 활동을 이어갔다. 그는 호주와 아시아를 여행하는 음식 투어를 진행하고 있으며, 음식 관련 축제나 행사에도 꾸준히 참석한다. 그는 사람들에게 음식에 담긴 문화와 역사를 알리는 일에 힘을 쏟는다. 음식은 토니의 삶의 원동력이다. 최근 그는 홍콩 음식에 관한 책을 냈다. 새로운 요리 학교도 시작할 예정이다. 그는 작지만 소중한 자신의 꿈을 내게 말해주었다.

부모님은 언제나 손수 채소를 재배했고, 그렇게 거둔 채소를 먹여 닭을 길렀다. 나도 부모님처럼 채소를 직접 기르고 싶다. 뜰에서 내가 먹을 채소들을 거두어보고 싶다. 텃밭에서 오늘 먹을 브로콜리를 가져오고, 밭에 서서 이렇게 말하고 싶다. "좋아, 물냉이들이 잘 자랐군." 나는 물냉이를 무척 좋아한다. 물냉이는 중국식 수프와 기가 막히게 잘 어울린다. 가끔 나는 가족들과 다 함께 말레이시아에서 그냥 살았다면 인생이 어떻게 흘러갔을까 하는 상상을 한다. 만약 내가 이 사람을, 혹은 저 사람을 만나지 않았더라면 운명이 어떻게 달라졌을까 궁금해진다.

부모님이 우리에게 기대하는 모습과 실제 우리의 모습을 생각하면 꽤 놀라울 때가 있다. 우리의 운명은 별에 새겨져 있을지도 모른다. 아니면 타고난 성격에 따라 달라질 수도 있다. 어쩌면 스스로가 각자의 길을 발견하는 것인지도 모른다.

나의 부모님은 오랜 세월 서로를 이해하며 믿을 수 없을 정도로 굳건한 유대감을 쌓았다. 두 사람은 떼려 해도 뗄 수 없는 사이였다. 아버지는 돌아가시기 직전 마지막 숨을 모아 어머니의 이름을 불렀다. 두 분은 밖에서도 언제나 손을 잡고 다녔다. 저녁 공기를 마시려고 집 앞에 앉아 있던 두 분의 모습이 아직도 선하다.

　　나는 토니에게 그렇게 되고 싶냐고 물었다. "당연하지요. 당신
도 그렇지 않나요?" 토니가 대답했다. '만약에'로 시작하는 이
야기를 하면서 문득 나나 토니의 가족이 말레이시아를 떠나지
않았다면, 우리의 꿈 자체가 달라졌을까 하는 궁금증이 일었
다. 그랬다면 우린 더 행복했을까, 아니면 덜 행복했을까?

어떤 면에서 말레이시아에서 태어난 것은 분명 행운이다. 하지만
우리가 순수한 말레이시아 사람이라고 하기는 힘들다. 우리는 계
속 이곳에 적응하고 있다. 아시아인으로 겪어야 하는 문제들이
있기는 하지만, 그래도 우리는 다른 아시아인들, 혹은 단일 문화
권 출신 사람들보다 삶을 헤쳐나가기 유리할 것이다.

　　요리사로서 나는 늘 사람들이 관심을 보일 만한 것을 만든
다. 아시아계 호주인으로서, 나는 늘 백인들과 아시아인들 사이
의 간극을 없애는 데에 보탬이 되고 싶다. 이곳에서 두 개의 문화
를 오갈 수 있었으니 나는 참 운이 좋았다.

　　나는 가르치는 것도 좋아하고 소통하는 것도 좋아한다. 그
리고 나의 목소리를 내면서 살아왔다. 나는 내가 이 사회에 혹은
문화에 어떤 식으로든 기여를 할 수 있다는 사실을 안다. 그건 꽤
근사한 일이다.

　　가끔은 두 걸음 앞으로 나아가기 위해 한 걸음 뒤로 물러나
야 한다. 그럴 때 당신은 무엇을 할 수 있을까? 포기하거나 계속
나아가거나 둘 중 하나일 것이다. 나는 언제나 계속 나아가는 쪽
을 택할 것이다. ●

좋은 것들은
한 곳에 머무르지
않는다

젬레 나린
Cemre Narin
편집자, 레스토랑 컨설턴트

○

외알밀은 모든 밀의 어머니이자 현존하는 가장 오래된 밀이다. 인간이 외알밀을 처음 재배하기 시작한 것은 1만 년 전 즈음이다. 겨울을 버티지 못하는 다른 품종과 달리 외알밀의 겉껍질은 추위를 견딘다. 외알밀은 단백질이 풍부하고 글루텐은 낮은, 고대의 슈퍼 푸드였다.

우리는 추수를 앞둔 7월의 밀밭 한가운데 서 있다. 머리 높이까지 자란 밀이 거대한 황록색 카펫처럼 부드럽게 넘실거린다. 이곳은 흑해 인근의 일가즈산 둔덕에 자리한 터키의 매혹적인 장소, 카스타모누다. 이곳에서 700여 명의 농부들이 이 고대 작물을 재배한다. 수확된 밀 대부분은 건조와 분쇄의 과정을 거쳐 풍미 좋은 필라프로 만들어진다.

건조시켜 빻은 외알밀은 듀럼밀처럼 흔히 사용되지는 않지만 대도시 상점이나 식당에서는 자주 찾는 식재료다. 외알밀은 제법 새로운 식품이다. 15년 전만 하더라도 대부분의 터키 사람들은 외알밀이라는 단어조차 들어보지 못했다. 심지어 외알밀의 고향인 카스타모누에서도 그저 가축의 사료 정도로만 여겨졌다.

　밀 줄기에 묻혀 거의 보이지 않는 세 남자가 있다. 이들은 최근 외알밀이 세상의 주목을 받도록 공을 세운 이들이다. 한 사람은 무스타파 아파칸이다. 이 밭의 주인이자 외알밀을 알리는 데 평생을 헌신한 농부다. 활동적인 저널리스트이기도 한 그의 예리한 눈빛이 길고 검은 머리카락과 짙은 수염 사이에서 빛난다. 그의 외모는 히타이트의 왕처럼 결연하다.

　또 다른 사람은 메흐메트 귀르스로, 미클라 레스토랑의 전도유망한 요리사다. 절반은 핀란드계 스웨덴인이고 절반은 터키인인 그는 47세이며, 터키 요리계에서 도발적인 인물로 자리매김하고 있다. 그는 '뉴 아나톨리아 키친' 운동을 시작하면서 유명세를 얻었다.

　소아시아라고도 불리는 아나톨리아는 북쪽으로 흑해, 남쪽으로 지중해, 서쪽으로는 에게해로 둘러싸인 반도다. 역사상 아나톨리아는 지정학적으로나 문화적으로 동양과 서양의 교량 역할을 했다. '뉴 아나톨리아 키친' 운동의 밑바탕에는 지역 전통 음식의 뿌리를 지키고 창의적으로 발전시키자는 생각이 있다. 8년 전 시작된 이 운동은 외알밀처럼 잊힌 수백 가지의 식재료들과 아파칸 같은 농부들을 재조명했다. 귀르스의 주도하에 점점 더 많은 요리사들이 대도시의 레스토랑에서 아나톨리아 음식과 전통을 활용하고 있다.

　미클라에서 귀르스는 외알밀 가루에 향신료를 넣어 아이스크림을 만들었다. 거기에 절인 살구를 함께 내놓는데, 이 살구는 아나톨리아 동부에 위치한 말라티아 마을에서 생산한 것이다. 이 음식은 풍미가 좋고, 향긋하며, 완전히 독창적이면서도 보리와

외알밀.

밀로 만든 서양식 죽인 포리지를 연상시킨다.

　귀르스와 아파칸 옆에는 미클라의 정규직 연구원 탱거 탄이 있다. 탄은 요리사와 농부를 이어주는 역할을 한다. 지난 8년 동안 그는 은색 레나울트 자동차를 타고 아나톨리아 곳곳을 다니며 특별한 생산물과 잊혀가는 전통을 찾았다. 터키와 터키의 인접 국가, 아나톨리아의 작은 마을 구석구석을 돌아보기 위해 탄은 1년에 65,000킬로미터를 운전하고, 연중 250일을 이동하는 데에 소요한다. 올해 42세인 그는 아나톨리아의 생산물과 문화에 대해 상당한 지식을 축적했다. 카스 카샤르 치즈를 찾아 동쪽 국경 부근으로 원정을 떠나고, 에게해 절벽에서 야생 식물을 채집하고, 지역 시장에서 가장 향기로운 후추를 찾아 헤매면서 말이다.

미클라는 제법 호화로운 레스토랑이다. 어쩌면 세계 어느 레스토랑과 견주어도 뒤지지 않을 만큼 호화로운 곳일 수도 있다. 정규직 전담 연구원을 두고 있으니 말이다. 이토록 복잡하고 다양한 나라에서 무언가를 꾸준하게 유지하려면 탄처럼 들판을 누비는 사람이 필요하다.

터키는 면적이 큰 국가는 아니지만 생물의 다양성으로 따지자면 작은 대륙과 맞먹는다. 세 면을 둘러싼 바다와 숲, 산, 강, 습지가 있으며 놀라울 정도로 풍부한 자원이 있다. 아나톨리아는 시베리아와 페르시아, 지중해의 생태계 특징을 모두 가지고 있다. 1만 종이 넘는 식물이 있는데 그중 3분의 1은 이 지역 고유종이다. 이곳은 다마사슴과 꿩의 고향이면서 철새들의 3대 주요 이동 경로 중 한 곳이기도 하다. 아나톨리아는 생물 다양성의 초강대국이자 문화, 종교, 민족의 갈림길이다.

하지만 이 다양성은 위협받고 있다. 8,000만 명의 인구와 농촌을 떠나는 수많은 사람들, 산업화된 농업, 제대로 노력하지 않는 정부 사이에서 각종 생산품과 음식 문화가 급속하게 사라져간다. 보스포루스 해협의 성마르고 푸른 물고기인 전갱이는 이제 찾아보기가 힘들다. 카스타모누 지역의 향이 좋은 타스코프루 마늘도, 건강한 방식으로 농사를 짓던 농부들도, 조상 대대로 내려오던 다양한 풍미도, 환경과 문화를 지키고자 하는 노력도 점점 찾아보기 어렵게 되었다. 이는 터키뿐 아니라 전 세계 공통의 이야기다.

'뉴 아나톨리아 키친'과 탄의 주요 임무는 인종, 국가, 종교의 경계를 따지지 않고 아나톨리아 생산물을 지속시킬 수 있는 음식 문화를 만드는 것이며, 그렇게 해서 궁극적으로는 지역 유산을

타르하나.
각종 곡물, 채소, 수프를 요구르트에
섞은 다음 발효시킨 건조 음식.

보호하는 것이다.

　탄은 나질리에서 나고 자랐다. 나질리는 에게해의 작은 마을로 햇살이 좋고 산들이 주변을 감싸고 있다. 탄은 느긋하고 낙천적인 성격이다. 마을 주민이나 지역 생산자들과 이야기할 때면 더욱 두드러지는 그의 매력적인 억양은 듣는 이의 마음을 편안하게 해준다. 그의 온화한 눈에는 호기심이 가득하다. 그런 눈빛 때문에 지적인 인상을 풍긴다. 나질리에서 가장 가까운 도시인 이즈미르에서 고등학교를 마친 탄은 농업 공학을 공부하기 위해 대학에 갔다. 이 이야기는 여섯 시간에 걸쳐 카스타모누에서 이스탄불로 돌아가는 동안 나눴는데, 특별한 이유는 없이 대학에 진학했다고 말했다. "저의 첫 선택은 채식주의자가 되는 거였

마라스 타르하나시는 타르하나의
한 종류로 칩처럼 생겼으며
주로 스낵으로 먹는다.

어요. 동물을 정말 사랑하거든요! 그런데 그게 잘 안 되더라고요. 그래서 차선책을 택했어요. 그게 바로 농업 공학자가 되는 거였죠." 그는 전공 공부를 무척 좋아했지만 대학을 졸업한 뒤에는 돈을 벌기 위해 주방에서 일했다. 원래 그의 계획은 대학원에 진학해 석사 학위를 받고 최종적으로는 교수가 되는 것이었다. 그러나 이스탄불의 한 유명한 요리사가 그에게 일자리를 제안하면서 삶은 예기치 못한 방향으로 흘러갔다.

이런저런 식당에서 일하던 탄은 귀르스가 소유한 눔눔 레스토랑에 취직했다. 탄은 이렇게 회상했다. "저는 치즈 케이크와 시저 샐러드를 주로 만들었어요. 남는 시간에는 마흐메트가 책장에 둔 책들을 읽었지요." 배움에 대한 탄의 열정은 귀르스의 관심을

고춧가루와 카이마크 치즈로
만든 또 다른 종류의 타르하나.

끌었다. 귀르스는 탄에게 슬로푸드 단체에 속한 이탈리아의 미식
과학 대학에 지원해보라고 했다.

　　탄은 이탈리아에서 대학을 다니는 내내 장학금을 받았고 국
제 슬로푸드 창시자인 카를로 페트리니 밑에서 공부했다. 그는
요리 업계 인턴십을 통해 큰 수혜를 입었다. 치즈, 맥주, 와인, 빵,
생선에 대해 배웠고 이런 식재료들이 식탁에 오르는 과정을 익혔
다. 그는 양조를 배우기 위해 아일랜드로, 와인을 공부하기 위해
호주 남부로, 치즈 만드는 법을 익히기 위해 호주 캥거루섬으로
갔다.

　　2009년, 탄이 이탈리아에서 돌아오자 귀르스는 그를 고용했
다. 그리고 그에게 차를 한 대 주고는 거리로 내보냈다. "탄을 고

용한 이유는 그의 뛰어난 미각 때문이었어요. 그는 맛에 대해 잘 알았죠. 게다가 편했고요. 탄은 대인 관계가 좋은 사람이었어요. 새로운 곳에 가려면 적응력이 아주 뛰어나야 해요. 그 안에 진짜로 녹아들려면 인내심도 강해야 하고, 만나는 모든 사람들에게 아주 정직해야 하죠. 그래서 가족처럼 느껴져야 해요. 그때 진정한 인간관계가 시작되죠."

처음에 탄은 어디를 가야 할지 몰랐다. 그는 고향 나질리부터 시작해 햇살 눈부신 에게해 연안을 다녔다. 믿을 만한 사람에게서 정보를 얻어 탐험할 지역을 선택했고, 그 지역에서 또 정보를 얻어 다른 지역으로 갔다. 그렇게 다니다가 마침내 흥미로운 생산자들을 만나게 되었다.

그중 한 명이 티플리파사다. 티플리파사는 이스탄불에서 자동차로 여섯 시간 정도 걸리는 곳에 있는 에드레미트 출신으로, 8대째 할바를 만들고 있다. 그의 가족은 1700년대부터 할바로 사업을 해왔지만 손으로 직접 만든 할바와 타히니는 이스탄불에 잘 알려지지 않았다. 탄은 티플리파사가 두 번 구워 만든 황금색 타히니를 미클라로 가져왔다(타히니 소스는 할바의 재료로 사용된다—옮긴이). 귀리스와 주방 요리사들은 그가 가져온 타히니의 풍미와 역사에 대단히 깊은 인상을 받고 즉각 그 음식을 활용하기로 결정했다. 마흐메트는 당시를 이렇게 회상했다. "원래는 할바 아이스크림을 만들려고 했어요. 그러다가 이렇게 완벽한 음식을 뒤죽박죽 만들 수는 없다는 결론을 내렸어요." 결국 그들은 설탕에 절인 호박 위에 타히니 소스를 뿌려 내놓기로 했다.

오늘날 미클라 식당은 아나톨리아의 소규모 농업인 300명으로 구성된 네트워크와 함께 일하고 있다. 에게해 근처에 사는 한 노부부는 미클라 식당에 코파니스티 치즈를 납품한다. 코파니스티 치즈는 그 지역 염소인 카라 케시의 젖으로 만든 치즈인데 톡 쏘는 맛이 특징이다. 바닷가 마을 쿠사다시에 사는 농부 뒤르셀 톤불은 그 지역 여성들을 고용하고 후원해 미클라 식당에 유기농 과일 식초와 특제 고농축 무화과 식초를 납품한다. 아스킨과 시라즈 부부는 그리스 정교도로 시리아 국경에서 12킬로미터 정도 떨어진 안타키아의 작은 마을 출신이다. 이들 부부는 할하리라고 하는 작은 녹색 올리브를 재배한다. 미클라에서는 이 올리브를 병아리콩에 곁들여 스낵처럼 내놓는다.

북쪽에 있는 데브렉 지역의 여성 협동조합에서는 발효된 수프를 기본으로 하는 독특한 타르하나를 만든다. 요구르트와 밀가루, 토마토, 양파, 향신료, 각종 채소에 타르하나 허브를 뿌려 되직한 페이스트 상태로 며칠 동안 발효시키면 강렬하고도 감칠맛이 나는 풍미가 생긴다. 그다음 페이스트를 나누어 건조시키고 잘게 부수어 가루로 만든다. 이 가루는 인스턴트 수프로 사용된다. 협동조합의 타르하나는 그 지역의 맛이 강렬하게 나는 토마토와 '보이'라고 불리는 특별한 향신료를 섞어 실내에서 발효시킨다. 보이 향신료에는 타라곤, 백리향, 로즈마리, 민트 같은 허브가 들어간다. 미클라에서는 타르하나를 그릴에 구운 문어와 푹 삶은 리크, 낙타 고기로 만든 소시지 등에 소스처럼 곁들인다.

때론 서로가 올바른 생산물을 만들고 있다고 신뢰하기까지 몇 년이 걸리기도 한다. 결국 일이든 사람이든 직접 부딪치는 것이 관건이다. 탄은 언제나 길 위에 있다. 미클라에 식재료를 납품하는 생산자들과 관계를 유지하기 위해서다. 최근 탄의 계산에 의하면, 그는 총 11,680잔의 차를 마셨고, 5,000가지가 넘는 생산물을 맛봤으며, 수많은 마을의 아이들에게 312개의 킨더 서프라이즈 초콜릿을 나눠주었다.

여행을 하면 다른 이들과 가족처럼 지낼 때가 종종 있다. 농부의 집에 머물고, 수백 킬로미터 떨어진 곳에서 열리는 그 농부의 가족 행사에 참석하고, 병문안을 가기도 하고, 그저 안부를 묻기 위해 전화도 건다. 미클라와 거래하는 생산자 대부분은 여성이기 때문에 탄은 아내 귀헤르와 함께 여행할 때도 있다. 아무래도 아내와 함께 가면 여성 생산자들이 마음을 편하게 열기 때문이다.

"미클라 같은 유명한 레스토랑에서 일하는 데다 농업 공학도 잘 알다 보니 사람들이 쉽게 마음의 문을 여는 편이에요. 제가 농업 공학자인 걸 알고 나면 제품의 질을 향상시키기 위한 방법들을 물어보곤 하죠. 만약 답을 모를 때면 다른 농부에게 정보를 얻어 해결해주기도 해요." 탄이 말했다. 케지반과 후세인 겐츠 부부가 그런 경우다. 창키리주에 있는 작은 마을에서 유기농 고농축 사과 식초를 만드는 이들 부부에게 탄은 오크 통을 가져다주었다. 탄은 자신이 찾는 재료를 생산하는 일에도 굉장히 열정적이다. 언젠가는 쿠사다시의 한 농부가 생산한 병아리콩을 700킬로미터 떨어진 카라만의 또 다른 농부에게 전달해준 적도 있다.

시간이 흐르면서 탄은 그가 만나는 사람들과 그들의 일, 그리고 생산물에 대해 깊이 알게 되었다. 그들이 원래 어느 지역 출신이었는지, 어떤 씨앗을 뿌리는지, 어떻게 작물을 기르고 제품으로 만드는지, 그 제품이 특별한 경우에만 나오는 것인지, 다음 세대가 일을 이어갈 것인지 등을 탄은 알고 있다.

탄이 얻어온 풍부한 정보가 미클라 주방에 주로 영감을 주지만, 반대로 주방 역시 탄에게 가야 할 방향을 알려주기도 한다. 방향을 알려주는 이는 우연히 알게 된 소금 생산업자를 따라가보라고 권한 귀르스일 수도 있고, 아니면 북동쪽의 카르스산맥에서 야생 쑥을 구해달라고 부탁한 주방장 아뎀 보가테페일 수도 있다.

미클라 레스토랑의 공동 주방장인 지한 세팅카야는 어느덧 수년째 탄과 함께 일하고 있다. 그는 요즘 어린 시절의 기억을 토대로 요리를 만든다. 그는 질레 페크메지라는 이름의 당밀로 된 음식을 떠올린다. 질레 페크메지는 흑해 서쪽에 있는 볼루주의 게레데에서 그가 먹던 음식이다. "할머니가 자주 사주시곤 했어요. 전 질레 페크메지를 누텔라처럼 먹었지요." 되직한 제형의 당밀은 그 지역 고유 품종인 나린제 포도와 달걀흰자로 만든다.

질레 페크메지는 일일이 손으로 만들어야 하는 노동 집약적인 제품으로 오늘날에는 거의 자취를 감췄다.

탄은 세팅카야의 어린 시절 별미를 찾아, 그리고 아나톨리아 지역 중 흑해에 사는 생산자들을 만나기 위해 길을 나섰다. 수제 질레 페크메지를 만드는 사람을 찾기 위해 그는 많은 사람과 대화를 나누며 어떤 종류의 포도와 설탕과 달걀을 사용하는지 물었다. 그리고 샘플 몇 개를 주방 팀원들에게 맛보게 했다. 마침내 주방 팀원들은 볼루 지역의 질레 페크메지로 의견 일치를 보았다. 그곳의 페크메지는 다른 지역에 비해 맛이 진하고 풍부했다. 최근 미클라 레스토랑에서는 버펄로 요구르트, 딸기 셔벗, 견과류와 함께 질레 페크메지를 디저트로 선보이고 있다.

에리쉬테는
손으로 자른
계란 국수다.

아나톨리아는 복잡한 곳이다. 이곳 아이들은 이 지역이 중동과 유럽, 중앙아시아 사이에 위치한 전략적 요충지라고 배운다. 역사 시간에는 신석기 시대부터 히타이트, 페르시아, 로마, 셀주크, 오토만 등 수천 년 동안 이 지역을 지배했던 왕조와 국가를 전부 가르친다. 아나톨리아는 동양과 서양 사이에서 문명과 종교, 상업이 교류되고 확산되던 장소였고 늘 이동의 중심지였다. 이곳에서 수많은 일들이 일어났다. 오늘날 이곳은 하나의 관문이 됐다. 최근 300만 명이 넘는 시리아 난민들이 터키로 들어왔다.

　그 결과 터키식 주막이라고 할 수 있는 전통 음식점인 메이하네에서 터키 음식과 함께 발칸 전쟁을 피해 온 난민들의 알바니식 간과 양파 요리가 나올지도 모른다. 터키 남동부에서는 아랍의 후무스를 만날 수도 있다. 그리스 어란으로 만든 크림 같

에리쉬테의
한 종류.

은 페이스트를 맛볼 수도, 갈색이 될 때까지 볶은 양파와 건포도, 잣, 향신료를 병아리콩과 함께 으깨 만든 아르메니아 애피타이저인 토픽을 먹을 수도 있다.

이 다양성은 아름답다. 아나톨리아의 요리를 한 가지로 정의하기 어렵게 만든다. 예컨대 케슈케크를 생각해보자. 케슈케크는 터키의 전통적인 결혼식 음식으로 잘 으깬 밀과 고기를 천천히 삶아 만든다. 티레 마을에서는 버터와 붉은 고추로 만든 소스를 케슈케크 위에 올리는데, 옆 마을인 외데미시에서는 어림도 없다. "그랬다간 아마 마을에서 쫓겨날 거예요." 탄이 반쯤 농담으로 말했다.

귀르스는 '뉴 아나톨리아 키친' 선언문에 이 운동은 국가나 인종이 아닌 지역 운동이라는 점을 강조했다. 실제로 그는 종교,

국가, 인종을 기준으로 나눈 물리적인 국경이나 정신적인 경계선은 신경 쓰지 않는다. 충분히 이해가 된다. 국경과 문화는 변해도, 혹은 인종과 종교 집단 간의 힘의 균형은 달라져도, 그 지역의 작물과 음식 문화는 집요하게 유지된다. 한 지역의 음식 문화는 물리적인 땅 그 자체와 그 위에 살아 있는 어떤 것들보다 훨씬 더 많은 것을 의미하는 법이다.

미클라는 그동안 사용했던 모든 식재료에 관한 정보를 기록하고 있다. 거의 700개 가까운 식재료가 이미 기록으로 남았다. 이렇게 해서 만든 정보는 웹사이트에 무료로 공개될 예정이다. 웹사이트를 찾아본 사람들은 특정 작물이 어떻게 재배되고 어떤 맛이 나며, 어느 지역에서 왔고, 그 지역에서는 어떤 요리로 활용되었는지 알 수 있다. 또한 중앙 아나톨리아의 45미터 깊이 동굴에서 숙성시킨 치즈 '디블레 오브럭'이나 지방이 풍부한 가다랑어 절임 '라커다', 트라크야 지역의 겨자씨와 체리 잎을 포도즙에 넣어 만든 음료 '하르달리에', 에드레미트 지역에서 어느 가족이 만든 티플리파사 할바, 사탕무 당밀, 머드 치즈, 무스타파 아파칸의 외알밀 등에 대해서도 알게 될 것이다.

미클라 레스토랑에서 사용할 최고의 식재료를 찾아보자는 의도에서 시작한 이 일은 이제 운동이 되었다. "너무도 많은 것들이 나고 자라는 이곳에서 살다 보면 더 깊이 알고 싶어지고, 배운 것을 나누고 싶어져요." 귀르스는 말한다. "지역 생산물과 음식 문화가 생존하려면 단순히 그것을 유지하는 것만으로는 충분하지 않아요. 그것을 지키며 쉼 없이 나아가야 해요. 문화는 끊임없이 진화합니다. 과거, 현재, 미래 모두 다 함께 손잡고 나아가지요. 분명히 말하자면 국가적 자부심 때문에 하는 일은 아닙니다. 제가 호주에 살았어도, 남미나 일본에 살았어도 똑같았을 거예요."

우리가 카스타모누에서 돌아오고 몇 주가 지나, 귀르스는 무스타파 아파칸에게 문자 메시지를 받았다. 지역 신문 기사 링크를 건 메시지였다. 지면의 절반은 외알밀 들판 사진이었다. 귀르스는 그 사진을 인스타그램에 올렸다.

"외알밀과 무스타파 아파칸이 받아 마땅한 주목을 받은 겁니다. 하지만 누군가 이 사진을 보고 외알밀을 재배하는 것이 제게는 가장 중요합니다."

탄은 다시 여행길에 올랐다. 이번에는 캄바즐리의 작은 에게해 마을에서 검은 오디를 재배하는 농부를 만나기 위해서다. 탄은 이번에 불어닥친 우박을 동반한 폭풍이 오디에 큰 피해를 주지 않았는지 살펴보며 농부의 집에 며칠 머무를 것이다. 그리고 그의 고등학생 손자 졸업식에 참석할 것이다. ●

인간은
무엇이든
먹는다

애럴린 보몬트
Aralyn Beaumont
마리사 게리
Marissa Gery
MAD 부편집장·편집자

○

인간은 땅돼지, 다양한 종류의 전복, 육지달팽이, 따개비, 꼬리치레개미, 이솝새우, 아프리카거염벌레, 아프리카낭비둘기, 아프리카부세올라푸스카나방, 아프리카풀무치, 아프리카땅강아지, 아프리카산누에나방, 아프리카붉은야자나무바구미, 아프리카누에, 아프리카도둑개미, 아프리카들개, 아시아계아프리카목화다래벌레, 용설난바구미, 젓새우, 알칼리파리, 알파카, 아마미우드콕, 아마존매너티, 아메리카아귀, 아메리카버펄로, 아메리카목화다래벌레, 아메리카물닭, 아메리카악어, 아메리카가자미, 아메리카청어, 아메리카도요새, 안경곰, 매미, 남극밍크고래, 아파치매미, 진딧물, 아라비아낙타, 쌍봉낙타, 피라루쿠, 북극곤들매기, 아르헨티나멸치, 아르헨티나대구, 아르헨티나농어, 아르헨티나오징어, 큰가로목거북, 첨치가자미, 장수말벌, 유리알락하늘소, 아시아흑곰, 아시아쌀명나방, 대서양해만가리비, 대서양참다랑어, 대서양넙치, 대서양맛조개, 대서양바다오리, 대서양바위게, 대서양연어, 스파술라솔리디시마, 대서양울프피시,

액시스사슴, 아름답고 작고 날카로운 부리를 가진 바다쇠오리, 호주코르티오세테스테르미니페라메뚜기, 고무나무촉각풍뎅이, 송장헤엄치개, 아크로개스터루니퍼, 바이칼물범, 망치고래, 가루나무좀, 대나무바구미, 팔랑나비, 설탕개미, 띠무늬꼬리비둘기, 다양한 종의 꼬치고기, 바라문디, 베트남메기, 수십 종의 박쥐, 바웨안사슴, 비어드피그, 턱수염바다물범, 수염바구미, 벵겔라남방대구, 베니주와이게, 베링해울프피시, 사슴벌레, 눈다랑어, 대두어, 큰뿔야생양, 검은거염벌레, 검은배아귀, 검정카이만, 강청어, 검거세미밤나방, 검은지느러미아귀, 흑파리, 검은이구아나, 검은야자바구미, 병치매가리, 검은갈치, 검은농어, 검은바다악마아귀, 검은점메뚜기, 불범상어, 검은꼬리제비나비, 캘리포니아멧토끼, 까치상어, 검은베짜기개미, 혹부리고래, 꼬막, 검정파리, 북아메리카메기, 블루크랩, 남방대구, 진주담치, 푸른점도미, 청색꽃게, 블루틸라피아, 블루벨벳새우, 대왕고래와 여러분도 상상할 수 있으리라 생각해 일일이 열거하지 않은 수십 종류의 고래들, 붉은스라소니, 보공나방, 보그물고기, 목화다래벌레, 봄베이메뚜기, 보노보, 말파리, 아마존돌고래, 넓은입카이만, 투구새우, 큰곰, 농발거미, 갈색메뚜기, 갈색도루묵, 갈색돔발상어, 부끼드논우드콕, 몽치다래, 에스카르고, 버마이스터돌고래, 부시피그, 선인장바구미, 굴뚝날도래, 칼라미아사슴, 캘리포니아멸치, 캘리포니아큰그물강도래, 캘리포니아바다사자, 캘리포니아점박이새우, 남아프리카임바발라, 남아프리카물개, 카피바라, 물소, 어리호박벌, 고양이, 중앙아메리카마자마사슴, 차코거북, 알프스산양, 얼룩메기, 치타, 70종이 넘는 품종의 닭, 칠레나일론새우, 친칠라, 왕사마귀, 참게, 쏙, 산누에나방, 중국거

북밀깍지벌레, 대하, 왕연어, 초콜릿악마나비, 크리스마스딱정벌레, 메추라기닭, 백연어, 투명날개메뚜기, 대유동방아벌레, 광대메뚜기, 연지벌레, 수십 가지의 새조개, 바퀴벌레, 리노케로스남방장수풍뎅이, 진짜 대구인지 아닌지는 모르겠으나 은대구, 푸른대구, 동시베리아대구, 동양민물대구, 에우클리크티스폴리네무스대구, 그린란드대구, 범노래미, 마오리대구, 메리강대구, 머레이대구, 태평양대구, 원양대구, 극지대구, 푸어코드, 감자바리, 바위대구, 빨간대구, 슬리피코드, 작은머리대구, 연대구, 올챙이대구 등, 멸종 위기에 처했지만 여전히 먹는 대구과에 속하는 무수한 물고기들, 커피메뚜기, 커피천공충, 은연어, 주머니나방, 잉어, 침팬지, 갑오징어, 작은가자미, 땅비둘기, 노랑초파리, 몰바대구, 문어, 경단고둥, 곰새우, 왈라루, 60종 이상의 소라, 곡물거저리, 박각시, 퓨마, 코요테, 뉴트리아, 각다귀, 물진드기, 왕관황소개구리, 붕어, 쿠바악어, 난쟁이카이만, 가죽나무고치나방, 까치돌고래, 실잠자리, 드위트발톱개구리, 해골박각시나방, 해골바퀴벌레, 빗살수염벌레, 심해케이프민대구, 심해장미새우, 사막메뚜기, 땅벌, 물방개, 뱀잠자리, 개, 20종이 넘는 돌고래, 당나귀, 만새기, 겨울잠쥐, 은달고기, 도버서대기, 도우바다오리, 잠자리, 군대개미, 건조목흰개미, 130종이 넘는 거위와 오리, 듀공, 다이커, 쇠똥구리, 대짜은행게, 더스키그루즈, 집게벌레, 동부뱀잠자리, 동양굴, 동태평양가다랑어, 물장군, 브라운크랩, 애그플랜트프루트앤드슛나방, 코끼리, 주홍박각시, 산누에나방, 에뮤, 가죽나무고치나방, 은고등어, 유라시아염주비둘기, 유라시아물닭, 유라시아멧도요, 유럽멸치, 유럽농어, 유럽소, 유럽뱀장어, 유럽납작굴, 유럽홀림도다리, 유럽대구, 유럽집귀뚜라미, 유럽항라사마귀, 유럽가자미, 유럽노루, 저녁매미, 다마사슴, 집고양이와 야생 동물들을 비롯한 고양잇과 동물들, 납작머리사과나무나방, 쉬파리, 꽃무지, 민물도미, 프랭컬린, 프레이저발톱개구리, 갈라파고스땅거북, 정원달팽이와 일부는 이미 언급한 헬리스속의 달팽이들, 꽃게, 기린영양, 박쥐나방, 거대아카시아방아벌레, 넓적배사마귀, 부게티앞장다리바구미, 캘리포니아해삼, 거대귀뚜라미, 거대숲개미, 거대꿀벌, 거대비단벌레, 거대가시대벌레, 거대팔랑나비, 태국물장군, 거대바구미, 서양거대각다귀, 염소, 감성돔, 금가루바구미, 무당거미, 실꼬리돔, 타란툴라, 조개삿갓, 고릴라, 초어, 메뚜기, 회색마자마사슴, 유럽자고새, 회색물범, 열대말벌, 산쑥들꿩, 초록덤불메뚜기, 이구아나, 녹색전복, 푸른베짜기개미, 푸른골짜기메뚜기, 홈파인대게, 그루퍼, 유충, 기니피그, 뿔닭, 걸프가자미, 거니슨그루즈, 해덕대구, 털산누에나방, 핸섬프랭컬린, 쇠돌고래, 잔점박이물범, 민무늬백합, 30종류의 토끼, 롱기라누스앞장다리하늘소, 할리퀸바퀴벌레, 거문고바다표범, 하베스터흰개미, 무수히 많은 종류의 청어, 돼지사슴, 꿀개미, 꿀벌, 두건물범, 뿔눈바다오리, 말벌, 말, 후아이템푸나비, 후후딱정벌레, 꼬리박각시, 교잡종줄무늬베스, 임팔라, 잉카비둘기, 최소한 3종류 이상의 인도잉어, 재래꿀벌, 랙깍지진디, 인도참나무산누에, 인도−태평양상괭이, 인도−태평양습지게, 제임슨크림스팟, 방어, 일본멸치, 일본어리호박벌, 일본장어, 일본오징어, 일본말벌, 일본떡갈나무산누에, 일본장수풍뎅이, 일본해삼, 수염상어, 자바멧도요, 예루살렘귀뚜라미, 비단벌레, 쌍지느러미홍어, 조나게, 대왕오징어, 정글바퀴벌레, 4종 이상의 캥거루, 여치, 키나성게, 키부발톱개구리, 바위타

191

기영양, 송곳니곱상어, 한국말벌, 쿠두, 컬시티크천공충, 호수파리, 낙연어, 큰해안메뚜기, 큰쌀메뚜기, 끝동매미충, 리추에, 작은거염벌레, 외미거저리, 작은풀무치, 노린재, 작은꿀벌, 난쟁이붉은마자마사슴, 라마, 다양한 종류의 집게 달린 랍스터들, 긴머리이쑤시개메뚜기, 하늘소, 노린재, 창오징어, 백다랑어, 쑤기미, 스라소니, 17종의 고등어, 마다가스카르여우원숭이, 마다가스카르메뚜기, 마그달레나강거북이, 용설란벌레, 마호가니조개, 청둥오리, 망고나무하늘소, 마누카딱정벌레, 표범폐어, 청새치, 마사이기린, 하루살이, 갈색거저리, 복숭아가루진딧물, 멜론벌레, 메스키트하늘소, 멕시코초파리, 쥐, 풀무치, 땅강아지, 다양한 종류의 원숭이, 몽키포드둥근머리나방, 다양한 종류의 아귀, 말코손바닥사슴, 짐바브웨누에, 모렐렛악어, 모르몬여치, 마운틴고릴라, 눈토끼, 퓨마, 신부나비, 우는비둘기, 모잠비크틸라피아, 마사모기, 머드잉어, 무가누에나방, 뽕나무하늘소, 노새, 노새사슴, 사향소, 양쯔강돌고래, 뉴기니아멧도요, 뉴질랜드초록입홍합, 야행성말벌, 나일악어, 나일농어, 나일틸라피아, 미국흑곰, 와피티사슴, 북태평양대구, 북방곰새우, 북방물개, 북방기린, 북방하늘소, 북방왕새우, 북방푸두, 북방적색통돔, 북방일렉스오징어, 돔발상어, 니알라, 망상어, 은대구, 넙치, 오파, 24종의 주머니쥐, 오렌지라피, 집파리, 검정빰금파리, 오리노코악어, 오릭스영양, 타조, 태평양가다랑어, 태평양코끼리조개, 마설가자미, 참굴, 까나리, 벼벌레, 흐린산누에나방, 팔메토바구미, 야자씨콩바구미, 팜파스사슴, 파나마대구, 대왕판다, 판도라나방, 6종의 천산갑, 파타고니아홍어, 파타고니아오징어, 환도상어, 주기매미, 전갱이, 페루멸치, 유령깔따구, 돼지, 비둘기, 곱상어, 솔수염하늘소, 소나무좀, 소나무산누에나방, 솜벌레, 곱사연어, 거의 24종의 피라냐, 대합, 36종의 물떼새, 북극곰, 북대서양대구, 실전갱이, 비악상어, 24종에 달하는 호저, 포르투갈곱상어, 호리병벌, 크고 작은 뇌조, 물방개, 가시해삼, 행렬털애벌레, 박쥐나방, 보라성게, 피그미하마, 피그미호그, 메추라기, 대게, 사막의 습지와 다양한 늪지대에 서식하고 가축으로도 기르는 수많은 종류의 토끼, 라쿤, 100종도 넘는 뜸부기, 무지개정어리와 7종의 다른 정어리들, 바다빙어, 무지개송어, 50종 이상의 쥐, 거의 30종류에 가까운 방울뱀, 다양한 종류의 태평양맛조개, 붉은줄무늬도미, 레드브레스트역돔, 마자마사슴, 털진드기, 붉은사슴, 붉은얼굴거미원숭이, 거짓쌀도둑거저리, 붉은다리거북, 붉은머리아마존강거북, 왕게, 붉은다리메뚜기, 붉은메뚜기, 레드넥트프랭컬린, 붉은야자나무바구미, 성게, 붉은점새우, 붉은줄무늬바구미, 미국가재, 순록, 순록쇠파리, 그물무늬기린, 코뿔소, 흰띠박이바다표범, 쌀바구미, 고리무늬물범, 꿩, 론영양, 집비둘기, 뇌조, 바위새우, 로키산메뚜기, 거친비늘홍어, 로열레드새우, 목도리뇌조, 검은영양, 주머니나방, 사헬나무메뚜기, 사라수심재나방, 불나방, 꼽등이, 도루묵, 사바나옆목거북, 스케일리프랭컬린, 애기뿔소똥구리, 슈나이더의난쟁이카이만, 도미, 해달, 콩바구미, 세네갈대구, 얕은물대구, 10여 종의 상어, 메콩메기, 뾰족꼬리들꿩, 양, 갯파리, 단척추아프리카아귀, 노루, 일본사슴, 누에, 누에나방, 실버바브, 백련어, 무케네, 대서양메를루사, 아마존여섯점거북, 홍어, 갈매기, 가다랑어, 팔랑나비, 슬레이트펜슬성게, 긴코악어, 쐐기나방, 까치상어, 우단상어, 20종이 넘는 꺅도요, 노랑등에, 스노우크랩, 다랑조개, 동애등에, 푸른들꿩, 남아메리카물개, 남아메리카야자나무바구미, 남아메리카바다사자, 남아프리카멸치, 남방참다랑어, 남방가자미, 남방기린, 남방대구, 남방분홍새우, 남방푸두, 남방브라운새우, 꽃새우, 남방흰새우, 남방말벌, 콩나방, 닭게, 안경카이만, 거미, 가시해삼, 거품벌레, 점박이꼽등이, 점박이메뚜기, 점박이솔수염하늘소, 점박이물범, 흑점얼룩상어, 점박이울프피시, 스프링복, 가문비뇌조, 100종류가넘는 다람쥐, 사슴벌레, 스틴복영양, 큰바다사자, 대벌레, 열대꿀벌, 방귀벌레, 다양한 종류의 철갑상어와 값비싼 철갑상어의 알, 흰개미, 수단조벌레, 수단나무메뚜기, 술라웨시우드콕, 여름넙치, 태양곰, 밤나방, 갈색거저리애벌레, 황새치, 산양, 타르폰, 티크나무식엽나방, 열줄유월풍뎅이, 태국지브라타란튤라, 가시벌레, 날가시숭어, 세점틸라피아, 진환도상어, 길앞잡이, 호랑이복어, 옥돔, 팁월터, 박각시나방유충, 토마토박각시나방, 뿔매미, 울음고니, 체체비, 꼬마돌고래, 솔기머리사슴, 댕기바다오리, 대문짝넙치, 칠면조, 두줄솔나방, 물방개, 쌍별귀뚜라미, 두줄메뚜기, 두꼬리호랑나비, 우간다발톱개구리, 계곡메뚜기, 곱상어, 솔개벌, 꼬치삼치, 지느러미메기, 왈라비, 명태, 해마, 황줄쇠파리, 6종의 워티피그, 물장군, 물벌레, 물소, 물영양, 물땡땡이, 장구애비, 개아재비, 소금쟁이, 웰링턴큰오징어, 서아프리카매너티, 서양비단벌레, 서양흰새우, 서인도제도매너티, 흰이마거미원숭이, 흰윗머리비둘기, 흰다리새우, 흰줄박각시나방, 흰용설란벌레, 화이트리버가재, 흰줄무늬잭토끼, 흰점하늘소, 흰꼬리사슴, 흰꼬리들꿩, 화이트티트피쉬, 흰끝비둘기, 흰날개비둘기, 명태, 맷돼지, 살쾡이, 누, 사할린뇌조, 버드나무산누에나방, 겨울가자미, 꿀벌레큰나방애벌레, 울프일, 야크, 참마딱정벌레, 칼상어,

황다랑어, 노란발거북, 황아귀, 갈색거저리, 노란코홍어, 금빛송어, 아마존노란점거북, 유카탄갈색마자마사슴, 얼룩말, 혹소, 그리고 다른 무수한 곤충과 동물 들을 먹는다. ●

크리슈넨두 레이
Krishnendu Ray
사회학 박사, NYU 겸임 교수

맛은
돌아다닌다

○

내가 케밥을 처음 먹은 것은 고등학생 때였다. 그 순간은 난생처음 포크를 사용했던 때와 마찬가지로 내 인생의 분수령이 되었다. 당시 나는 인도의 작은 시골 마을인 잠셰드푸르에서 델리로 막 이사와서 대도시 생활을 배우고 있었다. 깔끔한 옷차림과 제대로 된 식사 예절, 숙성된 치즈와 와인에 익숙한 입맛 등은 내가 익숙해져야 할 대도시인의 상징들이었다. 케밥은 모양도 다소 투박하고 잘 차린 식탁보다는 길거리와 어울리는 음식이긴 했지만, 그래도 그걸 먹는 모습은 대도시를 연상시켰다. 무엇보다 케밥은 나 같은 힌두교 소년을 무력하게 만드는, 이슬람의 남성성을 연상시키는 그런 음식이었다.

고기, 특히 소고기는 힌두교도의 삶에서 대단히 큰 의미를 지닌다. 힌두교도가 길거리에서 소고기를 먹는다면 이는 힌두교의 순수함을 훼손하는 심각한 위협으로 간주된다. 특히 요즘처럼 종교적인 문제가 불거져 있을 때에는 따가운 시선을 피하기 힘들다. 인도 대법원의 자그디쉬 싱 케하르 대법원장은 사생활에 관한 기본권 판결문에서 다음과 같이 말했다. "홀로 있을 권리는 삶을 즐길 권리의 일부다. 삶을 즐길 권리는 모든 개인이 누려야 할 근본적인 권리다." 새롭게 선언된 이 권리는 동성애자의 권리를 옹호하는 활동가들과 힌두교의 엄격한 식생활에 비판적인 사람들을 고무시켰다. 하지만 공동체가 개인을 압도하는 집단에서 내 몸이 원하는 것을 추구하는 일이란 생각보다 훨씬 더 어렵다.

흔히 오해하는 것과 달리 대부분 힌두교도들은 채식주의자가 아니다. 대부분의 인도인들은 상대적으로 적은 양이기는 하지만 염소 고기나 생선, 드물게는 조개류 등을 먹는다. 하지만 이슬람교 사원에 있는 케밥의 경우는 얘기가 다르다. 계급 제도가 엄격한 힌두교도들은 이 케밥을 의심의 눈초리로 바라본다. 내가 어릴 적에 물건을 팔러 다니던 아버지와 삼촌들은 불경스럽지만 굉장히 먹음직스러운 이슬람 음식 이야기를 들려주곤 하셨다. 그로부터 몇 년이 지나 나는 케밥을 먹을 용기를 냈다. 육식에 대한 두려움은 욕망을 절제하는 벵갈 힌두교의 오랜 관습에서 비롯된 것이다. 국수주의자들은 오래전부터 타마린드와 고추, 특히 정결하지 않은 고기를 비난했고, 그들은 그런 음식들을 천하고 상스러운 사람들에 비유하곤 한다. 하지만 길거리 음식 문화가 싹튼 것은 바로 그러한 억압 때문이었다.

운명의 날, 학교를 마치고 집으로 가던 나는 이슬람 사원에서 풍기는 냄새에 이끌렸다. 나는 이슬람교 수피파 성인인 니자무딘 아울리야 사당의 그늘 아래로 구불구불하게 나 있는 골목을 따라 걸어갔다. 그곳은 차양 없는 모자를 쓴 이슬람교도들로 북적였다. 기도 시간을 알리는 무에진의 목소리에 첨탑 위 비둘기들이 푸드덕 날아올랐다. 나는 거대한 도시 델리에서 이슬람교도들이 잔뜩 있는 사원 한복판을 헤매는 얌전한 중산층 힌두교 소년이었다. 웅장한 사원 건너편에는 불꽃이 피어오르는 숯불 그릴이 보였다. 그릴 위에는 야자나무 잎을 꿰어 만든 접시가 있었고 거기서 한 남자가 케밥을 팔고 있었다. 고기가 숯불에 구워지면서 저항하기 힘든 냄새를 풍겼다. 마침 나는 고기를 통으로 꼬치에 끼운 보티 케밥 두 개를 사먹을 정도의 돈이 있었고, 또 마침 케밥 장수가 신문지 뭉치를 이용해 화로에서 고기를 꺼내 야자나무 잎 접시에 올려놓고 있었다. 뜨거운 기운과 함께 반지르르하게 육즙이 배어나오는 케밥에서 정향과 계피, 고추 향이 솔솔 풍겼다. 이슬람 사원 그늘 아래에서 풍기는 숯불에 구운 고기 냄새는 나를 브라만교의 폐쇄성에서 멀어지게 한 감각적인 기억으로 남아 있다.

숯불 구이에 탐닉했던 것은 평범한 힌두교 소년이 성인으로 성장하면서 겪은 일들 중 하나였다. 부모님의 엄격한 규율을 어기면서 나는 다문화 민주주의 사회의 교훈을 되새겼다. 물론 케밥을 먹었다고 해서 반드시 개방적인 사람이 되는 것은 아니지만, 그래도 케밥을 먹은 일은 나의 정체성을 형성하는 데 있어서 대단히 중요한 역할을 했다. 내 안에서 뭔가 생겨나고 있었다. 그것은 정결하지 않은 음식인 케밥에 대한 갈망으로, 내가 속한 문화의 식생활에 반하는 것이었다. 내가 힌두교 국수주의자가 되지 않을 수 있었던 건, 그 케밥의 맛과 내가 저지른 죄에 대한 합리화였다고 생각한다.

몇 년 후, 인디라 간디가 시크교 경호원에게 암살당하는 사건이 벌어졌다. 내게 구운 고기 냄새는 이후 수많은 시크교도인들이 학살당하며 산 채로 태워질 때 나던 냄새와 뒤얽혔다. 절망에 사로잡혀 도시를 배회하던 나는 그 증오의 냄새를 맡을 수 있었다. 그 후, 나는 육즙 가득했던 고기를 단순히 순수한 어떤 것으로만 생각하는 것이 불가능해졌다.

나는 폭력 속에서 자랐다. 단순히 상징적으로 어떤 무자비한 환경에서 자랐다는 의미가 아니라 힌두교와 이슬람교, 힌두교와 시크교, 오디아 힌두교와 벵갈 힌두교 사이에서 벌어진 물리적인 학살과 피로 얼룩진 역사 속에서 자랐다는 의미다. 성장하는 동안 나는 두 가지 깨달음을 얻었다. 첫째, 나의 미각은 내 마음보다 더 개방적이다. 최소한 내 마음은 내 혀를 따른다. 둘째, 오늘날 육식을 하는 이슬람과 카스트 최하위 계급인 달리트에게 가해지는 무자비한 폭력을 보면 알겠지만, 채식주의는 폭력과 아주 자연스럽게 어울리기도 한다.

한 가지 의문이 든다. 내가 인도를 떠나 미국으로 간 것은 자유로운 맛을 갈망해서였을까? 만약 그렇다면 나는 그 맛을 찾았는가? 그렇지 않다면 그런 맛이 지구상에 존재하기는 하는 걸까?

식문화 오용

미국을 비롯하여, 백인들이 인구 대다수를 차지하는 많은 국가들에선 최근 식문화 전유를 둘러싼 논쟁이 일어나고 있다. 특정 인종이나 민족이 창안한 요리를 다른 인종이나 국가에서 요리하고 판매하는 것이 어떤 의미인지를 둘러싼 첨예한 논쟁이다. 가령 타코를 예를 들면, 고급 레스토랑에서 백인 요리사가 요리해 백인 손님들에게 팔고 있다. 이 논쟁은 문화적 권력의 문제와 연관되어 있기 때문에 중요하다. 물론 사람들은 늘 다른 이들의 요리를 배우며, 이는 자연스럽고 좋은 일이다. 모든 사람이 자신들의 세계 속에서만 산다면 세상은 끔찍해질 것이다. 음식의 전파는 자칫 밋밋했을 뻔한 인류의 역사에 새로운 풍미를 더해줬다. 신대륙의 고추부터 아일랜드와 인도에 전해진 페루산 감자, 런던의 유대교식 피시 앤드 칩스와 로마의 튀긴 아티초크에 이르기까지 세계는 빌려온 음식들로 가득하다. 하지만 반드시 짚고 넘어가야 할 중요한 점도 있다. 아프리카계 미국인들은 노예나 하인으로, 혹은 전문 요리사로 기차의 식당 칸이나 호텔 등에서 오랫동안 요리를 해왔지만 미국의 요리 역사에서는 거의 인정을 받지 못했다. 존 에저튼은 저서 『제미마 코드The Jemima Code』의 서문에서 200년이 넘는 미국 역사에서 10만 권이 넘는 요리책이 나왔는데, 그 책들이 인정한 아프리카계 미국인은 고작해야 200명 정도라는 점을 지적했다. 이는 그들이 미국의 요리계에서 차지하는 비율을 고려할 때 현저하게 적은 비율이다.

역사가 제시카 해리스는 조지 워싱턴의 요리사였던 허큘러스와 토마스 제퍼슨의 요리사였던 제임스 해밍스, 19세기 필라델피아에서 요리사 협동조합을 만들어 대저택에서 열리는 성대한 연회에 음식을 제공했던 요리사들과 흑인 호텔리어들을 소개한다. 이와 대조적으로 다른 책들은 아프리카계 미국인들을 단지 저렴한 인건비로 묘사한다. 요리에 대한 흑인의 기여도를 전혀 이해하지 못하는 것이다.

미국인이 되어가는 과정에서 나는 프라이드치킨과 돼지 곱창, 수박, 검은 피부색에 스며 있는 인종차별적 고정 관념을 불가피하게 알게 되었다. 아프리카계 미국인들은 그 음식들을 먹을 수밖에 없는 상황이었는데도 그런 음식을 먹었다는 이유로 비난받았다. 나중에 나는 이런 고정 관념들이 내가 막연하게 짐작했던 것보다 훨씬 더 많다는 사실을 알게 되었다. 제시카 해리스, 프시케 윌리엄스 포슨, 마이클 트위티, 킬라 와자나 톰킨스 등의 글은 나를 새로운 미국인으로 재교육시키는 데 크게 기여했다. 그들은 흑인이 아닌 사람들이 흑인의 경험을 적당히 기술하거나 삭제할 때 분노한다. 윌리엄스 포슨은 흑인의 입맛을 프라이드치킨과 동부콩으로 규정짓는 행위를 '식문화의 잘못된 관행'이라고 말한다. 아주 유용한 표현이다. 같은 맥락에서 나는 '식문화 오용'이라는 표현 역시 아프리카계 미국인들이 처한 상황에 사용되어야 한다고 생각한다.

이와는 대조적으로 북미 원주민들의 요리 문화에 대한 미국인의 태도는 오용보다는 강제적인 동화에 가깝다. 이는 영토의 식민지화나 물리적인 추방 혹은 전쟁 난민들에게 저렴한 당밀을 제공하는 관행(이러한 관행은 호주나 뉴질랜드 등 다른 정착 문화와 식민 문화에서도 찾아볼 수 있다)을 통하여 이루어졌다. 옥수수, 다양한 종류의 호박, 콩, 다양한 종류의 조개류, 고기 등의 품종에 대한 전유 행위는 흑인 요리사들이 인정받지 못하는 상황과는 다르다.

미국 내 이민자 요리 문화에는 요리 종속 현상이 있다. 이 요리 종속 현상에서는 이탈리아인, 유대인, 스페인인, 그리스인 등 백인들이 상대적으로 상류층이 되고, 자본을 축적한 한국, 일본, 중국인 등 아시아인이 그 뒤를 따른다. 요컨대, 국가의 경제가 발전함에 따라 요리 문화를 포함한 문화의 계급이 상승하는 것이다. 우리는 이미 이탈리아와 일본 음식에서 이런 현상이 극적으로 일어나는 것을 보았다.

서로 다른 집단의 문화적 이해관계가 한곳에 집중되는 것을 '문화적 전유(어느 한 집단이 다른 집단의 문화를 자신들의 문화인 것처럼 무단으로 도용하는 행위를 말한다—옮긴이)'라는 용어로 표현하곤 한다. 그러나 이러한 표현은 요리에 존재하는 인종과 문화, 그리고 힘의 역학을 충분히 드러내지 못하고 오히려 혼란스럽게 만든다. 가령 우리가 다른 인종이라고 분류한 사람들은 다른 민족이라고 분류한 사람들보다 더 큰 어려움을 겪기 마련이니 말이다.

외국인이라고 하기엔 너무 가깝고 우리라고 하기엔 너무 먼

'미국 요리'가 처음 나타난 것은 아메리카 원주민이 살던 땅에 잉글랜드, 스코틀랜드, 독일, 아일랜드 등지에서 건너온 2,000만 명 정도의 이주민들이 정착하면서부터였다. 식민지 정복자들은 자신들의 입맛을 토대로 미국의 맛을 만들었다. 북아메리카 원주민이 생산한 옥수수나 콩, 호박 등의 재료에 아프리카 출신 노예들이 들여온 요리법과 식재료를 더하면 '미국 요리'가 완성된다.

1889년부터 1924년까지 미국인의 입맛은 큰 변화를 겪는다. 이 기간 동안 이탈리아, 그리스, 아르메니아 등과 같은 지중해 출신 이민자들과 폴란드계 유대인 같은 북유럽 출신의 이민자들이 미국으로 이주해오면서 미국 인구 비율에 변화가 생겼다. 미국인들이 이들 이주민 집단에 대해 가장 크게 이질감을 느낀 것은 음식이었다. 그 음식들이란 올리브유, 마늘, 로즈마리, 슈몰츠(거위나 닭 등에서 나온 지방을 정제해 만든 기름—옮긴이), 베이글,

피자, 올리브, 파스타, 정어리, 아티초크, 와인, 브로콜리 같은 새로운 채소와 아나이스, 고수, 회향, 커민, 타임 같은 허브와 향신료 등이었다. 또한 1882년 이후 미국으로 오는 중국인 이민자가 급격하게 줄었음에도 불구하고, 1910년대에는 찹 수이가 인기를 끌었다.

미국 영양학자들, 경제학자들, 사회 개혁가들, 학교 교사들은 이 음식들이 얼마나 끔찍한지 떠들어댔다. 조리 과정은 불쾌하기 짝이 없고, 이 음식들을 보고 있노라면 술이 생각날 정도라고 끊임없이 불평했다. 이런 현상은 혁신주의 시대에 특히 심했다. 그들은 끔찍한 식습관이 담긴 이탈리아 음식과 유대인 음식을 치유하려 노력했다. 그러나 천만다행으로 그러한 교화의 움직임은 실패했다. 미국의 음식 문화는 역동적이고, 파괴적이며, 민첩하다. 어떻게 보면 1960년대 이후 팝 음악과 비슷하다. 미국의 음식 문화는 영향력을 흡수하고 스스로를 재구성했다. 그리고 이렇게 할 수 있는 나라는 미국뿐이다. 미국의 요리 문화는 대략 40년 주기로 변한다. 어찌 보면 다행스러운 부분이다. 덕분에 미국의 음식은 더욱 흥미로워졌다. 이러한 변화는 다른 유럽 국가들에서는 찾아볼 수 없는 경제적, 문화적 통합의 상징이다. 현재 미국은 1965년에 시작된 식문화의 세 번째 변화를 겪고 있다. 아시아, 남미, 카리브해 지역에서 건너온 3,000만 명의 이민자들과 이들이 가져온 아보카도, 실란트로, 고추, 망고, 히마카, 카레, 몰레소스, 국수, 타코, 간장, 스시 등이 미국 음식에 풍미를 더하고 있다.

미국은 1850년 인구조사를 시작하면서 사람들의 직업과 출생지를 기록했다. 자료를 살펴보면 음식 서비스 관련 직업과 새로운 이민자들 사이의 강한 연관성을 볼 수 있다. 외국에서 태어난 사람들은 가정부, 호텔 종업원, 식당 종업원, 호텔 주인, 술집 주인, 바텐더, 무역상, 상점 운영자, 은행원, 정육점 종사자 등과 같은 직업군에 유독 많이 종사한다. 이와는 대조적으로 소위 화이트 칼라 직종은 대부분 미국에서 태어난 사람들이 차지한다.

2000년 미국의 인구조사에 의하면 뉴욕에서 일하는 레스토랑 요리사 가운데 75퍼센트가 외국 태생인데, 그중 대다수는 멕시코, 중앙아메리카, 카리브해 연안, 남미, 중국, 구소련 출신이다. 2010년 조사에 의하면 뉴욕에 거주하면서 소규모 자영업을 하는 사람 중 거의 절반이 이민자였다. 그들 중 69퍼센트는 레스토랑을 운영했다. 오늘날 뉴욕에서 약 9,000명에 달하는 길거리 음식 판매상은 대부분 외국 태생인데, 모국어가 벵골어인 사람이 가장 많고, 그다음으로 광둥어, 풀라니어, 아랍어, 스페인어, 우

미국의 음식은 대략 40년을 주기로 변한다.
한때 '에스닉'이라고 여겨진 요리들은
무엇이 미국 음식인가를 다시 생각하게 만든다.

르두어, 월로프어, 스와힐리어 등이 뒤를 이었다.

1950년대 인구조사로 거슬러 올라가보면, 1924년에는 이민 규제법으로 이민자 수가 감소되있는데도 불구하고, 레스토랑 요리사의 64퍼센트가 외국 태생이었다. 이탈리아 출신이 가장 많았고 그다음은 그리스, 중국, 독일 순이었다. 20세기 중반까지 이탈리아인들은 뉴욕에서 1만 개가 넘는 식료품점과 거의 1,000개에 달하는 정육점, 1,000개가 넘는 식당을 운영했다. 역사학자 앤드루 스미스에 의하면 식료품점을 운영하는 이탈리아계 미국인들은 해산물, 아이스크림, 올리브유, 파르메산 치즈, 앤초비, 파스타, 커피 등을 미국에게 소개했다. 미국에서 음식에 '에스닉'이라는 표현을 사용하기 시작한 것도 이 무렵이었다.

1950년대 후반, 미국 언론과 사회 과학계에서 에스닉이라는 표현을 동시다발적으로 사용하기 시작했다. 당시에는 이 단어가 비교적 중립적인 용어로 여겨졌는데, 1980년대 후반에는 에스닉이 권력의 중심에서 밀려난 모든 집단의 문화를 온건하게 일컫는 말이 되었다.

지난 50년 동안 미국으로 건너온 이민자들, 특히 백인과 다른 외모를 한 이민자들은 '에스닉'한 사람으로 여겨졌다. 이들은 가까이에 있는 타자다. '외국인'이라고 하기엔 너무 가깝고, '우리'라고 하기에는 너무 멀다. 20세기 미국의 직관적인 분류법에 의하면, 에스닉한 이들은 외모와 말씨가 다르고, 낯선 음식을 먹는 사람들이다.

에스닉과 기업에 대해 이야기하는 학계 문헌 중 상당수는 경제와 정치 문제만을 언급한다. 마치 이민자들이 맛과 아름다움에 무관심한, 오직 정치적이고 경제적인 일들에만 관심을 둔 사람들이라는 듯. 맛에 관한 담론에서 외국인의 영향력을 무시하는 경향은 이민자들이 맛에 대해 말하기가 부족하다는 시각 때문인지도 모른다. 이러한 개념에서 보면 가난한 사람들은 우리에게 가난과 고통, 계급, 폭력 등을 가르쳐줄 수는 있어도 맛은 절대 가르쳐줄 수 없다는 논리가 성립된다. 어쩌면 이런 생각은 프랑스의 사회학자 피에르 부르디외가 말한 '압도적 지배'에 가까운 것인지도 모른다. 좋은 취향은 위에서 아래로만 흐르는 것처럼 인식된다는 것이다. 이렇게 되면 결과적으로 외국인들의 맛은 경쟁력과 역동성을 잃어버린다.

미국으로 온 이민자들과 아프리카계 미국인 모두 미국 음식 문화에 오랫동안 존재해왔지만, 학자들은 좀처럼 그들의 음식을 연구하지 않는다. 중국인들은 19세기 중반부터 식품 공급을 지배해왔음에도 미국에서 레스토랑을 설립하고 운영하는 그들을 다룬 책은 거의 없었다. 그러다가 21세기에 들어서 제니퍼 8. 리의 『포춘쿠키 연대기The Fortune Cookie Chronicles』가 나왔다. 기이할 정도로 뒤늦은 출간이었다.

떠도는 맛을 찾아서

맛은 돌아다닌다. 특히 감자, 고추, 향신료, 토마토 등과 커피, 차, 초콜릿 같은 기호 작물이 그렇다. 아프리카 출신 미국인 이민자들이 만든 미국 남부 요리는 말할 것도 없고, 피자, 파스타, 로메인, 케밥, 혹은 고급 프랑스 요리와 관련된 식품 사업을 통해서도 맛은 이동한다. 도시에 사는 젊은 전문직 종사자들은 입맛을 바꾸는 데 익숙해졌고, 그렇게 함으로써 이주민들에게 새로운 가능성을 열어주었다.

외국인들은 늘 음식을 만들고, 미국인은 늘 그것을 먹는다. 이 거래는 다른 나라에서는 보기 힘든 일종의 민주적 개방성이다. 하지만 여전히 의문은 남는다. 다른 민족의 음식을 먹는다고 해서 그들과 우호적인 관계가 생긴다고 할 수 있을까? 적어도 나는 델리와 뉴욕에 있을 때 그런 마음이었다. 하지만 많은 미국인들은 찹 수이를 즐겨 먹으면서도 중국계 이민자를 혐오하곤 한다. 미국 남부 음식을 좋아하는 사람들 역시 그 음식을 만든 아프리카계 미국인들에 대해서는 무관심하다.

다른 사람의 음식을 먹는다고 해서 그 사람에게 더욱 관대해진다고 말할 수는 없다. 하지만 타인의 음식을 혐오하고 무시하는 사람이라면 음식을 만든 사람에게도 마음을 닫으리라는 점은 보장할 수 있다. 오늘날 인도 사회가 소고기를 먹는 이들을 바라보는 시선을 보라. 힌두교 사회인 인도에서는 계급이 낮은 사람이나 아예 카스트 제도에 속하지 못한 사람, 혹은 이슬람교도나 기독교도들이 먹는 음식을 일상적으로 멸시하고 혐오한다.

2017년 버지니아주 샬러츠빌에서 백인 우월주의자들과 이들에 저항하는 사람들 사이에 벌어졌던 무력 충돌 이후, 이런 글을 썼다. "나는 백인들과의 기묘한 관계 때문에 백인을 증오한 적이 한 번도 없다. 그들은 자신들의 가계도와 역사와 혈통에, 성대하게 차려진 식탁에 얼마나 많은 흑인들이 있는지 전혀 모를 것이다. 만약 그들이 그들 식탁 너머 우리의 존재를 알고 있었다면 그토록 적나라하게 적개심을 드러내지는 못했을 것이다." 혐오감 때문에 다른 사람의 음식을 거부하는 것은 '외국인 혐오'의 하나다. 이렇게 생각하면 함께 먹고 자는 것이 인종과 계급에 따라 사람을 분리하고 차별하는 분리주의 정책에 가장 큰 도전이 되는 것도 당연한 일이다. ●

에스닉하지 않은
식당은
없다

폴 프리드먼
Paul Freedman
예일대학교 역사학과 교수

○

1964년 유명한 음식 비평가 크레이그 클레이본이 《뉴욕 타임스》 기사에서 샌프란시스코 요리에 관해 '에스닉'이라는 단어와 '레스토랑'이라는 단어를 나란히 사용했다. 이후 '에스닉 레스토랑'이라는 말은 미국 내에서 동아시아나 남미 음식을 제공하는 식당을 지칭하는 일반적인 표현이 되었다. 하지만 이러한 현상은 사실 클레이본이 기사에 언급한 것보다 훨씬 오래전부터 존재해 왔다.

19세기 이후 다양한 미국인들 혹은 특정한 인종으로 구분되지 않는 미국인들은 이민자 음식이 나오는 식당에서 식사를 했다. 오늘날 '에스닉'이라는 단어는 '정상' 요리로 여기는 음식과 대조되는 함축적 의미를 지니기 때문에 더 이상 총애를 받지 못한다. '외국'이라는 단어가 더 무해하다고 주장하는 이들도 있지만, 그 단어 역시 우리가 특정 음식이 어떤 음식과 대조된다는 사실을 인지하고 있음을 전제로 한다. 즉 외국의 음식이 아닌 '정상' 음식이 어떤 음식인지를 전제로 한 표현이다.

명백하게 합의된 국가 요리가 없는 미국에서는 여러 의문들이 생긴다. 미국의 음식은 남부의 딱딱한 빵이나 보스턴의 삶은 콩 요리처럼 거의 잊힌 지역 음식들을 망라한 것인가? 아니면 검보나 클램 차우더처럼 외국 전통에서 파생되어 살아남은 소수의 음식들을 말하는 것일까? 어쩌면 미국 밖에 사는 다수의 사람들이 생각하는 것처럼, 미국의 음식은 맥도날드와 KFC인지도 모른다. 내가 살펴보고 싶은 것은 미국 내에서 말하는 소위 '에스닉'한 음식의 독특한 인기와 그런 음식을 이국적으로 보이게 만드는 평범한 음식들이다.

오늘날 유럽 대도시에서는 다른 나라에서 들어온 수십 가지의 외국 요리를 먹지만 이는 꽤 최근 들어 생긴 흐름이다. 1965년,《미쉐린 가이드》파리 편에서는 약 250개의 레스토랑을 추천했는데 그중 93퍼센트가 프랑스 요리 전문점이었다. 열한 곳은 이탈리아 음식점이었고 두 곳은 중국 음식점이었다. 인도네시아 음식점과 동아시아, 북아프리카 음식점 각각 한 곳이었다. 그다지 놀랍거나 빈축을 살 만한 수치가 아니다. 1965년 프랑스는 프랑스 음식을 더 선호했다. 심지어 요즘 들어 피자, 햄버거, 샤와르마(납작한 빵에 타히니 소스와 채소, 고기 등을 넣어 만든 일종의 샌드위치―옮긴이), 버블티 등 다른 여러 유럽 국가의 음식들, 특히 지중해 연안 국가의 음식들이 세계적으로 널리 퍼졌지만 여전히 프랑스에는 외국 식당이 상대적으로 적은 편이다. 바르셀로나에 스시집이 흔해진 것도 21세기에 들어서면서부터였다. 그토록 거대한 식민 제국을 건설했음에도 불구하고 스페인은 남미, 모로코, 필리핀 등의 음식에는 관심이 거의 없었다.

반면 미국에서는 다른 나라의 요리를 제공하는 음식점의 인기가 이미 130년 전부터 잘 확립되어 있었다. 1893년《프랭크 레슬리스 파퓰러 먼슬리》에서는 뉴욕이 '런던에서 아침을 먹고, 베를린에서 점심을 먹고, 피리에서 정찬을 먹거나 빈에서 저녁을 먹는다'고 자랑했다. 그 기사는 가장 권위 있는 음식으로 파리가 우월할 수 있다고 인정하면서도 뉴욕은 다양성 면에서 타의 추종을 불허한다고 말했다.

특히 두 요리가 두드러진다. 바로 중국 요리와 이탈리아 요리다.

중국 레스토랑과 이탈리아 레스토랑

찹 수이 열풍이 시작된 것은 1896년, 이홍장 중국 특사가(신문에는 '총독'으로 묘사되었다) 미국에 왔을 때였다. 서로 상충되는 이야기들에 의하면, 이홍장의 요리사가 찹 수이를 미국에 처음 소개했다는 설도 있고, 반대로 뉴욕의 월도프 호텔에서 이홍장을 예우하기 위해 내놓은 요리라는 설도 있다.《뉴욕 저널》에는 '월도프에서 이홍장의 닭 요리 전문가가 내놓은 괴상한 음식'이라는 제목으로 닭의 내장을 잘게 다지고 채소를 넣은 요리인 프리카세 지블렛으로 찹 수이를 설명한 기사가 실렸다. 지블렛giblets은 닭 등의 내장을 의미하는데 '찹 수이'는 중국어 한자로 '잡쇄雜碎'이며 '내장'을 의미하는 광둥어와 비슷하기 때문에 지블렛이라는 표현을 사용한 것이 전혀 틀렸다고는 할 수 없다. 하지만 찹 수이는 고기, 달걀, 양배추, 기타 채소를 소스와 함께 볶아 밥과 함께 먹는 요리로, 이미 미국 내 차이나타운, 그중에서도 정통 중국식

이 아닌 음식을 파는 지역에 있던 음식이다.

하지만 1896년 초반, 찹 수이는 들불처럼 퍼져나갔고 찹 수이의 사촌 격인 차우멘도 급속도로 번졌다. 차우멘은 밥 대신 국수를 넣어 볶은 음식이다. 1903년, 뉴욕시 외곽의 차이나타운에는 100개가 넘는 찹 수이 전문점이 있었다. 특히 3번가와 8번가에 찹 수이 식당이 유독 많았다. 그 요리가 정통 중국 요리가 아니라는 소문이 무성했지만, 몇몇 까다로운 사람들을 제외하고는 아무도 그 정통성을 따지지 않았다.

중국 레스토랑과 마찬가지로 이탈리아 레스토랑도 이민자나 '에스닉'한 사람이 아닌 사람들이 등장하면서 주목받기 시작했다. 이탈리아 음식은 이탈리아 남부 지역과 시칠리아에서 온 대규모의 이민자들과 함께 들어왔다. 이후 찹 수이와 마찬가지로 이탈리아의 정통 음식과 막연하게 비슷해 보이는 미국식 이탈리아 요리들이 생겨났다. 미트볼이 들어간 스파게티나 치킨 파르메산 요리가 바로 그것이다. 도시의 '보헤미안'들은 이런 자연스럽고 근심 없어 보이는 분위기, 푸짐하고 저렴한 음식과 엄청난 양의 와인이 나오는 식당을 좋아했다.

1차 세계대전 이후에는 아늑한 분위기에서 탈피한 크고 화려한 분위기의 이탈리아 레스토랑들이 등장했다. 뉴욕의 그리니치빌리지나 샌프란시스코 노스비치 같은 곳에 등장한 레스토랑은 돌체 비타(근심 없는 호화로운 삶을 의미하는 이탈리아어—옮긴이) 느낌을 물씬 풍기는 세련된 분위기로 이탈리아인이 아닌 손님들을 매료시켰다. 지금은 문을 닫았지만 미국에서 가장 큰 레스토랑이었던 '맘마 리온'은 1906년 뉴욕 극장가에 '리온'이라는 이름으로 처음 문을 열었고, 1960년대부터 80년대까지 매일 밤

2,000명의 손님들이 이곳으로 저녁을 먹으러 갔다. 1970년대 들어 맘마 리온은 이탈리아식 전채 요리인 안티 파스토가 있는 일곱 가지 코스 요리와 고전미를 풍기는 조각상들, 매력적인 웨이터들을 내세워 뉴욕에 온 거의 모든 관광객들이 찾는 명소가 되었다.

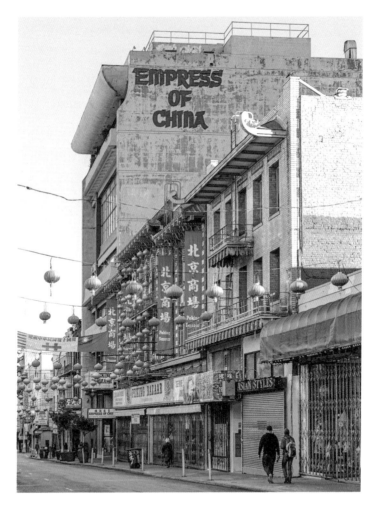

눈에 띄는 간판들이
이곳이 에스닉한 요리를
파는 지역임을 알려준다.

원래 나폴리 빈민들이 흔히 먹던 음식인 피자의 신분 상승은 미국이 이탈리아 요리를 얼마나 많이 흡수하고 변화시켰는지 잘 보여준다. 미국의 피자는 도우보다는 치즈, 토마토, 토핑에 더 관심이 많았고 찹 수이보다는 느렸지만 미국에서 큰 인기를 끌었다. 2차 세계대전 이후 피자는 미국 어디에서나 볼 수 있는 음식이 되었다. 찹 수이와 달리 그 인기도 시들지 않았다.

중국 음식과 이탈리아 음식의 사례에서 이민자가 아닌 대중이 외국 요리에 익숙해지는 과정을 볼 수 있다. 그 요리가 '미국 음식'이 되기 위해서는 일상 생활에 충분히 퍼지고 중요도도 커져야 한다. 미국의 요리 역사를 이야기할 때 이러한 음식 전통을 무시하는 것은 불가능하다. 이런 음식들은 여전히 '에스닉' 푸드로 분류되지만 미국에서 매우 친숙하며(오늘날 미국에는 4만여 개의 중국 레스토랑이 있다) 오늘날 우리가 이탈리아식 미국 레스토랑, 중국식 미국 레스토랑이라고 알고 있는 레스토랑은 이탈리아나 중국보다는 미국에 훨씬 더 가깝다.

프랑스 요리와 독일 요리: 규범적 명성과 동화

독일 음식은 에스닉한 음식으로 여기지 않는 조금 특이한 외국 음식이다. 식민지 시대와 건국 초기 시절, 독일 이민자들이 끊이지 않고 미국으로 왔다. 1848년 혁명에 실패한 이후 미국으로 온 독일인들은 영향력 있는 식품 기업을 세웠고, 라거 맥주와 계란 국수 같은 것들로 미국인의 관심을 끌었다. 독일인들은 펍과 야외에 테이블을 놓은 술집인 비어 가든을 차렸다. 두 곳 모두 안주가 중요한 곳이며 분위기가 가볍고 밝고 민주적인 태도가 중요시되는 술집이었다. 남자들이 아내와 아이들을 데려와 함께 음식을 먹을 수 있는 비어 가든은 사람들에게 신선한 충격을 주었고 이내 패밀리 레스토랑의 시초가 되었다.

모든 이민자 집단 가운데 독일인은 음식에 들어가는 재료들로 늘 농담의 대상이 되곤 했다. '개들doggies을 갈아 뜨거운 기계에 넣다니, 어쩜 그렇게 잔인할 수 있지?(핫도그에 들어가는 소시지의 모양이 개의 한 품종인 닥스훈트와 비슷해서 닥스훈트 소시지라는 별명이 생겼고, 이 소시지를 본 미국의 한 만화가가 핫 도그hot dog로 표기하면서 핫도그로 불리게 되었다—옮긴이)' 당시 유행했던 코미디 대사에도 그런 분위기가 잘 드러난다. 하지만 이런 조롱은 그다지 소득이 없었다. 독일 음식은 미국에 쉽게 수용되었을 뿐 아니라 일부 품목은 아예 미국 음식으로 여길 만큼 큰 인기를 끌었다. 프랑크푸르트 소시지, 햄버거, 감자 샐러드, 헤드 치즈(돼지나 소의 머리와 발을 고아 젤리처럼 만든 식품—옮긴이), 도넛 등은 원래 독일 음식이라는 사실이 거의 잊힐 정도가 되었는데 이는 참 수이나 타코, 피자 등에서는 볼 수 없던 현상이다. 독일 음식은 눈에 보이지 않게 잘 흡수되었다. 독일 식당에 남은 것은 독일식 이름이 붙은 메뉴나 독일식 장식처럼 결연한 독일 분위기뿐이다.

수백 년 동안 전 세계적으로 고급 식사의 기준이 된 프랑스 요리는 단 한 번도 에스닉 요리가 된 적이 없다. 미국에서 가장 먼저 유명해진 프랑스 레스토랑은 '델모니코'로, 1831년 스위스의 이탈리아어 사용 지역 출신의 두 형제가 로어 맨해튼에 차렸다. 1840년에는 프랑스 출신은 아니지만 프랑스에서 요리를 배운 이탈리아인 앙투안 알셔토르가 뉴올리언스에 대형 레스토랑을 열었으며 이 레스토랑은 현재도 영업 중이다. 앙투안 레스토랑은 오늘날에는 전형적인 크리올 요리를 하는 곳으로 알려져 있지만, 거의 100년 이상 스스로를 프랑스 레스토랑이라고 지칭했다. 사실 꽤 최근까지도 가재나 잠발라야 같은 음식은 메뉴에 없었다.

델모니코 레스토랑과 앙투안 레스토랑이 문을 연 이후 1980년대까지 미국에서 권위 있다고 하는 레스토랑은 모두 프랑스 레스토랑이었다.

1964년 《뉴욕 타임스》에 처음으로 레스토랑 가이드가 실렸는데, 여기에서 크레이그 클레이본은 뉴욕의 레스토랑 여덟 곳에 별 세 개를 주었다. 그중 일곱 곳이 프랑스 레스토랑이었다. 1972년 개정판에서는 별점 3점이 최고점이던 것을 4점으로 올렸고 최고의 레스토랑으로 뽑힌 일곱 곳 중 네 곳이 프랑스 레스토랑이었다. 4년 뒤 시모어 브리치키가 선정한 레스토랑에서 별점 4점을 받은 레스토랑 네 곳은 모두 프랑스 레스토랑이었다.

그렇다면 어떤 레스토랑이 '에스닉'한 레스토랑인가? 1938년 《뉴요커》 표지에 여덟 개의 에스닉 레스토랑 그림이 실렸다. 일본, 터키, 스칸디나비아, 러시아, 독일, 중국, 유대교, 이탈리아 레스토랑이었다. 그리고 왼쪽에는 각 레스토랑의 메뉴가 적혀 있었다. 전형적인 메뉴들도 있었지만 잘 알려지지 않은 메뉴들도 의외로 많았다. 여기서 빠진 것은 프랑스 요리인데, 이는 프랑스 요리가 단순히 '미국 요리'라는 모호한 개념을 넘어 명성의 사다리 맨 밑바닥에 존재하는 에스닉 요리와는 정반대의 범주로 간주되었기 때문이다.

프랑스 음식은 출세 지향적 요리였다. 19세기 미국의 신흥

도시에서 활동하던 기업인들은 값비싼 레스토랑과 오페라 하우스를 열어 부와 교양을 과시했다. 1880년대 애리조나주의 툼스톤에는 프랑스 요리를 뒤죽박죽 섞은 메뉴를 제공하는 레스토랑들이 있었다. 가령 '크로켓 드 보이알레 오 아스파라거스 포인츠'나 '볼로방 데 위트르, 아 라 메릴랜드' 이런 식이었다. 프랑스 요리가 알려지지 않은 지역에서도 프랑스 요리는 매우 비쌌고, 값비싼 재료들을 사막으로 공수해야 하는 수고까지 더해진다면 더욱 비싸졌다.

바로 여기에 문제가 있다. 프랑스 음식을 에스닉한 요리로 여기지 않는 이유 중 하나는 가격이었다. 에스닉 레스토랑은 저렴해야 하며 그것이 에스닉 레스토랑의 고풍스러운 매력 중 일부라는 통념이 있다. 지난 30년 동안 일본과 이탈리아 레스토랑을 필두로 에스닉 식당의 가격 상한선이 깨졌지만 이것은 에스닉을 포기해서가 아니라 지역적 분류나(베네치아, 로마) 전통적 유형(가이세키 혹은 오마카세)으로 보다 섬세하게 분류해서 규정했기 때

도시의 보헤미안들 덕분에
이탈리아 요리는 미국 음식에
매끄럽게 동화되었다.

218

문에 생긴 결과다. 이런 식당들은 고급 식당으로 인식되면서 에스닉이라는 수식어가 소멸했다. 중국 레스토랑은 이탈리아 레스토랑에 비해 여전히 더욱 에스닉하다. 이탈리아 음식이 저렴한 음식과 값비싼 음식 모두로 명성을 얻었기 때문이다. 하지만 1990년대 이전만 해도 이탈리아 식당은 중국 음식점보다 더했으면 더했지 결코 덜하지 않은 에스닉 레스토랑이었다. 중국 음식과 태국 음식의 예를 들자면, 이들 음식점도 쓰촨 레스토랑과 이산 레스토랑처럼 지역화되었지만 미국인은 이들 요리에 비싼 값을 지불하는 것에 거부감을 느낀다.

프랑스 고급 요리의 권위는 오랫동안 굳건했다. 프랑스 요리가 고급 음식의 기준이었고 고급 요리가 무엇인지 결정했다. 그러다가 지난 30년 동안 그 권위가 서서히 쇠락하기 시작했다. 그것은 최근 최고급 요리계의 가장 눈에 띄는 발전이었다. 프랑스 요리가 쇠퇴하면서 다양한 요리의 장이 열린 것이다.

한편 문화를 초월한 음식이 있는 레스토랑들은 너무 유행을 타고 너무 비싸서 에스닉 레스토랑과 같은 분류로 묶을 수 없다.

보헤미안과 이국적인 지식인

향수병을 앓는 이민자들을 위해 생긴 레스토랑에 주류 미국인들이 찾아오자 이민자들은 그들을 정겨운 표현 혹은 조롱하는 표현으로 '보헤미안'이라고 불렀다. 여기에서 말하는 보헤미안은 파리의 가난한 예술가가 아니라 '여피족', 더 최근에는 '힙스터'라고 불리는 무리를 일컫는다. 이들은 주로 고소득자고, 도시에 살며,

결혼을 하지 않는다. 그리고 부르주아적인 열망, 즉 자녀를 두고, 교외에 집이 있고, 교회에 다니고, 골프장에 다니는 그런 열망을 무시하는 이들이다. 이 무리에는 언론인, 출판업자, 디자이너, 기타 창의적이면서도 수익이 높은 직종에 근무하며 관습에 얽매이지 않지만 그렇다고 딱히 반항적이지도 않은 이들이 포함되어 있다. 또한 부모님이 모두 미국에서 태어났거나 영국에서 태어나 미국으로 이민 온 기독교를 신봉하는 백인들도 포함되어 있다. 하지만 아시아계 미국인과 히스패닉계 미국인, 남유럽이나 동유럽에서 온 이민자들은 여전히 '에스닉'이었다.

보헤미안들은 프랑스 요리를 내오는 엘리트 레스토랑의 딱딱한 분위기도, 노동자 카페의 칙칙한 분위기와 질 낮은 음식도 모두 싫어했기에 고풍스러운 분위기의 레스토랑을 찾아다녔다.

미국에서
흔히 볼 수 있는
이탈리아 요리.

19세기 말, 이 중간 지대를 메워줄 레스토랑들이 부상했다. 간이 식당, 소다수 판매점, 카페테리아, 커피숍, 찻집, 자판기로 음식을 파는 식당 등이 직장인과 쇼핑객, 지나치게 값비싸거나 지나치게 저렴한 양극단의 식당을 좋아하지 않는 중산층에게 음식을 팔았다. 에스닉 레스토랑들 역시 이 중간 부류에 속했지만 매력적인 이국 음식과 고풍스러운 분위기도 제공했다.

보헤미안들은 요즘 말로 '얼리 어답터'에 속하는 이들이다. 클래런스 E. 에드워즈는 1914년 저서 『보헤미안 샌프란시스코 Bohemian San Francisco』에서 제목과 달리 레스토랑에 대해서만 다뤘다. 이 책에서 그는 1906년 대지진으로 파괴되기 전의 도시를 회상하며 이탈리아 레스토랑들이 '훌륭한 요리와 관습의 부재, 비싸지 않은 저녁 식사로 보헤미안 정신을 보여주었다'고 언급했다. 에드워즈는 한때 보헤미안에게 즐거움을 선사했던 레스토랑들이 호텔 가이드가 보낸 관광객들의 수입으로 연명하게 된 현실을 안타까워한다. 그 무명의 에스닉 레스토랑들은 한때 전문가들만 알던 장소였다가 속물들에 의해 알려지면서 지금은 그저 상징적인 곳으로만 남아 있다.

20세기에는 이민자 집단과 그들의 요리가 뉴욕 곳곳에 모자이크처럼 자리 잡게 되면서 새로운 종류의 외국 레스토랑이 1920년부터 1970년대 사이에 들어오기 시작했다. 이들은 이전 세대 이민자들과 마찬가지로 자신들의 정체성과 타협을 해야 했다. 사회학자 크리슈넨두 레이 박사는 인도 레스토랑이 1930년대부터 가이드북에 '터키(파시 교도)' 스타일 레스토랑으로 분류되었던 것을 언급한다. 다음은 가이드북에 나온 내용이다.

식당 위층에 올라가면 적당한 크기의 라자(인도 귀족이나 고승이 착용했던 옷—옮긴이)를 입은 사람들을 볼 수 있다. 그다지 위생적으로는 보이지 않는다. 하지만 위생 관념이 유난스럽게 까다로운 사람이라면 애초에 터키 식당에 가지 않았을 것이다. 일단 음식은 한번 맛봄직하다.

타블 도트(요리의 종류와 순서가 정해진 대로 나오는 코스 요리—옮긴이)는 채소로 만든 레몬색 음료인 타마린드가 전채로 나온다. 그다음에는 전형적이긴 하지만 촉촉한 전통 수프가 나온다. 그리고 본격적인 터키 식사가 차려진다. 양고기와 닭고기, 소고기 카레 중 하나를 골라야 하는데, 아! 어찌나 불같이 맵던지! 이후에는 기묘하게 생긴 음식들을 보는 재미가 있을 것이다. 그리고 놀랍게도 샤이크(아랍권의 가장이나 족장을 의미하는 말—옮긴이)라고 해서 모두가 염소수염에 백마를 타고 칼을 휘두르지는 않는다는 사실을 알게 될 것이다.

결국 나중에는 이 식당이 인도 식당으로 분류되긴 했지만 또 다른 많은 식당들은 타마린드가 뭔지도 모르는 외부인들로 골치를 썩었을 것이다. 1948년 로버트 다나는 가이드북 『뉴욕의 맛집Where to eat in New York』에서 타마린드를 이렇게 설명한다. "타마린드는 석류즙으로…… 인도 강가에서 자라는 타마린드 뿌리를 끓여서 만든 달콤한 음료다."

타마린드 같은 것을 알고 있다는 사실만으로도 어느 정도 지식을 뽐낼 수는 있지만 과거의 어설픈 허세는 오늘날 코믹한 무식함으로 보일 뿐이다(위 글에서 타마린드를 레몬색 음료라고 소개했지만 타마린드는 카레와 각종 소스 등에 들어가기도 하고 음료로 만들기도 하는 새콤하고 톡 쏘는 맛의 콩과의 열매다—옮긴이). 1970년대에는 모든 사람이 찹 수이가 진정성이 없다며 거부했지만, 미국식 중화 요리인 제너럴 초스 치킨은 중국의 지역 요리 열풍에 편승했다. 그리고 이 요리 역시 점차 위신을 잃고 농담거리가 되었다.

어떤 요리는 외면당한 채 인정받지 못하다가(가령, 오직 외국에서만 맛볼 수 있던 그 나라 전통 음식) 미국에 와서 주요 요리가 되는 경우도 있는데 가장 극적인 사례가 스시다. 19세기, 고기를 사랑하고 날생선을 혐오하던 서양인의 입맛을 잘 알고 있던 일본인들은 일본 내 미국인들에게 팔기 위해 고기와 함께 나오는 스시를 만들었다. 한 신문 칼럼니스트는 미국 내 일본 식당을 찾는 미국인 손님들에게 스키야키, 데리야키, 덴푸라를 먹고 날생선은 일본인들을 위해 남겨두라고 권고했다. 1934년, 《로스앤젤레스 타임스》의 한 기사에서는 백인 미국인이 일본 레스토랑에서 자주 보이는데 이 레스토랑에서는 스시도 먹을 수 있지만 '스키야키가 가장 맛있는 음식'이라고 썼다. 1958년, 《로스앤젤레스 타임스》의 한 유명한 칼럼니스트는 스시가 언젠가 프랑크푸르트 소시지를 대체할 것이라는 생각에 이의를 제기하는 글을 실었다. '최고의 예의를 갖춰, 나는 핫도그를 먹을 것이다.'

1990년대까지 스시는 미국인이 선택한 주류 음식이었을 뿐아니라 10대들이 가장 좋아하는 음식으로, 음식에 까다롭지 않은 사람과 까다로운 사람 모두에게 매력적인 음식으로 인식되었다. 이민자 식당의 주인

크리슈넨두 레이의 저서 『에스닉 레스토랑 경영자The Ethnic Restaurateur』에서는 외국 식당의 주인들을 살펴보고 있다. 책이자 다큐멘터리인 『제너럴 초를 찾아서The Search for General Tso』

와 더불어 그의 시선으로 본 이민자 레스토랑에 관한 글에서 우리는 음식이 미국인의 입맛에 어떻게 변화해가는지, 그리고 요리사들이 해석과 번역 사이의 긴장감 속에서 어떻게 자신의 요리를 친숙한 것으로 만들어가는지 알 수 있다. 미국인들은 내장육을 좋아하지 않기에 선택한 부위의 고기만으로 요리가 만들어진다. 미국인들은 단맛을 좋아하기에 원래는 단맛과 신맛이 섞여 있던 것도 단맛만 남게 된다.

브루클린의 레드훅 인근에서 중앙아메리카 음식을 파는 푸드 트럭 중 몇몇은 엘살바도르 음식 '푸푸사(두꺼운 반죽을 부쳐 고기를 싸 먹는 요리―옮긴이)'에 채소를 더하기도 한다. 한 상인은 인터뷰에서 이렇게 말했다. "그게 블랑키토스(백인들)가 원하는 거니까요." 레드훅이 빈곤하고 고립된 지역이던 시절, 수십 년 동안 여성들은 친구와 친지들이 축구 경기를 벌이던 운동장 가장자리에서 음식을 준비했다. 그러다가 레드훅에 이케아가 들어서더니 맨해튼을 오가는 페리가 생겼다. 고객층이 달라졌고 그에 맞춰 음식도 달라졌다.

문화 비평가들은 에스닉 레스토랑에서 식사를 하는 습관이 다양성에 개방된 칭찬받을 만한 태도인지 아니면 문화 제국주의의 사악한 한 형태인지를 두고 논쟁을 벌인다. 이러한 양극단의 논의 중 한쪽 극단의 입장은 서맨사 바바스가 쓴 『대중문화 저널Journal of Popular Culture』에서 '나는 참 수이를 먹을 것이다'라는 제목의 글과 같다. 바바스는 에스닉 레스토랑에서 식사를 하는 것이 미국인의 입맛과 식습관을 확대시켜 문화적 태도를 개선시켜주었다고 주장하면서도 오랫동안 뿌리박힌 인종 편견을 극복하는 데는 한계가 있다는 점을 인정한다. 대다수의 전문가들은 에스닉 푸드를 먹는 것이 이민자나 외국인 소수자를 향해 호의적인 태도를 보여주는 행위가 아니라 문화적 전용과 종속을 실천하는 '타자화'의 한 모습이라는 사실에 충격을 받은 듯 보인다. 익숙하지 않은 곳에서 식사를 하는 것이 도덕적 행위가 되는가 그렇지 않은가에 관한 문제는 흥미롭다. 관광을 통해서든 유학을 통해서든 혹은 외국 식당에서 밥을 먹든 일단 다른 문화에 대한 학습된 경험은 좋은 효과를 주는 경우가 거의 드물기 때문이다. 칸쿤에서 신혼여행을 하거나 멕시코 식당에서 밥을 먹는다고 해서 그 사람의 멕시코 이민자에 대한 부정적인 관점이 바뀌는 것은 아니기 때문이다.

여전히 '평범한' 미국 음식은 무엇인가, 라는 질문이 남는다. 최근 수십 년간 '뉴 아메리칸' 운동(1980년대부터 미국의 고급 레스토랑에서 고급 식재료를 사용해 미국 전통 요리에 다국적 요리를 혼합해 만든 요리를 뉴 아메리칸 퀴진이라고 부르며 이를 주창하는 운동—옮긴이)과 '농장에서 식탁까지' 운동은 미국 음식의 전통에 대한 관심을 다시 불러일으켰고 분명 더 신선하고 질 좋은 식재료를 활용할 수 있게 해주었다. 그런 곳의 요리들은 에스닉 레스토랑의 절충주의를 어느 정도는 모방한다. 뉴 아메리칸 요리를 선보이는 레스토랑에서는 식재료도 그대로 받아들였을 뿐 아니라 다른 지역 요리의 다양성과 모방성까지도 흡수해 어리둥절할 정도로 다양한 외국 음식들을 내놓고 있다. 미국 요리의 배경에 대한 합의는 없다. 미국 요리는 과거 전 세계에서 최고급 요리로 통하던 프랑스 요리도 아니고 20세기 중반의 젤로(과일맛의 젤리) 샐러드나 참치 캐서롤 같은 요리도 아니다. 미국 음식의 정체성은 좋든 나쁘든 다양성과 절충성에 있다. ●

고수는
어디에나
있다

애럴린 보모트
Aralyn Beaumont
MAD 부편집장

○

어떤 이들은 고수 특유의 냄새에 거부감을 갖기도 하지만 인류는 고수와 공생하며 깊은 관계를 맺어왔다. 고수는 다재다능하며 어느 곳에서나 음식을 빛나게 하고 돋보이게 한다. 수프나 찐 생선은 물론, 바비큐 치킨 피자에도 어울린다. 샐러드와 함께 먹을 처트니나 다진 고기에 섞기도 하고, 뿌리를 갈아 카레에 향을 내기도 한다. 고수 씨앗을 말리고 구워서 피클 저장액에 넣기도 한다.

고수의 잎과 줄기는 시트러스 향과 매운 향, 풀 향이 나서 음식에 활력을 북돋아준다. 세비체처럼 톡 쏘는 맛과 산성이 강한 음식은 맛을 중화시키고, 푹 삶은 고기나 맛이 풍부한 육류 요리에는 신선함을 더한다.

고수는 지중해 연안과 중동 지역에서 자라기 시작했으며, 이후 아프리카와 인도, 그다음 중국과 동남아시아로 이동했다. 아메리카에 전파한 것은 포르투갈과 스페인 상인들이었다. 고수는 이동한 곳마다 그 지역 요리를 발전시키는 이주 식물이다. ●

고수는 음식의 열기나 건조한 공기에
맛이 쉽게 변하기 때문에
보통 음식을 내기 직전에 뿌린다.

227

우리가
원하는 건
좋은 이야기다

루크 차이
Luke Tsai
음식 평론가, 편집자

○

나의 사촌이 이런 말을 한 적이 있다. 보스턴이 피자로 유명하다 던데 그 말이 사실이냐고. 뉴잉글랜드에 살던 나로서는 처음 듣는 말이었다. 처음에 나는 캐나다 사람인 사촌이 뭔가 착각한 것이라고 생각했다. 어떤 면에서는 내 생각이 맞기도 하고 틀리기도 했다. 알고 보니 캐나다 앨버타주에 '보스턴 피자'라는 대형 프랜차이즈 식당이 있었다. 다만 보스턴 피자라는 이름과 달리 이 식당은 미국과 아무 관련이 없었다.

물론 식당이나 요리의 이름이 반드시 음식에 대한 믿음직스러운 정보를 담고 있을 필요는 없다. 사실 이름이란 일종의 이야기 같은 것인데, 그 이야기는 우리가 먹는 음식의 기원을 모호하게 하기도 하고, 제대로 알려주기도 한다.

보스턴 피자에 얽힌 진짜 이야기는 이렇다. 1964년 그리스 이민자 거스 아지오리티스가 캐나다 에드먼턴에 최초의 '보스턴 피자'를 열었다. 그가 식당 이름을 그렇게 지은 이유는 당시 천재 아이스하키 선수로 이름을 날리던 바비 오르가 미국의 프로 팀인

보스턴 브루인스 소속이었기 때문이다. 아이스하키 팬이었던 데다, 자신의 식당에 미국적인 느낌을 주고 싶었던 아지오리티스에게 '보스턴'은 여러모로 적당해 보였다. 수많은 캐나다 아이들이 보스턴을 피자의 고장으로 믿으며 자란다는 사실은 그가 의도하지 않은 결과였다.

이름의 기원이 미심쩍은 음식들은 이른바 에스닉 요리라 불리는 경우가 많다. 예를 들어 크랩 랑군을 생각해보자. 이 음식은 가짜 폴리네시아식 티키바(이국적인 분위기의 칵테일 바─옮긴이)나 미국식 중화요리를 파는 식당에서 주로 포장용으로 판매하는 음식이다. 1900년대 중반, 나무 의족을 착용한 트레이더 빅의 창업자 빅 버거론은 크림치즈와 가짜 게살을 넣은 튀김 만두를 팔기 시작했다. 미얀마의 옛 수도 이름이었던 랑군(현재는 양곤)을 사용한 것은, 크랩 랑군과 미얀마 음식이 어쨌거나 다소 비슷하기 때문인 것 같다. 하지만 대다수 증거들은 크랩 랑군이 버거론의 창작물이었다는 사실을 가리키고 있다. 티키바의 모든 것들, 즉 하와이 요리인 푸푸와 형형색색의 럼주, 하와이 분위기를 흉내 낸 값싼 장식 등과 마찬가지로, '랑군'이라는 단어는 열대 지방의 분위기를 물씬 풍긴다.

어디에서나 볼 수 있는 중국식 치킨 샐러드 이야기도 빼놓을 수 없다. 중국식 치킨 샐러드는 애플비 식당이나 요리사 볼프 강퍽이 설립한 레스토랑, 서부 해안의 유대인 음식점 등 수많은 장소에서 볼 수 있다. 이 샐러드 메뉴는 주로 미스터 마오나 아시안 참참 같은 이국적인 이름으로 되어 있는데, 참 수이가 유행하고 오리엔탈리즘이 만연했던 시절로 되돌아간 듯한 느낌을 준다. 2017년 《뉴욕 타임스》의 기자 보니 추이는 이런 기사를 썼다.

"미국 레스토랑에서 파는 중국식 치킨 샐러드는 그저 다양성을 선보이기 위해 메뉴판에 적혀 있다. 아시아계 미국인들에게 이 음식은 어처구니없을 뿐이다."

이 요리를 만든 요리사 중에는 세실리아 장도 있다. 중국 북부의 고급 요리를 선보이던 세실리아 장은 60년대 초반 샌프란시스코에서 운영하던 만다린 식당에서 간단한 치킨 샐러드를 만들기 시작했다. 만다린의 대표 메뉴인 상추에 싼 다진 닭고기 요리를 하고 남은 재료를 활용하기 위해 고안한 요리였다. 장은 구운 닭고기에 말린 겨자와 다섯 가지 향신료, 향이 없는 기름을 섞어 만든 드레싱을 곁들이고 그 위에 신선한 고수와 으깬 견과류를 올렸다.

"나중에는 사람들이 제 샐러드를 따라 했어요. 제 샐러드에 이것저것 다 넣어버렸지요." 장이 말했다. 전형적인 중국 치킨 샐러드에는 통조림 귤과 튀긴 만두가 들어간다. 스탠퍼드 대학의 언어학 교수 댄 주래프스키는 『음식의 언어The Language of Food』에서 특이할 것 없는 음식의 이름에 대한 매혹적이고 우회적인 역사에 관해 썼다. 주래프스키는 프렌치프라이(프랑스어를 하는 벨기에 사람이 만들었다)든 햄버거(독일의 지명 함부르크에서 이름을 따왔다)든, 요리의 이름으로 언급되는 나라나 지역은 해당 음식의 역사에 '어느 정도'는 영향을 미친다고 말한다. 예를 들면 '터키'라는 영어 이름을 가진 칠면조는 동물학적인 기원도, 요리의 유래도 모두 멕시코에 있다. 터키라는 이름이 붙은 이유는 영국 상인들이 칠면조를 생김새가 비슷한 아프리카 뿔닭과 착각했기 때문이다. 그런데 그들이 뿔닭을 처음 구매했던 곳이 바로 터키였다.

남아프리카 케이프타운에 있는 개츠비 샌드위치는 1970년대 어느 식당 주인이 비번인 노동자들을 위해 당장 손에 있던 재료로 급하게 만들어준 샌드위치로 알려져 있다. 이 거대한 샌드위치에는 볼로냐 소시지, 감자튀김, 짠맛을 내는 조미료인 에이카 등이 듬뿍 들어가는데, 영화관에서 〈위대한 개츠비〉를 막 관람하고 나온 어느 노동자가 그 푸짐함에 흡족해 하며 이 샌드위치를 '다 때려 넣은 개츠비'라고 불렀다. 이 샌드위치는 그렇게 이름이 정해졌다. '스파게티 알라 까르보나라'는 이탈리아어로 '석탄 노동자의 스파게티'라는 뜻이다. 이 스파게티는 이탈리아의

스파게티 알라 까르보나라(석탄 노동자
스파게티라는 의미)는 석탄 노동자나
그 요리에 담긴 일화가 거의 알려져 있지 않다.

아브루초 광부들이 먹기 시작해 2차 세계대전 기간에 베이컨과 달걀 요리를 즐기던 미국 병사들에게 전해졌다고 알려진다. 중국에는 일명 '거지 닭'이라고 불리는 진흙으로 감싼 닭 요리가 있다. 오래전, 한 거지가 닭을 훔쳤는데, 요리할 냄비가 없어 연잎으로 닭을 감싼 뒤 진흙에 넣고 구운 데서 유래한 음식이다. 마파두부 혹은 '얼굴이 얽은 노인의 두부'는 중국 청두 지역의 한 식당 주인에게서 유래한 이름이다. 이름에서 추측할 수 있듯 그 주인의 얼굴에는 얽은 자국이 있었다.

마파두부는 얼굴에 얽은 자국이 있는
이름이 알려지지 않은 노인이
발명해서 그런 이름이 생겼다.

요리 이름의 유래에 관한 이야기들 중 상당수는 믿을 만한 역사적 사실을 토대로 하고 있지만 완전히 잘못 알려진 경우도 있다. 이탈리아의 파스타 요리 중 하나인 푸타네스카는 '매춘부의 파스타'라고 알려져 있다. 매춘부들이 일을 하다가 짬이 날 때 빠르게 먹을 수 있는 맛있는 음식이었기 때문에 그런 이름이 붙여졌다고 말이다. 그러나 또 다른 이야기도 있다. 어느 요리사가 토마토와 올리브, 케이퍼 찌꺼기를 넣어 파스타를 만든 다음 찌꺼기를 의미하는 '푸타나타'라는 이름을 붙였다는 것이다. 이 이야기가 맞다면 푸타네스카는 성 노동자와는 아무 상관이 없다.

전 세계 모든 사람들이 이런 창의적인 생각을 하고 있다는 사실은 전혀 놀라운 일이 아니다. 우리는 우리가 먹는 음식이 어딘가에서 유래되었기를 바란다. 요리에 얽힌 이야기를 식탁에 앉아 하고 싶어 한다. 음식을 파는 이들은 이 사실을 잘 알고 있기에 우리가 원하는 이야기를 제공한다.

사실 음식의 이름에 얽힌 이야기 중 상당수는 마케팅과 관련이 있다. 언어학자 주래프스키는 오래된 식당의 메뉴들을 검토하다가 미국의 고급 레스토랑들은 음식의 이름에 무작위로 프랑스 단어를 넣곤 한다는 사실을 알게 되었다. 가령, '르 게살 칵테일le crabmeat cocktail'이나 '가자미 쉬르 르 플라flounder sur le plat' 같은 이름은 고급스러운 느낌을 준다.

너그럽게 보자면, 이런 장치들은 그저 음식을 사람들에게 알리는 방식의 하나다. 하지만 음식의 이름에 대한 터무니없는 사례들 중에는 정체성을 부정하는 것들도 있다. 가장 흥미로운 사례는 몽골식 바비큐다. 대부분의 서양인들은 직접 고른 고기와 채소를 숯불에서 즉석으로 볶아주는 뷔페 식당에 친숙하다. 종종 이런 식당에는 칭기즈 칸의 초상화가 장식되어 있다. 몽골 음식의 역사를 설명해주기도 한다. 예를 들어 캘리포니아 북부에는 카누나스 몽골 BBQ라는 이름의 식당이 있는데, 이 식당의 웹 사이트에는 이런 말이 있다. '전설에 의하면 사냥을 마친 칭기즈 칸과 몽골의 용사들은 성대한 잔치를 열었다고 합니다. 용사들은 칼로 고기를 자르고 채소들을 조각낸 뒤 향신료를 준비했습니다. 그리고 뜨거운 모닥불 위에 방패를 뒤집어 놓고 그 위에 준비한 재료들을 구워 먹었습니다.'

물론 저 이야기는 모두 거짓이다. 중국과 중앙아시아를 연구하는 모리스 로사비 박사는 몽골에서 바비큐의 역사를 찾아보기 힘들다고 말한다. 더구나 고기와 채소를 한꺼번에 요리하는 경우는 없다는 것이다. 몽골의 용사들이 전쟁터에서 동물을 도살했다거나 무기를 요리 도구로 사용했다는 이야기에는 아무런 증거가 없다.

몽골식 바비큐에 담긴 진짜 역사는 훨씬 더 평범하다. 타이베이에서 유배 생활을 하던 중국의 유명한 코미디언 우차오난이 최초의 몽골식 바비큐 식당을 차렸다는 설이 가장 설득력 있다. 2013년, 대만의 한 뉴스 프로그램에서 우차오난은 자신이 생각했던 그릴 요리의 이름은 '베이징 바비큐'였지만 당시 중국 지명을 직접 언급하는 일이 부담스러웠다고 털어놓았다. 그래서 그는 '몽골식 바비큐'라는 새로운 이름을 붙였다. 이 식당은 크게 인기를 얻었다. 그러나 옛 몽골 사람들이 야만적이고 교양 없었다는 고정 관념이 반영된 이 식당의 이야기는 몽골 문화를 제대로 알리는 데 별반 도움이 되지 않았다.

앵크투굴두르 수크바타르는 미국 내에서 드물게 진짜 몽골식 요리를 하는 '토기스 몽골리안 퀴진'을 운영한다. 2016년에 내가 앞서 언급한 몽골 바비큐 식당에 관한 기사를 썼을 때, 그는 내게 이런 말을 했다. "별로 화가 나지는 않아요. 하지만 그런 식당 중 진짜 몽골 요리를 하는 곳은 거의 없지요." 그는 자신의 식당에서 육즙이 풍부한 만두 부즈, 손으로 반죽을 뜯어 만드는 볶음 국수 초이반 등을 선보인다.

2017년 봄, 어느 주말 수크바타르는 지역 몽골인 사회 사람들을 초대해 귀한 대접을 했다. 그가 준비한 요리는 허르헉으로 몽골의 전통적인 잔치 음식이다. 커다란 냄비에 양고기를 잘라 넣고 뜨겁게 달군 돌을 넣은 다음(요즘은 압력솥을 사용하는 경우도 많다) 익힌다. 한두 시간 정도 지나면 뼈와 살이 잘 분리될 정도로 살이 부드럽게 익는데 수크바타르에 의하면 이때 나온 육즙과 지방은 일종의 소스 역할을 한다. 미국에서 허르헉을 파는 식당은 몇 군데 되지 않는다. 이 요리가 인기가 있었다면 이 음식을 하는 식당이 더 많아지지 않았을까? 만약 이 요리가 새로운 몽골식 바비큐가 되었다면 이 음식을 하는 곳이 더 많아졌을까?

음식에 얽힌 이야기로 밥벌이를 하는 사람으로서, 나는 사람들이 음식의 이름에 엄밀한 역사를 담지 않는 경향을 이해할 수 있다. 그렇게 해서 그 음식에 담긴 이야기를 찾는 것은 나의 몫이다. 하나의 음식은 언제나 재료들의 합 그 이상이고, 그저 '맛있다' 혹은 '맛없다'로 판단할 수만은 없는 이야기를 담고 있다. 그 이야기는 '나무 위를 오르는 개미'처럼 엉뚱한 상상력을 불러일으킬 수도 있고, 닭고기 달걀 덮밥에 '부모 자식 덮밥'이라는 이름을 붙인 오야코동 같은 사악한 경우도 있다.

이런 요리들은 우리에게 어떤 이야기를 전해준다. 우리는 모든 음식이 어딘가에서 와서 우리에게 도달한 것처럼 느껴지길 원한다. 근사한 점은 모든 음식이 정말 그렇다는 사실이다. 음식의 겉모습 아래 담긴 이야기가 궁금한가? 그렇다면 조금 찾아보면 된다. 가끔은 그저 물어보기만 해도 좋을 것이다. ●

일본 밖에도 간장은 있다

데이비드 질버
David Zilber
레스토랑 노마 수 셰프

○

어떤 식재료가 본래 고향이 아닌 다른 나라의 색을 입고 있는 경우는 수없이 많다. 태어난 나라와 적응한 나라가 너무 비슷해서 역사를 잃어버리는 경우도 더러 있다.

메소아메리카의 토마토가 없었더라면 이탈리아의 요리가 어떠했을지 생각해보라. 혹은 유라시아의 양이 없는 뉴질랜드 요리는 어떤가? 안데스 감자가 없는 아일랜드 요리는?

이 이야기는 특별히 맛있는 어떤 재료에 관한 이야기다. 전 세계 각지에 두루 적응하면서 사람들에게 이 음식이 어디에서 왔는지 절대 잊지 못하게 만드는 재료 이야기다. 짜고, 복잡하고, 풍부하고, 깊고, 검은 간장 이야기다.

나는 간장이 없는 주방은 한 번도 보지 못했다. 한 가지 방식으로든 다른 방식으로든 내가 일했던 모든 식당에서는 간장을 사용했다. 단 한 곳만 빼고 말이다. 노마에 대해서는 나중에 이야기할 것이다. 그보다 먼저 발효된 콩으로 만든 이 액체가 어떻게 세계를 정복하게 되었는지 살펴보자.

오늘날 주로 일본의 다국적 기업들이 판매하는 간장은 고대 중국에서 탄생했다. 약 2,500년 전, 중국 동부에서 작물에 기생하던 균이 음식을 맛있게 변화시킨다는 사실이 알려지며 가정 내에서도 균을 기르기 시작했다. 이 균의 도움으로 중국인들은 쌀가루를 끓여 곡물주를 만들었고, 콩으로 영양가 풍부한 장과 소스를 만들었다.

누룩곰팡이는 보송보송한 모양에 달콤한 냄새가 나는 강력한 균으로, 발효 과정에서 필수 불가결한 역할을 한다. 누룩곰팡이가 만들어낸 효소는 녹말을 단당류로 바꾸고, 이 단당류는 이스트에 의해 알코올로 발효된다. 또한 효소는 단백질을 아미노산으로 분해해 음식의 맛을 돋우고 음식이 우리 체내에서 쉽게 소화되도록 만든다. 누룩곰팡이는 쌀이나 보리 같은 곡물에서 특히 잘 자라는데 일본에서는 이 곰팡이를 '고지'라고 한다.

누룩곰팡이를 이용해 가장 처음으로 만든 음식은 '장'이다. 이 장은 오늘날까지 내려오고 있다. 중국 한나라 시대에는 삶은 콩이나 고기, 혹은 생선에 소금을 섞어 장을 만들었는데 발효 과정에서 효소는 단백질과 지방과 탄수화물을 천천히 분해시켰다. 삶은 콩으로 만든 메주에 소금물을 섞어 발효시킨 뒤 소금물에서 메주를 건져내면 장이 된다. 이렇게 장을 만들고 남은 액체는 중국어로 '장유'라고 한다. 번역하면 '장 물'이라는 뜻인데 이것이 우리가 아는 간장이다.

맛도 좋고 영양도 풍부하며 오래 저장할 수 있는 데다가 운반도 간편한 장과 간장은 아시아 전역으로 퍼져나가 요리에 풍미를 더해주었다. 충분히 발효되어 잘 숙성된 간장은 장기간 항해해야 할 때도 병에 담아 보존할 수 있었다.

이런 식의 이동은 '밈meme'이라는 개념으로 잘 알려져 있다. 밈은 영국의 생태학자 리처드 도킨스가 만든 표현으로, 1976년 저서 『이기적 유전자The Selfish Gene』에서 처음 사용했다. 도킨스는 밈을 유전자의 확산에 비유해 한 집단의 생각이 진화적 사고로 확산되는 현상이라고 정의했다. 도킨스에 의하면 전염성이 있는 생각, 즉 밈은 말이나 글로 전달되는 잊히기 쉬운 생각들을 대체하며, 좋든 싫든 기억에 남을 만한 생각이 되어 역사에 남겨진다.

요리 레시피도 밈의 일종이다. 간장은 물리적인 물질이지만 그것을 발효하고 숙성시키는 데 사고의 과정이 필요하다. 간장을 매력적으로 만드는 것은 간장의 맛이지만, 간장이 세계 각지로 전파될 수 있었던 건 결국 이 음식에 깃든 개념이다. 아시아 곳곳에 장과 장유가 퍼져나가면서 인도네시아, 베트남, 태국, 한국, 일본 등지에서도 유사한 장이 생겨났다. 특히 일본에서는 '미소'라고 하는 장이 만들어졌다.

장은 일본을 교화시키려고 했던 중국의 종교 사절단에 의해 일본 동쪽 지역에 전해졌다. 일본어로 장유는 '醬油'로 표기하며 '쇼유'라고 읽는다.

섬나라 요리에 변화를 가져온 장과 함께, 인도의 비폭력 철학 다르마도 들어왔다. 7세기경 일본의 왕이었던 덴무는 야생 돼지고기와 사슴 고기를 제외한 모든 육류 섭취를 금지시켰다. 실용적인 이유와 종교적인 이유가 맞물린 조치였다. 8~9세기 일본 전역에 불교가 퍼져나가자 고기 금지령은 더욱 강화되어 가정에서 기르던 가축마저도 거의 자취를 감추었다. 이러한 규제로 사람들은 식생활에 공백을 느꼈고 뒤이어 신선한 대두와 두부, 쇼

빵이나 파스타, 술,
일본의 양념인 쇼유 등을
만드는 주재료인 밀.

유, 미소 등 단백질 공급원 역할을 하는 채식 양념장들을 먹기 시
작했다.

　일본식 된장인 미소는 지역마다 고유의 맛이 다른데, 그 덕
분에 국가적 사업으로 발전할 수 있었다. 한편 미소를 만들 때 얻
어지던 쇼유는 점점 인기가 많아지면서 점차 쇼유를 만들기 위해
미소를 담그기 시작했다.

　1600년대 일본의 쇼유 제조업자들은 콩에서 직접 누룩곰팡
이를 기르는 방법을 개발했다. 메주를 충분한 양의 소금물에 푹

담그고 거르지 않은 간장인 '모로미'가 될 때까지 발효시키면 순수하게 간장만을 얻어낼 수 있었다. 이 과정을 통해 쇼유는 더 짠맛을 갖게 되었고 상온에서도 상하지 않고 더 오래 보존할 수 있게 되었다.

이 무렵 쇄국정책을 고수하던 일본은 점차 서양 세계에 관심을 갖기 시작했다. 독일의 과학자이자 여행가인 엥겔베르트 캠퍼는 1600년대 후반에 2년 동안 일본을 다닌 경험을 바탕으로 펴낸 책『회국기관Amoenitatum Exoticarum』에서 쇼유를 언급했다. 그는 책에 쇼유를 이름이 알려지지 않은 콩으로 만든 '수주sooju'라고 썼다. 그 무렵 영국의 의사 새뮤얼 데일은 의학 서적『약리학Pharmacologia』에 흰색 콩인 '자포넨시움 소야Japonensium Soia'가 중국식 케첩의 발전에 영향을 미쳤다는 의견을 실었다. '수주'나 '소야'가 인쇄된 활자로 등장한 것은 이때가 처음이었다. 영어

대량으로
발효되고 있는 쇼유.

의 'soybean(대두)'은 쇼유의 주재료를 잘못 발음한 데에서 유래했다.

상업이 급성장하던 무렵, 오랜 항해에도 전혀 상하지 않는 간장은 항구에서 선풍적인 인기를 끌었다. 작은 나무통에 담아 실온에서 편리하게 보관할 수 있다는 사실이 알려지며, 간장은 무역상들을 통해 순식간에 일본 밖으로도 전파됐다. 서구 사회에서 간장은 2차 세계대전까지 사용되던 우스터 소스처럼 매우 중요한 발효 소스가 되었다.

2차 세계대전 이후 기코만과 야마사 등의 기업들이 만든 감칠맛이 풍부한 조미료는 서양 사회에서 큰 사랑을 받았고 미국의 평범한 가정집에서 현재까지 자주 쓰인다. 오늘날 간장은 미국에서 네 번째로 많이 소비되는 양념이다.

간장은 서양의 최고 상류층 요리를 포함해 모든 계층에 스며들었다. 1978년, 지금은 고인이 된 위대한 요리사 알랭 상드랑은 중국 여행에서 영감을 받았다. 그는 자신이 운영하던 고급 레스토랑에서 뵈르 블랑 소스에 간장을 넣는 모험을 감행해 파리 사람들을 크나큰 충격에 빠뜨렸다.

어쩌면 상드랑이 논란을 일으킨 것은 그가 손님들에게 간장을 사용했다고 말했기 때문인지도 모른다. 간장은 적절한 양을 사용하면 요리의 맛을 한층 끌어올린다. 여기서 까다로운 점은 손님들이 먹자마자 '아시아의 맛'이라고 느끼지 못하게끔, 적절한 양의 간장을 첨가해야 한다는 점이다. 풍미 좋은 조미료인 간장은 문화적 상징성이라고 하는 거대한 힘 앞에 왜소해진다.

언어학에서 '지표성'은 생각의 능력을 표현하는 말로 생각이 일어나는 맥락을 일컫는다. 예를 들어 '연기'라는 단어를 읽으면 즉각적으로 촛불과 모닥불 생각과 그 이미지가 떠오른다. '쇼유'라는 단어를 읽으면 즉시 일본 음식을 생각하게 된다.

더 확대해서 이야기하면 지표성은 기호학의 한 분야로, 기호의 생성과 의미를 성찰한다. 기호학은 언어적 기호와 비언어적 기호, 그리고 냄새나 맛처럼 감각 기관으로 들어오는 모든 것들의 의미를 다루는 학문이다. '연기'라는 단어가 불을 생각나게 했다면, 연기의 냄새는 생각을 확장시킨다는 것이다.

감각과 의미 사이의 연관성은 우리 선조들을 수천 년 동안 살아남게 했다. 그것은 맛에 대한 인식으로 인간의 유전자에 직접 새겨져 있다. 우리는 쓴맛이나 신맛을 경계한다. 종종 이런 맛에는 독성이 있기 때문이다. 우리의 몸은 지방이나 당분처럼 에너지가 풍부한 음식을 실컷 먹으라고 말하는데, 그런 음식이 맛있는 것은 우연이 아니다. 길 위에서 뜨거운 태양 아래 썩어가는 동물의 사체 냄새는 생각하는 것만으로도 메스껍다. 하지만 어머니가 주방에서 요리하는 음식 냄새를 생각하면 따뜻한 미소가 절로 나온다.

우리는 노마에서 맛과 기억의 관계에 대해 끊임없이 생각한다. 노마는 내가 부주방장으로 발효 음식을 책임지고 있는 식당이다. 2003년 문을 연 노마는 북유럽의 맛이 무엇인지 보여준다. 북유럽 음식은 역사가 없는 것은 아니지만 그 맛을 기리기는커녕 규정하기조차 매우 어려웠다. 그래서 노마 팀은 각 지역의 역사와 풍토를 철저히 조사하고 그 지역에서만 나는 작물만을 사용함으로써 상류 사회의 요리 전통을 무시하고 완전히 새로운 정체성을 만들었다.

"자발적인 억제는 집중력을 가져온다." 물리학자 존 배로가 한 이 말은 노마에 딱 맞는다. 노마의 직원들은 북유럽 식재료에 자신들을 한정했기 때문에 익숙한 생산물에 생명력을 불어넣을 방법을 더 많이 연구해야 했다. 그들은 생물학적 분해 과정인 발효에서 특별한 영감을 받았다.

수천 년 전의 기술들이 북유럽 음식에 적용되자 전혀 새로운 맛처럼 느껴지면서도 분명 북유럽의 맛을 내는 새로운 요리가 만들어졌다. 발효를 전적으로 받아들인 노마는 새로운 연구에 박차를 가하게 되었고 심지어 발효만 연구하는 전담 연구실까지 생겼다. 나도 직장의 덕을 봤다.

발효 연구실 문을 열 때마다 더 많은 의문이 생기고, 가야 할 길이 더 많이 열린다. 노마에서는 일본식 된장을 응용한 완두콩

키오케라고 불리는
삼나무 통은
발효에 사용된다.

소스 '피소'를 만들었다. 북유럽에서 나는 흰콩으로 일본의 대두를 대체했고, 쌀 대신 덴마크산 보리에서 누룩곰팡이를 배양했다. 그렇게 탄생한 피소에 우리는 극도로 흥분해 어쩔 줄을 몰랐다. 이는 밈의 확장이었지만 아시아의 맛은 아니었다. 그렇게 탐구를 거듭하던 중 우리는 또 색다른 쇼유를 만들게 됐다.

우리는 일본의 전통 제조법에 따라 우리만의 간장을 만드는 과정에서 대두 대신 노란 완두콩을, 쌀 대신 보리를 넣었다. 6개월 동안 발효시킨 후 첫 결과물을 보자 놀라운 결과가 기다리고 있었다. 그 맛은 도쿄에서 노마 팝업 레스토랑을 열었을 때 맛보았던 일본 최고의 장인이 만든 쇼유에 필적했다.

추운 1월 어느 날, 우리의 좋은 친구인 시노부 나메가 우리 식당을 둘러보았다. 나는 우리의 첫 간장을 도쿄의 레페르베상스 레스토랑 주인이자 주방장인 그에게 맛보게 했다.

"딱 쇼유네요." 그가 말했다.

분명 칭찬이었지만 나는 쉽게 떨쳐지지 않는 어떤 무게감을 느꼈다.

그 이후에 만든 모든 종류의 북유럽식 간장은 노마의 요리에 잘 어울리지 못했다. 소스의 맛을 깊게 하기 위해 혹은 마리네이드에 짠맛을 더하기 위해 간장을 넣은 실험 작품은 꼭 버려졌다. 왜 그랬을까?

지역에 대한 제한을 크게 완화하긴 했지만 노마는 여전히 음식에 담긴 맥락을 전달하고, 음식에 대한 이야기들을 풀어내려고 어마어마한 노력을 쏟는다. 북유럽식 간장은 이런 면에서 우리 손님들을 부조화스럽게 배제시키는 듯하다. 마치 코펜하겐의 어느 식당에 놓인 양가죽 의자에 앉아 있던 손님들을 순식간에 네온 불빛이 번쩍이는 도쿄의 부산한 거리로 내모는 것처럼 말이다.

아이디어는 여권 도장을 받을 필요가 없다. 외국 여행을 마친 당신에게 세관원은 어떤 맛과 향의 소중한 기억을 가지고 돌아왔느냐고 묻지 않는다. 지난 봄 로마에서 먹었던 '부카티니 알 아마트리치아나'에서 영감을 받아 만든 요리를 금지하는 정부는 없다.

모두가 세계 어디에서나 자유롭게 간장을 만들 수 있다. 간장은 단순한 유기 화학 물질이 아니다. 간장은 수천 년 전부터 수십억 사람들이 이어가는 강인한 역사다. 간장은 최소한 대여섯 국가의 전통 요리 속에 틈틈이 스며 있다. 가볍게 주먹밥을 먹을 때, 웍에서 볶은 나시고랭이나 숯불에 구운 불고기를 먹을 때, 우리는 입에 들어온 음식의 맛과 함께 언제 어디서 그 음식을 처음 먹었는지를 생각한다. 최고의 순간을 기억하기 위해 왕복 티켓을 살 필요는 없다. 맛은 우리에게 무수히 많은 사람들의 축적된 삶의 경험을 알려준다. 간장의 맛은 아시아인들의 삶과 복잡하게 얽혀 있다.

그렇다면 북유럽식 간장을 만들려던 우리의 노력은 실패한 것일까?

물론 아니다. 오직 다른 나라에 있을 때에만 우리는 자신과 타인에 대해 완전히 배울 수 있다. 노마의 북유럽식 간장은 맛있을지는 몰라도 그것이 최초로 만들어진 지역의 문화적 무게까지는 전승하지 못했다. 그러나 우리의 실험은 역사와 맛의 접점에 관한 귀중한 교훈을 주는 실험으로 보존되고, 숙성되고, 개선될 것이다.

그리고 가상의 세관원에게 나는 이렇게 말할 것이다. "네. 있습니다. 세관에 신고할 것이 있습니다." ●

커피가
생명을 구한다
—크리스 잉과의 대화

아서 카룰레트와 Arthur Karuletwa
스타벅스 원두 구매 담당장

○

내 이름은 아서 카룰레트와다. 스타벅스의 글로벌 커피 점검과 커피 농장 체험 부서의 이사다. 내 국적은 르완다지만, 누군가 내게 어디 출신이냐고 물으면 그냥 캘리포니아 출신이라고 말한다. 그러면 사람들은 캘리포니아 억양이 아니지 않느냐고 되묻는다.

"이곳저곳 많이 다녀서요." 난 보통 이렇게 대답한다.

이건 선의의 거짓말이다. 하지만 진실은 늘 내 발목을 잡는다. 내가 거짓말을 하는 이유이기도 하다. 나는 이기적이게도 화가 나거나 공격을 받는 상황을 되도록 피하려고 한다.

르완다 사람이라고 말했다가 "그게 어디예요?"라든지 "거기는 아직도 전쟁 중인가요?" 혹은 "괜찮으세요?" 같은 질문을 헤아릴 수 없이 여러 번 들었다. 내게 르완다 사람이 아니냐고 직접적으로 묻는 사람도 있다. 그럼 나는 이렇게 대답한다. "아닙니다."

대학 시절로 거슬러 올라가, 내 멘토였던 그레이가 내게 비용을 대줄 테니 상담을 받아보라고 했다. 내 말이 심각하게 들린다며 꼭 전문가와 이야기를 해보라고 했다. 낯선 나라에서 모든 것이 새로웠던 나는 거의 모든 상황에서 '네'라고 대답했기에 멘토의 말에도 그러겠다고 했다.

상담사가 처음 한 질문은 이거였다. "어디 출신이세요? 아프리카 출신이세요?"

"네. 르완다 출신입니다."

그러자 그가 말했다. "그게 어디죠?"

그의 마음에도 신의 가호가 함께하기를. 그는 심리학 공부도 잘했을 것이고 사람들의 트라우마 상황도 잘 이해하는 사람일 것이다. 트라우마 있는 사람과 대화하는 법과 그 트라우마를 끌어내는 법을 잘 아는 사람일 것이다. 하지만 나는 그에게 내가 누구고, 어디 출신이고, 그곳 사람들은 어떤지 일일이 설명하기가 몹시 귀찮았다.

첫 상담 이후 그레이는 나를 차로 상담사에게 바래다주곤 했고 나는 들어가지 않았다. 그냥 계속 근처를 걸었다. 마침내 나는 그레이에게 이실직고했다. "낯선 사람에게 제 문제를 이야기할 수 없어요. 저는 저와 같은 문제를 겪은 사람과 이야기를 해야 해요. 만약 그들이 그 고통이나 아픔을 혹은 저를 화나게 하는 그 문제를 극복했다면, 저도 정말 기꺼이 그 사람들 이야기를 듣고 싶어요. 하지만 그런 사람들은 어디에서 만날 수 있을까요?"

그레이는 몹시 당황하며 말했다. "무슨 말을 해야 할지 모르겠구나, 아서. 하지만 경험상 나는 누군가와 혹은 어떤 일에 문제가 있을 때 내가 '역사적 제거'라고 부르는 과정을 수행한단다. 그 문제가 시작된 지점을 찾아가는 거지. 나는 문제를 그런 식으로 대처한단다."

간단히 말하면, 과거로 돌아가 대처할 방법을 찾으라는 것이다.

나는 1975년 르완다 국경과 가까운 우간다에서 태어났다.

많은 이들이 1994년 르완다 대학살을 기억할 것이다. 하지만 그전에도 매 10년마다 수많은 살인과 잔학한 행위가 이루어졌고 내가 속한 부족이기도 한 투치족에게는 르완다로 도망쳐야 하는 많은 이유들이 있었다. 투치족과 르완다의 주류 부족인 후투족 사이의 갈등은 수세대를 거슬러 올라가, 프랑스와 벨기에 식민지 개척자들이 한 부족을 다른 부족과 어떻게 등지게 하고 공포의 역사를 조장했는지 이야기해야 한다. 부모님 세대가 70년대에 달아났던 일은 우간다에서 있었던 이디 아민과 밀턴 오보테 사이의 전쟁에서만 소개될 뿐이다. 내가 두 살 되던 해 우리 가족은 또다시 케냐로 달아나야 했다.

나는 열한 살까지 케냐에서 자랐다. 케냐는 내가 처음으로 평범한 삶이라고 부를 만한 삶을 산 곳이었지만 우리 가족은 그곳에 적응하기 위해 무척이나 힘들게 노력해야 했다. 아버지는 늘 우리에게 왜 옷을 그렇게 입느냐, 왜 그런 억양으로 말하느냐 혹은 왜 그 음식은 먹지 않느냐며 다그치곤 했고 그런 아버지의 목소리가 늘 내 마음 언저리에 맴돌았다. 아버지는 우리가 새로운 환경에 잘 섞이기를 원했다. "스와힐리어를 배워야 한다. 말을 할 때는 케냐 억양을 써야 한다. 그들처럼 옷을 입고, 그들처럼 먹고, 그들처럼 말하고, 조금이라도 트집 잡힐 일은 하지 마라."

다른 남매들과 나는 각각 두 살 터울이었고 워낙 친해서 함께 여기저기 다니면서 이런저런 일들을 같이 하곤 했다. 늘 함께 다니다 보니 우린 서로에게 가장 절친한 친구였다. 내가 이 사실을 깨닫고 했던 생각이 기억난다. '내 형을 절친이라고 부르다니, 이건 옳지 않아. 난 가족이 아닌 절친을 원해!'

아버지는 정말 열심히 일하셨다. 아버지는 운송업에 종사하셨다. 아버지는 늘 트럭을 운전해 부룬디, 탄자니아, 우간다 등지를 거쳐 먼 곳에 있는 콩고까지 물건을 수송해서 우린 아버지 얼굴을 좀처럼 보지 못했다. 아버지는 동아프리카 도로를 달려 몸바사와 다르에스살람 항구까지 갔다. 아버지는 무엇이든 날랐다. 유엔 식량 농업 기구에서 온 쌀과 밀가루부터 개인 사업자를 위한 미국의 요리용 기름과 커피에 이르기까지 뭐든지 운반했다.

아버지가 운전하는 트럭들은 아주 낡은 것들이었고, 다니는 길들은 지독히도 엉망이고 위험했다. 어떤 때는 일이 몇 달씩 걸리기도 했다. 고마에서 뭄바사까지는 보통 다섯 달이 걸리는데, 가다가 차가 고장이라도 나면 한 달은 더 걸렸다. 아이러니하게도 아버지가 다니는 곳들은 전부 우리가 도망쳐 나왔던 지역들이었다. 우리들은 어머니에게 이렇게 묻곤 했다. "아버지도 가는데 왜 우리는 가면 안 돼요?" 나는 혼란스러운 나라에는 돈이 아주 많다는 사실을 알게 되었다. 전쟁에는 풍요로운 부가 있었다.

열한 살 때 우리 가족은 다시 우간다로 돌아갔다. 우간다 출신의 르완다인으로 케냐에서 살기란 정말 힘들었다. 아버지가 많은 공을 들였던 사업들은 다 실패했다. 우리 가족은 가는 곳마다 경제 활동에 참여하려고 노력했고, 학교에 다니려고 노력했던 것 같다. 우리 가족은 늘 생존을 위해 아등바등 살았고, 아버지는 다른 사람을 속이거나, 다른 사람의 소유물을 탐하거나, 불법적인 일을 하려고 시도한 적이 한 번도 없었다. 때론 사람이 그 지경에 이르면 자포자기하고 그런 일들을 저지르기 마련이다. 하지만 아버지는 그 지경에 이르렀어도 자신을 지키려 했다.

아버지는 운전 일을 하면서 '우간다 민족 저항 전선'의 몇몇 지도자들과 친분을 쌓았다. 아버지는 그들을 위해 탄약을 운반하는 일을 도왔다. 사실 아버지가 했던 일은, 그들이 전쟁에서 승리해 새 대통령 요웨니 무세베니가 아버지에게 훈장을 수여했을 정도로 중요한 역할이었다. 아버지는 우간다에서 포용되는 듯한 느낌을 받았고 그래서 우리에게 우간다로 가서 기회가 있나 봐야 한다고 말했다.

무세베니가 막 정권을 잡은 시점이었다. 우리는 도시가 점령당했을 때 반란군 바로 뒤에서 이동했다. 거리에는 아직도 시체들이 쌓여 있었다. 여기저기 총알이 날아다녔다. 형제 중 한 명이 죽었다. 군중을 향해 수류탄이 날아왔는데 내 형제도 그 무리에 있었다. 그곳에 있던 또 다른 형제는 폭발 소리를 듣고 뛰고 또 뛰었다. 전후 우간다는 그렇게 모든 것이 달라져 있었다.

우리가 학교에 다니는 3, 4년 동안은 모든 것이 평범했다. 멀리서든 가까이서든 단 하루도 총성이 울리지 않는 밤이 없었다는 사실만 빼면. 우간다는 여전히 거칠었다. 평범한 것은 아무것도 없었지만 우린 모든 것이 평범한 것처럼 행동했다. 우리에겐 평범함이 죽을 만큼 간절했기 때문이다.

우리는 다시 우간다인이 되어야 했다. 우간다 사람처럼 옷을 입고, 우간다 사람처럼 말해야 했다. 우간다에는 열여섯 개의 지역 언어가 있다. 우린 그중 네 개를 배웠다. 열다섯 살에는 부모님에게 대들었다. "집으로 가요." 내가 말하는 집은 케냐였다.

그 나이 때 나는 우간다인이라는 사실에 분노했다. 내 형제들과 나는 그 사실에 대단히 반항적이었다. 그래서 부모님은 우리를 기숙사가 있는 학교로 보냈다. 그렇다고 부모님을 탓하는 것은 아니다.

가는 곳마다 우리는 우리 것이 아닌 외국인으로서 적응하는 법을 찾아야 했다. 마침내 르완다로 돌아가게 되었을 때는 마치 입고 있던 옷을 훌훌 벗고 이렇게 말하는 기분이었다. "내가 왔다. 진정한 내가, 완전한 내 모습으로." 온전히 나의 정체성을 포용하는 기분이었다. 마침내 우리는 더 이상 가짜로 흉내 낼 필요가 없어졌다고 생각했다.

1990년 우리가 우간다에 도착하자마자 르완다에서 평화 회담이 시작되었고 우린 회담을 주시했다. 잠재적으로 있을 선거와 투치족이 고향으로 돌아갈 가능성들이 회담에서 오갔다.

1993년 탄자니아의 아루샤에서 르완다의 대통령이 '르완다 애국 전선'과 평화 협정에 서명을 했고, 우리도 집으로 가게 되었다. 우린 짐을 꾸렸고 1993년 말, 드디어 우간다를 떠나 집으로 가게 되었다.

그런데 우리가 막 이동을 시작했을 때, 르완다로 돌아가던 르완다 대통령의 비행기가 격추되었다. 대통령이 속한 당원 중 일부 세력이 적과 협정을 맺었다며 대통령에게 배신감을 느꼈고 비행기를 격추시키는 데 가담했다. 그리고 이 사건과는 무관하게 때마침 전략적으로 대학살이 시작되었다. 도로에 방어벽이 세워지고 마체테(날이 넓고 무거운 칼—옮긴이)가 등장했다. 대통령이 탄 비행기는 여전히 화염에 싸여 있었다. 그들은 몇 주 전부터 마체테와 휴대용 라디오를 배분해 준비하고 있었다. 아버지는 상황을 파악하려고 아버지의 형에게 전화를 걸었다. "비행기가 격추됐다는 소식을 들었어. 도대체 무슨 일이야?"

이미 고국에 있던 아버지의 형은 말했다. "대통령이 탄 비행기래. 비행기가 격추됐는데 의도적인 공격이었나 봐. 지금 여긴 아수라장이야. 다시 돌아가."

아버지는 나의 큰아버지와 큰어머니, 할아버지를 구하기 위해 떠났다. 그동안 우리는 쭈그리고 앉아 있었다. 아버지는 돌아오지 않았다.

어머니가 친척들과 전화를 하고 있는데 수화기 너머로 사람들이 말하는 소리가 들렸다. "지금 그들이 문 밖에 와 있어. 가야해." 몇몇은 전화를 채 끊지도 못했다. 끊기지 않은 전화기 너머로 어머니는 사람들이 살해되는 소리를 들었다. 완전히 무정부 상태였다.

내 형들은 군인들과 함께 싸우기 위해 밤을 틈타 도망갔다. 어머니는 다른 여성들과 함께 부상자와 가족을 잃은 사람들에게 음식을 해주고 도와주었다. 어머니는 그 무리에서 굉장히 중요한 역할을 맡고 있었기에 아들들이 싸우겠다며 도망을 갔을 때 통보만 받았다. 어머니는 군인들 중 한 명에게 자신의 아들들을 만나면 설득해서 집으로 돌려보내달라고 부탁했다.

전투가 시작되었을 때 처음에는 지금까지 보아온 다른 전쟁들과 다르지 않다고 생각했다. 하지만 머지않아 뭔가 다르다는 사실을 깨달았다. 이번 전쟁에는 총과 수류탄이 적었다. 이번 전쟁은 마체테가 등장하는 치밀하고도 용의주도한 전쟁이었다.

외모가 곧 사망 보장서였다. 투치족과 후투족 사이에는 뚜렷

한 신체적 차이가 있다. 후투족은 키가 작고 피부색이 더 검으며 다부진 체격이다. 투치족은 키가 크고 호리호리한 체형에 피부색이 더 밝은 편이다.

누가 무슨 말을 해도 소용없었다. 외모가 투치족처럼 생겼으면 무조건 죽었다. 사람들은 죽음을 면하려고 자신이 투치족에게 강간당해 태어난 아이라고 주장했지만 아무도 그 말을 들어주지 않았다. 어떤 생김이냐가 사느냐 죽느냐를 갈랐다. 100일 동안 수백만 명의 사람들이 죽었다. 하루에 만 명씩 죽은 셈이다.

큰아버지는 르완다에 있었다. 그는 그곳에서 죽으리라 맹세했다. 그는 도망치려 하지 않았다. 무장 단체가 문 앞에 왔을 때도 큰아버지는 가족들과 함께 집에 있었다. 큰아버지는 아내와 네 명의 아이들에게 집 뒤쪽에 가 있으라고 말하고 문을 열었다. 그리고 이렇게 말했다. "여긴 나 말고는 아무도 없소. 당신네들이 나를 찾으러 왔다는 걸 알고 있소. 어디서 나를 처리하고 싶은 거요?" 하지만 그들은 집 안으로 들어왔고 다른 가족들을 찾아냈다.

큰아버지는 그들에게 모든 것을 주었다. 자동차와 돈, 보석, 가진 모든 것을 주면서 제발 가족을 마체테로 절단하지 말고 그냥 총으로 쏴 죽여달라고 애원했다. 총을 들고 있던 그들은 총알을 만지며 이렇게 말했다. "이 총알을 뭘로 만들었는지 알아? 구리야. 구리가 얼마나 비싼지 알아? 귀중한 구리를 너희 따위를 죽이는 데 낭비할 수는 없지. 가진 거 뭐 더 없어?" 큰아버지는 그들이 원하는 것을 다 주었다.

그들이 마지막으로 원했던 것은 큰아버지의 아내였다. 여섯 명의 남자들이 큰아버지와 아이들이 보는 앞에서 큰어머니를 강간했다. 그리고 큰어머니가 죽도록 내버려두고는 큰아버지와 사촌들을 마체테로 죽였다. 하지만 큰어머니는 살아남았다. 큰어머니는 그 가족 중 지금까지 유일하게 생존한 사람이다. 이 이야기를 우리에게 들려준 것도 큰어머니다. 그리고 이 이야기는 수백만 가지의 비슷한 이야기 중 하나일 뿐이다.

마지막 마체테가 거둬진 날 우린 주위를 둘러보며 이렇게 생각했다. "도대체 무엇을 위해?" 르완다는 천연자원이 거의 없다. 석유도 없고 광물도 없다. 농업에 상당 부분을 의존하는 경제 구조다. 르완다는 작고, 땅이 유일한 자원인 나라다.

모두가 가난했다. 싸울 가치가 있는 유산도 없고 문화에 대한 자부심이 있는 것 같지도 않다. 자랑스러워해야 하는 사람이 누구인지 혹은 무엇인지조차 명확히 규정되지 않았다. 수단 같은 다른 나라에는 사람들이 기꺼이 서로 죽이며 싸울 명분이 있었다. 석유 같은 어마어마한 자원이 바로 그것이다. 그런 곳에서는 자원이 '이 전쟁에서 승리해야만 하는 생명줄'이라는 어떤 의식이 있다. 르완다의 대학살은 오랜 공포의 역사를 기반으로 한 것이다. 프랑스와 벨기에가 두 부족 중 어느 한 부족(투치족—옮긴이)을 더 좋아했고, 그 부족이 르완다에서 주요 직책을 맡게 됐다.

벨기에인들은 20세기 초 투치족에게만 교육의 기회를 주었다. 그러자 민주주의와 독립의 요구가 이어졌다. 벨기에인들은 투치족에게 등을 돌리고 후투족에게 이렇게 말했다. "당신네 부족이 이 땅의 주요 부족이다. 그러니 당신네 종족이 르완다를 지배해야 한다. 단, 이것저것 너무 많이 따지지만 않는다면 말이다."

수십 년 동안 후투족들 사이에 투치족을 반대하는 선전문들이 나돌았고 그 반대의 경우도 있었다. 후투족은 투치족에게 어떻게 후투족의 직업과 재산을 되돌려줄 거냐고 말했다. 그들은 이런 내용을 담은 말과 시를 만들었다. 이런 내용을 담은 십계명도 있었다. '투치족과는 거래하지 말라. 투치족과는 같은 식탁에서 밥을 먹지도 말고 빵을 나누지도 말라.' 어릴 때부터 배우는 표현에는 멜로디까지 붙어 있었다. '숲이 내 공간을 침범하면 마체테를 차고 그 가지들을 베어버려라.'

나를 구해준 은총 중 하나는 대학살 1년 후, 1995년 크리스마스에 르완다를 떠난 것이다. 나는 르완다에 남고 싶었다. 어머니와 헤어지기 싫었고 그때까지도 아버지가 어디 있는지 알지 못했기 때문이다. 아버지를 다시 본 것은 2001년이었다. 내 친구들은 전쟁터에 나갔다 죽었다. 내 형도 지뢰에 죽었다. 나는 생각했다. '모두가 나를 위해 이렇게 희생하는데 어떻게 내가 감히 미국에서 공부를 한단 말인가?' 죄책감과 부끄러움, 분노가 한꺼번에 몰려왔다.

내가 르완다를 떠나기 전 우리 가족은 르완다의 수도 키갈리의 버려진 집에 살고 있었다. 키갈리에 도착한 우리 가족은 아무 집이나 골랐다. 침대며 가구들이 그대로 있었다.

도처에서 죽음의 냄새가 났다. 악취는 오래갔다. 강은 피로 붉었고, 어디에나 시체들이 널려 있었다. 교회 벽에는 핏자국이 선명했다.

촛불 주위에 온 가족이 옹송그리며 모여 앉아 있으면 행복했다. 전기가 배급되던 시절이었는데, 우리 집에는 전기가 없었다. 우린 촛불 주위에 앉아 누가 무슨 말을 했고, 누구 때문에 어떤 기분이 들었는지 같은 이야기를 나눴다. 이따금 뒷마당에 나가 축구를 하기도 했고 저녁에는 군 캠프에 들어가 농구를 하기도 했다.

　난 농구를 무척 좋아했다. 농구는 지금 내 주위에서 벌어지는 일들을 잠시라도 잊게 해주는 유일한 놀이였다. 농구에 소질도 꽤 있었다. 우간다에 살 때 캘리포니아 옥스나드 대학을 나온 코치가 한 명 있었는데 그 코치와 함께 캄팔라에 있는 농구장에서 농구를 했다. 그는 진심으로 내가 미국에 가서 학교를 다니고 시합에 나가길 바랐다. 하지만 당시 나는 열일곱 살 정도였고 우리 가족이 르완다로 오기 1년 전이었다. 농구 코치가 나를 찾기 위해 우간다 대사관에 연락을 취했을 때 내가 함께했던 농구 팀원들은 그에게 이렇게 말했다. "걔는 르완다로 돌아갔어요."

　코치는 필사적으로 나를 찾았다. 그는 르완다에서 무슨 일이 벌어지고 있는지 알았을 것이다. 그래서 어떤 사명감을 가지고 나를 찾았을 것이다.

　난 미국에 갈 생각이 없었다. 하지만 온화하면서도 신중한 성격의 어머니는 내게 이렇게 말했다. "여기에 남는 게 나를 위한 일이라고 생각하니?"

　난 어머니에게 말했다. "어머니, 전 절대 어머니를 떠나지 않을 거예요."

　어머니가 말했다. "네가 문 밖을 나가는 매 순간마다 나는 늘 작은 죽음을 맞이한단다. 네가 농구를 하러 나가건, 친구를 만나러 나가건, 내가 우유를 사오라고 시켜서 나가건, 네가 다시 저 문으로 돌아오지 못할 거라는 생각에 내 심장은 나날이 쪼그라들고 있단다. 만약 나를 다시 소생시키고 싶다면 가서 우리가 잃은 모든 생명들을 헛되지 않게 해. 그 한 가지 이유로 살아남아. 그리고 가서 그 이유를 증명해. 나를 살리고 싶다면, 가."

그렇게 나는 미국으로 왔다.

로스앤젤레스에 도착하자 형이 공항에 마중을 나와 있었다. 형은 나를 태우고 곧장 미국 식당으로 데리고 갔다. 태어나서 처음 가본 미국 식당이었는데, 절대 잊지 못할 것이다. 식당 이름은 '블랙 앵거스'였다. 형은 그 식당의 립을 무척 좋아한다고 했다. "배 많이 고프지. 배불리 먹어."

립이 나왔는데 나는 그들이 사슴이나 그 비슷한 동물을 죽여서 내온 줄 알았다. 정말 양이 어마어마했다. 형은 뼈만 남기고 다 먹은 다음 시내에 가자고 했다. 음식을 보며 이런 생각을 했다. '너무 배가 고프지만 이걸 다 먹을 수 있을지는 모르겠어.' 난 빵은 먹을 수 있는 만큼 다 먹고 고기는 그대로 남겼다.

난 우리 가족이 이사를 갈 때마다 아버지가 했던 말이 생각났다. "적응하지 못하면, 눈에 띌 거다. 눈에 띄면 우리 가족 모두가 힘들어질 거다. 그러니 군말 말고 적응해라." 나도 적응하고 싶었지만 사실상 좀비처럼 지냈다. 누구와도 말을 하지 않았다.

미국에는 인종과 문화와 종교와 차별에 대한 다양한 태도가 존재했다. 난 생각했다. '나는 어느 쪽일까?' 내가 속한 농구 팀의 90퍼센트는 아프리카계 미국인이었지만 내가 그들을 이해한다는 느낌은 전혀 들지 않았고, 그들 역시 나를 이해하는 것 같지 않았다. 그들이 상대하는 것과 내가 상대하는 것은 완전히 달랐다. 백인들은 내가 온 곳에 관한 이야기 듣기를 좋아했고, 주저 없이 질문을 던졌다. 그것이 맞든 틀리든. 내가 사는 곳에는 멕시코인도 많았다. 나와 가장 친했던 친구도 멕시코인이었다. 오랫동안 내가 먹을 수 있는 음식은 밥과 콩뿐이었는데 그 친구도 그랬다. 그런 이유로 우린 절친한 친구가 되었다. 그는 좋은 식당을 잘 알고 있었다.

　벤투라 대학을 다니는 동안 캠퍼스에서 살았다. 모든 농구 선수들은 멘토가 한 명씩 배정되는데, 그해 여름 나는 멘토 그레이와 함께 지냈다. 그레이는 역사학과 학장이었다. 그는 고향을 떠나온 내게 거의 아버지였다. 수염이 덥수룩한 나이 지긋한 백인인 그는 외모가 꼭 산타클로스 같았다. 우린 공통점이 전혀 없었지만 많은 면에서 비슷했다. 그는 역사를 좋아했고, 다른 문화를 알아가고 배우는 것을 좋아했다. 우린 끝도 없이 대화를 했다. 나는 내가 살아온 이야기며 나의 고향 이야기를 했고, 그는 미국의 역사와 그런 비슷한 모든 이야기를 했다. 내가 다시 살아갈 수 있었던 것은 그의 도움이 매우 크다.

　그의 집은 오하이라고 불리는 곳에 있었는데 아마 그곳에 사는 흑인은 한 명뿐이었던 것 같다. 집 주위에는 온통 오렌지 나무뿐이었고 말도 못하게 더웠지만 괜찮았다. 그 집은 내게 모든 것을 제공해주었고, 많은 책들을 읽을 수 있게 해주었다. 나는 진심으로 알고 싶었다. 도대체, 무슨 빌어먹을 일들이 일어났던 건지.

　난 어떻게 사람이 그런 살육을 할 수 있었는지 이해하지 못했다. 나는 식민지 시절 이야기를 들었다. 사람의 코와 키와 피부색을 재고 따져서 그들이 투치족인지 후투족인지를 구분했다고 했다. 책에서 프랑스 식민주의자의 이런 말을 읽었다. "당신 종족은 체격도 좋고 피부색도 더 밝으니 피부색이 더 검은 저들보다 더 똑똑할 거야. 그러니 우린 당신네 편을 들어줄 거야." 모든 이야기를 듣고 모든 책을 읽었지만 여전히 내가 목도한 것을 정당화할 이유를 찾기에는 충분하지 않았다.

　어머니의 말이 계속 머릿속에 맴돌았다. "가서 우리가 잃은 모든 생명들을 헛되지 않게 해." 나는 오직 그 말에 골몰했다. 하지만 어떻게 해야 어머니의 말대로 할 수 있는지 알지 못했다. 나는 그들의 생명을 되살릴 수도 없었고, 수렁에 빠진 르완다를 되살릴 방법도 몰랐다. 난 어머니가 했던 말을 붙잡고 악전고투했다. 어머니의 말에 갇힌 느낌이었다. 심지어 저 말을 떨치려고까지 했다. 어느 순간 나는 어머니가 저 말을 했을 때 올바른 마음가짐이 아니었다고 비난했다. 어머니도 그 말이 미칠 영향은 예상하지 못하고 한 말이라고 생각했다.

그레이는 내가 왜 고통스럽고, 분노하고, 복수심에 불타는지 그 역사를 따라가 보아야 한다고 말했다. 나는 훨씬 더 깊이, 더 많은 책들을 읽기로 했다. 어쩌면 식민지화 과정에서 뭔가를 놓쳤을지도 모른다. 어쩌면 후투족과 투치족의 불화에서 뭔가 놓쳤을지도 모른다. 나는 내 부족에 관한 모든 책을 읽었다. 반투족, 닐로틱족, 셈족 등 모든 부족의 역사와 이주 역사도 읽었다. 나는 분석가들, 소위 말하는 지역 전문가들의 백서도 읽었다.

어떤 책도 나를 납득시키지 못했다. 내가 찾던 책이 아니었다. 그 어떤 것도 나를 질식시킬 것만 같은 이 답답함을 해소시키지 못했다. 나는 어디에서도 위안을 찾지 못했다.

그래서 나는 그 모든 것들을 털어냈다. 그리고 마치 깨달음을 얻은 사람처럼 이렇게 말하기로 했다. "그거 아세요? 내가 최고의 목격자예요. 내가 거기 있었어요. 난 모든 것을 봤고 모든 것을 들었어요. 여전히 생생하게 느껴져요." 충분히 힘들게, 충분히 오랫동안, 충분히 깊게 생각했다면 이제는 말을 하기로 결심했다. 어떻게 100만 명의 사람들이 그 기간 동안 이 행성에서 사라졌는지를.

나는 2년제 대학에서 4년제 대학으로 진학했다. 캘리포니아 산타클라리타에 있는 마스터스 대학교였다. 그곳에서 나는 신학 책을 읽기 시작했고, 내가 본 것들을 이해하기 시작했다.

　　내가 도달한 결론은 내가 최악의 빈곤을 목격했다는 것이다. 나는 빈곤을 두 가지로 정의했다. 하나는 웹스터 사전의 정의대로 혹은 경제학 강의실에서 배운 대로 내린 정의다. '물이나 음식, 쉴 곳 등 모든 것들이 결핍된 상태.' 하지만 빈곤의 또 다른 정의도 있다. 이 유형의 빈곤은 인간 영혼과 정신의 궁핍이다. 그것은 정체성의 결여다.

　　우리는 우리 자신의 정체성을 숭배한다. 매일 아침 눈을 뜰 때마다 정체성을 반들반들 빛나게 할 방법을 생각한다. 그것이 권력을 강화하는 데 핵심이기 때문이다. 그 정체성으로부터 은행 계좌를 열고, 운전면허를 따고, 월급을 받고, 사회적으로 인정받을 수 있는 능력이 나온다. 태어나서 출생증명서를 받는 순간부터 우리는 한 사람으로서 우리 자신이 누구인지에 대한 토대를 쌓는다.

　　지구상에서 10억 명이 넘는 사람들이 불완전한 정체성을 가지고 살아간다는 사실은 상상하기 어렵다. 정체성이나 자기 가치를 찾지 못하면 사람은 보이지 않게 된다. 보이지 않으면 그 사람은 덜 인간적으로 된다. 내면의 빈곤은 자기 자신을 파괴한다. 내가 파고들기 시작한 것이 바로 이 부분이다. 나는 모든 르완다인이, 주로 후투족이 그 범주에 들어가는 것을 보았다. 비슷하게 잔학한 행위를 겪고 있는 다른 곳에서도 이 사실을 적용할 수 있다. 만약 자기 자신을 가치 있게 여긴다면, 르완다에서 우리가 '아가치로'라고 부르는 문화 정체성을 성취할 기회도 더 많을 것이다.

이 사실을 깨달았을 때 난 말로 다 할 수 없을 정도의 정서적 위안을 받았다. 졸업이 가까워질 무렵에도 나는 계속 이 깨달음의 순간들을 경험했다. 그곳에서 나는 내가 정확히 무엇을 하고 싶은지, 어디에서 그 일을 하고 싶은지, 어떻게 하고 싶은지를 다시 처음부터 생각할 수 있었다. 나는 빈곤을 해결해야 했다. 경제적 빈곤과 정신적 빈곤 모두를.

난 빈곤 퇴치 전략을 이해하기 시작했다. 민간 기관과 공공 기관, 각종 개발 기관들, 그 외 모든 기관들이 시도하던 그 전략 말이다. 나는 누군가 그들 스스로를 가난하다거나 빈곤하다고 분류화할 때 어떤 경제적 사회적 지표가 그것을 결정하는지 살펴보았다. 사회적 지표는 경제적 지표보다 훨씬 더 많은 의미를 담고 있었지만 나는 첫 번째 도미노가 경제적 지표라는 사실을 알고 있었다.

르완다는 농업 중심 국가다. 투치족은 전통적으로 목축을 해왔다. 주로 소나 염소, 닭 등 축산업에 종사해왔다. 후투족은 대부분 땅을 경작했다. 바나나, 감자, 당근 같은 작물을 재배했다. 그리고 우리 두 종족은 꿀과 우유, 소가죽과 감자를 거래했다.

돈벌이가 잘되는 작물을 찾아보니 커피와 차 등이 경제의 주축을 이루고 있었다. 대량 학살이 일어나기 직전에는 그곳에 늘 커피와 차가 있었다.

농산물은 친밀성이 부족하다. 일반적으로 사람들은 자신이 먹는 쌀이나 콩을 누가 기르는지 거의 신경 쓰지 않는다.

하지만 치즈나 초콜릿, 커피 같은 특별 상품의 경우는 그 상품이 어디서 왔는지, 지역과 문화, 재배 조건, 심지어 탄소 발자국(개인 또는 단체가 직간접적으로 발생시키는 온실 가스의 총량을 표시한 것—옮긴이)까지 더 까다롭게 요구한다. 이 모든 것들은 매우 유의미하고 중요하다. 그리고 거기에는 재배자에 관한 정보가 있다. 내가 차보다 커피를 탐구하기로 결심한 것도 그 이유 때문이다. 커피는 내가 시작한 빈곤과의 전쟁에서 첫 번째 매개체였다.

르완다에서는 시골에 사는 모든 이들이 커피를 재배한다. 첫 번째 들어온 커피나무는 프랑스 선교사들이 부르봉섬에 심은 것들이었다. 르완다에서 부르봉 커피 품종이 우세한 것도 이 때문이다.

식민지 시절로 거슬러 올라가보면 르완다의 커피에는 세 가지 규칙이 있다. 첫 번째 규칙은, 벨기에인들의 커피를 재배하는 데 도움이 될 만한 재산을 가진 모든 르완다인은 커피를 재배해야 했다. 가진 재산이 얼마나 많은지 적은지는 중요하지 않았다. 그 재산이 도시에서 일정 거리 내에 있으면 무조건 커피를 재배해야 했다.

두 번째 규칙은 허가 없이는 커피나무를 자를 수 없다는 것이다. 커피나무를 훼손하거나 자를 수 없으며 커피나무에 해를 끼칠 만한 그 어떤 식물도 주변에 심을 수 없었다.

세 번째 규칙은, 르완다인은 커피를 소비해서는 안 되며 어떤 용도로도 사용해서는 안 된다는 것이었다.

심지어 그들은 커피를 재배하는 농부와 지역 사회에서 커피 테스트를 하면서 이런 말도 했다. "이것을 다량으로 먹으면 죽을 수도 있기 때문에 아주 소량만 줄 겁니다." 몸에 카페인이 들어오자 심장이 빠르게 뛰기 시작했고 화들짝 놀란 사람들은 이렇게 말했다. "맙소사. 이게 우릴 죽이려나 봐요. 이건 서양 약물이에요.”

　　이 내용은 대학 시절 과제를 하느라 도심의 스타벅스며 다른 커피숍들을 다니며 배운 것이다. 나는 커피가 사람을 얼마나 흥분시키는지, 얼마나 많은 사람들을 커피 주위로 끌어모으는지를 보았다. 비즈니스 회의, 결혼 프로포즈, 생일, 모든 장소에 커피가 있었다. 언제 어디서나 사람들은 늘 ‘커피 한잔하자’라고 말했다. 커피가 사람들을 잇는 매개체라는 사실이 내게는 무척 흥미롭게 느껴졌다.

　　커피는 아주 특별한 지역에서만 자란다. 매일 아침 우리는 커피를 내리면서 한 번도 생각지 못한 저 먼 세상과 연결된다. 그것이 우리가 하루 일과에서 가장 먼저 하는 행동이다. 수억 개의 주방 조리대에는 사람들이 믿을 수 없는 혹은 상상도 할 수 없는 세상으로 들어가는 문이 있다. 오로지 커피 하나로 나는 워싱턴 시애틀에서 세 아이를 둔 여성을 르완다의 중부 지역에 사는 두 아이를 둔 여성에게 소개시켜줄 수 있다. 나는 친숙함을 만들어낼 수 있고 공감도 할 수 있다.

　　그 시절 나는 커피를 ‘가장 시끄러우면서도 목소리가 없는 난민’이라고 말하곤 했다. 커피는 전쟁 중이고, 적대적이며, 가난하고, 기회가 부족한 나라에서 풍요의 땅으로 건너온다. 사람들은 커피가 담긴 자루에 적힌 이름을 제대로 발음조차 하지 못하면서 이름이 이국적이고, 독특하고, 다르고, 드물다는 이유로 열광한다. 마치 이런 식으로 말하는 것 같다. “난 미지의 세계에서 온 이 커피를 먹어봤어.”

　　학교를 졸업한 후 나는 워싱턴에 있는 그린 룸이라는 회사에 취직했다. 그곳은 커피콩을 저장하는 창고였다. 그곳에서 나는 컨테이너 열 개에 들어 있는 커피를 꺼냈다. 한 컨테이너에 커피 200자루가 들어 있었다. 나는 커피 자루들을 화물 운반대에 얹었고, 지게차를 운전하는 법도 배웠다. 지게차로 조준을 잘못해 커피 자루를 찢기 일쑤였다.

나는 커피가 자연 생산물로 어떻게 이 나라로 들어오는지 알고 싶었다. 바깥세상에서 들어온 커피와 가장 먼저 만나는 사람이 나라는 사실은 무척이나 매혹적이었다. 나는 난민인 커피가 기나긴 여정을 마치고 도착한 이곳에서 가장 먼저 문을 열고 맞아주는 사람이었다.

이후 나는 밀스톤 커피로 이직했다. 나는 커피의 가치 사슬을 샅샅이 알고 싶었다. 프록터 앤드 갬블(P&G)에 인수되기 전까지만 하더라도 밀스톤 커피는 워싱턴의 베인브리지 아일랜드에서 커피를 직접 로스팅해서 각 소매점에 공급했다. 밀스톤 다음에는 상점에서 일을 하려 했지만, 르완다의 농림부에서 일할 기회가 생기는 바람에 상점에서는 일하지 못했다. 르완다 농림부에서는 가치, 마케팅, 브랜딩 등의 관점에서 커피 산업을 발전시킬 사람을 찾고 있었다.

그게 2001년인가 2002년이었다. 나는 시장에서 커피를 알아가는 여정을 황급히 끝내고 기회를 향해 달려갔다. 밀스톤에서 나의 상관이었던 분은 이렇게 말했다. "왜 갑자기 그만두는 거야? 우린 자네를 아주 전도유망한 직원으로 보고 있는데. 잠시 휴직을 하는 건 어때? 만약 일이 계획대로 풀리지 않으면 언제든 돌아오게." 난 그의 눈을 보고 이렇게 말했다. "제가 그만두도록 내버려두셔야 합니다. 그만두지 않으면, 안전망이 있다는 걸 알고 게을러질 겁니다. 저는 아무것도 없다는 걸 알아야 합니다."

나는 6, 7년 전에 르완다를 떠난 뒤로 한 번도 돌아가지 않았었다. 내가 나의 신념을 위해 르완다로 돌아갈 준비를 하기까지 8개월이 걸렸다. 나에게 가장 어려웠던 일은 르완다의 커피 농장 농부 98퍼센트가 후투족이라는 사실이었다.

진심으로 내가 커피를 사회적 영향력의 척도이자 화해의 수단으로 생각하고 있다면, 응당 사자 굴로 걸어 들어가야만 했다. 나는 적의 눈을 보며 이렇게 말하려 했다. "저는 화해를 위해 이곳에 왔습니다. 저는 포용을 위해 이곳에 왔습니다. 저는 94년도에 무슨 일이 일어났는지 확인하고, 다시는 그 일이 일어나지 않는지를 확인하려고 왔습니다."

요컨대 나는 화답 없는 용서와 화해를 해야 했다.

르완다는 커피 시장을 자유화하고 있었다. 누구든 커피를 재배할 수 있고, 커피나무를 자를 수 있으며, 원하는 어떤 품종도 기를 수 있었다. 시장이 자유화되자 그들은 왜 커피가 경제에 중요한지를 강조하고 싶어 했다.

그들은 단순히 품질 향상이 전부가 아니라는 사실은 이해하지 못한 채 상업용 커피 위주의 산업을 스페셜티 커피 위주로 바꾸고 싶어 했다. 스페셜티 커피의 규정은 매우 다양하다. 아무리 환상적인 맛의 커피라도 그 커피가 어디에서 왔는지, 누가 돈을 지불했는지, 갈등 지역에서 오지는 않았는지, 잠재적으로 억압적인 체제를 지원하는 것은 아닌지, 생산이나 가공 과정에서 환경을 해치지는 않는지 등이 투명하게 밝혀지지 않으면 아무도 그 커피를 환상적인 커피라고 여기지 않을 것이다. 스페셜티 커피를 만드는 수많은 요소들이 있으며 맛이 어떤지는 그중 하나일 뿐이다. 이 모든 것들을 확립하려면 사람의 힘이 필요하다.

그래서 나는 농업부 장관의 집무실 문을 호기롭게 열며 말했다. "제가 장관님과 이메일을 주고받았던 사람입니다. 이곳에 일자리를 구하러 왔습니다."

장관은 나를 보며 말했다. "성을 보고는 르완다인이라고 생각했는데 그런데 이렇게 직접 보니…… 지금 무슨 계약에 서명을 하는 건지 아는가?"

"네. 압니다."

"아니, 모르는 것 같네."

그는 내가 투치족이라는 사실을 알지 못한 채 나와 이메일을 주고받았다. 그는 내가 그 일을 하는 것이 자살행위라고 생각했다. 그는 나를 돌려보냈다. "나는 직원이 실종되는 일에 책임지고 싶지 않네. 아마 체포될걸세. 정부는 내게 무슨 생각으로 자넬 고용했느냐고 묻겠지. 안 되겠네."

르완다의 대통령은 미국과 영국에서 망명 중인 젊은 르완다 디아스포라들에게 이렇게 말한 적이 있었다. "여러분의 조국은 지금 여러분을 필요로 합니다. 우리는 안전 체제를 확립하고, 투자 환경을 구축하고, 모든 것을 정상화하려고 노력하고 있습니다. 우리는 여러분의 위대하고 젊은 정신이 필요합니다." 그 연설은 내 마음을 움직였고, 마침내 장관도 내가 직면해야 할 상황을 다시 한번 경고하면서 나를 컨설턴트로 고용했다.

나는 나와 반대 부족인 커피 농부들을 만나 내가 왜 그곳에 왔는지를 이야기할 준비를 하고, 각종 문서들을 준비하느라 8개월을 보냈다. 하지만 내 뒤통수를 친 것은 내 부족이었다. 나는 내 부족 사람들이 경제적 화해를 하려는 나의 동기를 이해해줄

줄 알았다. 하지만 나는 가혹한 비판을 맞닥뜨려야 했다.

그들이 화가 난 이유는 내가 우리 공동의 적이 필요로 하는 것을 우선시한다고 느꼈기 때문이다. 내가 고국에 와서 곧장 집단 학살의 가해자들이 있는 지역으로 가서 그들과 함께 일하는 모습이 가해자들을 도와준다고 보였던 것이다.

나는 그들에게 내가 이타적이 되기 전에 먼저 이기적으로 되어야 했다고 말했다. 이것이 내가 선택한 방식이고 그들은 그것을 존중해주어야 했다. 나는 그들이 내 생각을 인정해주는 것까지는 바라지도 않았다. 하지만 잠시 동안이라도 존중해달라고 간청했다. 만약 그것이 실수라면, 나는 살면서 가장 멍청한 짓을 하는 것이고, 그렇다면 나는 기꺼이 그 실수를 감수할 것이다. 나는 커피 농장으로 향했다.

장관은 내게 세 곳의 협동조합 목록을 주었다. 한 곳은 여성이 운영하는 곳이었고, 또 다른 한 곳은 겨우 먹고 살 만큼 버는 곳이었고, 마지막 한 곳은 이전 조합장이 부패를 저질러 감옥에 가 있어서 이제 막 조합장이 선출된 곳이었다. 나는 가치 사슬의 맨 꼭대기에서 마케팅 전략을 세우고, 무역 박람회에서 조합을 소개해야 했다. 나는 그 꼭대기에서 이제 막 새로운 일자리를 얻은 젊은이였다. '내가 지금 뭐 하고 있는 거지?'라는 문구가 적힌 티셔츠도 입을 수 있었다. 그렇게 나는 일을 시작했다.

첫 번째 조합 회의에서 나는 조합장과 농학자들, 농부를 만나 이야기를 할 예정이었다. 먼저 그들의 생산물로 어떻게 가치창출을 할지에 관해 기본적인 개발 전략을 이야기할 계획이었다.

하지만 이틀 동안 말을 하는 사람은 오직 나뿐이었다. "질문 있는 분 안 계십니까?" 없었다. "서로 소개를 할까요?" 아무도 하지 않았다.

　나는 책들을 다 치웠다. 공책들도, 노트북도 다 치웠다. 우선 한 달 동안 그들을 알아가기로 했다. 그리고 그들이 나를 알아가게 하기로 했다. 나는 그들에게 빵을 떼어주고, 사업 이야기를 하고, 상추와 당근은 어떻게 파는지를 이야기하고, 아이들 이야기를 하고, 다트 게임을 하고, 운동장에서 축구를 했다. 나는 그들 공동체에 몰입했다.

　내가 그들의 음식을 먹는 광경을 보게 한다는 것은 매우 의미심장한 일이었다. 후투족이 운영하는 식당에서 투치족이 일을 하다가 독살되는 사건이 몇 번 있었기 때문이다. 내게도 그들과 음식을 함께 먹는 것은 큰 의미였다. 내가 그들을 위해 기꺼이 죽음을 무릅쓸 의지가 있다는 것을 보여주는 것이었기 때문이다.

　나는 휴대폰 신호 막대기도 뜨지 않고 차를 10킬로미터나 떨어진 곳에 세워두어야 하는 지역에 가곤 했다. 그들은 마음만 먹으면 나를 아무 때나 죽일 수 있었다. 난 두렵지 않았다. 마체테를 보기 전까지는. 그 살육의 도구를 보기 전까지는. 마체테를 보는 순간 현실이 느껴졌다. 그 도구는 나뭇가지를 쳐내고, 잡초를 베고, 무언가를 격렬하게 자르는 데 사용하는 것이었지만 내게는 다르게 와닿았다. 그것을 마주하게 되리라고는 생각하지 못했다. 내가 이 일을 할 수 있을지 확신이 서지 않았다.

　르완다에서 15년 하고도 6개월을 일하는 동안 나는 대량 학살에 가담했던 사람들과 함께 무수히 일했다. 나는 내 가족을 살해하는 데 가담한 사람들과도 일했다.

나는 농부들과 나 사이에 신뢰를 쌓으려고 노력했지만, 그들은 불신했다.

열 명의 농부들이 모이면 누구의 커피는 품질이 끔찍했고, 또 누구의 커피는 환상적이었다. 수령이 오래된 커피나무들이 있는 농부도 있었고, 그 옆에서 바나나를 재배하는 농부도 있었으며, 해충 문제로 골치를 썩는 농부도 있었다. 하지만 이 자리에 함께 모인 것은 힘을 합해 커피를 팔려는 것이었다. 르완다에는 이런 속담이 있다. "썩은 사과 한 알이 한 광주리의 사과를 다 썩게 만든다." 그들은 이 말을 빠르게 이해했지만 아무도 그 썩은 사과를 골라낼 준비가 되어 있지 않았다.

우리 일에는 신뢰를 주는 요소가 있다. 우린 그것을 토대로 일했다. 그것은 책임감과 격려였다.

나는 생산물을 꼼꼼히 검사하고 이렇게 말했다. "이 원두 열매들은 녹색인 데다 해충에 감염까지 됐네요. 다른 열매를 보세요. 붉고, 통통하고, 흠이 없죠. 제가 왜 두 원두를 같은 가격에 사야 하죠?"

우리는 단순히 양을 늘리기 위해 모든 품종들을 함께 섞기보다는, 양질의 품종을 장려했다. 그들에게 '양보다 질'은 낯선 개념이었다. 우리는 '질보다 양'이라는 고착된 사고방식을 뒤집어야 했다. 그 개념을 전하기란 무척 어려웠다. "원두 열매 6킬로그램을 가져오신 건 알아요. 여기까지 오시느라 한 시간이 걸린 것도 알고요. 하지만 이 열매들은 못 써요. 다시 가져가셔야 해요."

자부심과 자긍심에 관한 긴 대화가 이어졌다. 높은 품질에 적은 양의 커피는 경제적인 보상 측면에서 더욱 가치가 있지만 이것보다 중요한 것은 인정이다. 나는 사람들이 인정에 목말라 있음을 알 수 있었다. "이 농장의 커피가 최고네요. 여기 보너스를 더 드리겠습니다. 그리고 농장에 농학자도 보내드리겠습니다. 더 훌륭한 농부가 되도록 도와줄 겁니다." 우리는 사람들을 데리고 가서 더 나은 농장을 보여주고, 교육시키고, 도왔다. 나는 단지 인정을 받으려고 직접 오는 사람들을 보았다.

화를 내는 사람도 있었다. 그들은 우리가 습식 도정 공장의 관리자들에게 일정 품질 이하의 원두는 받지 않도록 한 데 화를 냈다. 우리는 그들이 가져온 원두를 돌려보내지 않는 새로운 프로그램을 만들었지만 상품 바구니에는 들어가지 않았다. 질이 낮은 원두는 따로 분류해 따로 가공했다. 이런 원두들은 캔에 담겨 다른 고객들에게 보내질 것이다. 그리고 '르완다 커피'라는 라벨을 붙이지 않을 것이다.

사람들은 돈을 적게 받는 것보다 자신들의 원두가 따로 분리되는 것에 더 실망하기 시작했다. 내 생산물이 다른 사람의 생산물과 섞이면 내 정체성은 희석된다. 그들이 나아가기 힘든 부분은 바로 이런 부분이었다.

르완다는 소규모 농장의 농부와 영세농민까지 분류되는 유일한 나라다. 전 세계에 공급되는 커피의 80퍼센트는 소규모 농장에서 나온다. 나머지 20퍼센트가 대규모 농장에서 나온다. 소규모 농장은 커피나무 1,000그루에서 2,500그루가 있는 농장이다. 르완다에는 200그루, 50그루, 20그루를 재배하는 농장이 허다하다. 영세농들은 경쟁이 극도로 치열하고 원두 품질을 조절하는 능력은 극도로 변덕스럽다.

그런 면에서 르완다는 이렇게 말하기 딱 좋았다. "추적 가능성traceability이 안전 기준의 기본적인 원칙이라는 사실은 알고 있습니다. 어떤 상품이 질병을 유발할 수도 있으니까요. 하지만 우리는 추적 가능성을 사람들의 정체성을 유지하고 지키기 위해 사용할 겁니다. 생산품이 아니라 사람의 정체성이요."

2년 후, 나는 전국 커피 협회에서 커피 전략가가 되어달라는 요청을 받았다. 2008년까지 나는 커피의 가치 사슬, 마케팅, 르완다 커피의 브랜드화 등의 일을 했다. 나는 로스팅 소매상점과 그들의 상품을 추적하는 시스템을 만들었다. 우리는 커피 컨테이너를 검사하면서 누가 생산자인지, 몇 월 며칠 몇 시 어디에서 수확했는지를 파악할 수 있는 프로세스도 만들었다. 이 모든 것들이 내가 그곳에서 일할 때 만들어진 것이다.

스타벅스가 에티오피아에서 홍보 문제로 위기를 겪고 있을 때 나는 소매상점을 만들고 커피 전략가로 컨설팅을 하고 있었다. 에티오피아는 스타벅스와 같은 커피 판매업자들이 시다모, 하라, 예가체프 같은 이름을 비용을 지불하지 않고 무단으로 사용하고 있다며 상표권을 주장했다. 사실, 커피 업계는 마케팅을 통해 이들의 가치를 빛나게 해왔다. 말하자면 에티오피아는 이런 지정학적 위치에 상표권을 갖기를 원했다. 그들은 지적 재산권 변호사를 고용하고 필요한 모든 조치를 취했다.

에티오피아 측 변호인들은 미국의 커피 무역 기관에 청원서를 제출했다. 그해는 우연히 스타벅스의 한 임원이 전미 커피 협회 이사회에서 이사회장으로 있던 해였다. 이사회장은 이사회 구성원들이 2년마다 한 번씩 돌아가면서 맡고 있었다. 이사회 전원이 청원서를 거부했고, 지리적 지표에 상표권을 붙이는 것보다 인증을 받는 것이 더 가능성이 높다고 제안했다. 하지만 당시 스타벅스 출신의 임원이 이사회를 맡고 있었기에, 이 일은 뉴스 헤드라인을 장식했고, 지리적 정체성을 지키려는 에티오피아의 노력을 스타벅스가 거부했다는 식의 기사가 실렸다.

그 사이 우리는 르완다에서 지역 인증을 받느라 바빴다. 그 동안 스타벅스는 최고 품질의 정점이라 할 수 있는 마이크로 로트micro-lot를 엄선해 최초로 블랙 에이프런(스타벅스의 상징인 녹색 앞치마보다 한 단계 높은 단계를 의미하는 검은색 앞치마로 이 앞치마를 입은 사람이 커피 마스터이며, 전 직원이 검은 앞치마를 입은 블랙 에이프런 매장도 있다—옮긴이) 매장에서 사용할 원두 구매처를 찾고 있었다. 스타벅스의 이 커피는 크게 성공을 거뒀고, 르완다에 '아프리카 커피 농부 후원 센터'를 세우고 싶어 했다. 그 센터에서 농부들에게 토양을 관리하는 법, 해충 저항력을 기르는 법, 기타 유용한 정보를 무상으로 제공할 예정이었다. 그 작업에 들인 노력 덕분에 나는 2008년 스타벅스에 계약담당자로 고용되었다.

나는 4년 동안 에티오피아를 오갔고 스타벅스에서 추적 가능성 제도를 담당하며 꼬박 7년을 일했다. 에티오피아에서 내가 하는 일은 에티오피아를 커피 업계와 여러 이해 당사자들, 커피 공급망 관계자들에게 알리고 데이터와 콘텐츠를 보여주는 것이었다. 대다수 커피 생산지 국가들에게 우리가 왜 이 일을 하는지, 이 일을 통해 그들은 무엇을 얻을 수 있는지, 우리는 무엇을 얻을 수 있는지, 데이터와 콘텐츠와 정보가 어떻게 새로운 자산이 되고 어떻게 영향력을 미치는지를 알게 하려면 전반적인 교육이 필요하다.

우리는 스타벅스에서 데이터와 콘텐츠가 전반적인 업무 방식에서 얼마나 중요한지를 보여주는 가치 기반의 제안서를 만들었다. 나는 커피 생산자들이 커피 자루에 붙은 라벨과 인증을 뛰어넘도록 격려했다. 이 모든 것들이 지속 가능성과 윤리적인 결정을 내리도록 도와주는 도구들이다. 하지만 이런 것들은 사람들에 의해 지나치게 자주 검증된다. 이는 업계 전반의 고민이다. 매년 모든 커피 재배자들을 이중으로 확인할 수는 없다. 그리고 커피는 농산물이기 때문에 계절이 바뀔 때마다 농부의 상황이나 상품이 변한다.

그래서 나의 또 다른 가치 제안은 철저한 자료와 더 잦은 검증 제도를 통해 원두가 윤리적으로 생산되었음을 증명하고, 앞으로도 그런 방식으로 재배되고 유지될 수 있다는 것을 분명히 하는 것이었다. 처음 예멘인들이 커피를 에티오피아에서 사우디아라비아로 이동시킨 이후 커피는 같은 경로로 자루에 담겨 배를 통해 수송되고 거래된다. 커피를 마시고 경험하는 방식은 발전했지만 여전히 공급 경로는 11세기와 같다. 오늘날 우리가 보유한 기술을 고려할 때 어떻게 하면 그 경로를 발전시킬 수 있을까?

추적 가능성 제도는 지속 가능성에 들이는 노력과도 복잡하게 얽혀 있다. 수년간 많은 사람들이 지속 가능한 커피 산업에 얼마나 투자되는지 의문을 제기하고 있다. 나는 지난 몇 년간 그 부분은 매우 명확해졌다고 생각한다. 요즘 사람들은 자신이 소비하는 물건이 어디에서 왔는지, 그 물건에 담긴 세부적인 내용들은 무엇인지 더 자세히 알고 싶어 한다. 사람들은 물건과 함께 제공되는 정보 덕분에 훨씬 더 유연하게 소비를 하고 있다.

커피는 내 정신을 구했다. 내 삶을 구했다. 처음 커피 업계에서 일을 시작했을 때 나는 두 가지에 필사적으로 매달렸다. 첫째, 나는 르완다 대학살에 대한 지독한 괴로움과 분노를 어떻게 하면

떨쳐버릴 수 있는지 알아야 했다. 둘째, 빈곤과의 전쟁을 어떻게 대처해야 할지 알아야 했다. 나는 매일 내가 올바른 길을 가고 있다는 확신이 점점 더 강하게 든다. 나는 내가 진실한 사람이 되기 시작했다고 믿는다. 나는 목격자이고 증거를 보았다. 나는 시금석이고, 파괴되는 것보다는 더 큰 가치가 있는 사람이다.

나는 어머니가 내게 했던 말에 여전히 동기 부여를 받는다. 다 포기하고 다른 일을 하고 싶던 순간도 무수히 많았다. 하지만 어머니의 말은 마음을 다잡고 계속 나아가게 해준다. 스타벅스의 파트너들을 르완다로 데리고 갈 때마다 그들은 나의 조국, 그리고 그곳에서 성취한 것들에 자부심을 느끼고 흠뻑 도취되도록 해준다. 르완다의 과거 모습을 보거나 이야기를 들은 그들은 현재 르완다의 모습을 믿지 못한다.

입증의 관점에서 내가 찾던 것의 정당성을 확인했다는 사실에 자부심을 느낀다. 나는 내 본모습을 확인했다. 하지만 아직도 극복해야 할 많은 도전 과제와 어려움이 앞에 놓여 있다. 우리는 지금 이 자리에 오기까지 꽤 빠르게 달려왔지만 그것이 100미터 경주가 아니라 마라톤이라는 사실을 깨닫고 있는 중이다. 우리는 숨을 고르고 신발 끈을 묶는 중이다. ●

우리는 모두 맛있는 음식을 좋아한다

오랫동안 코펜하겐은 섬이었다. 문자 그대로 섬이었다는 뜻이 아니라, 요리의 역사적 맥락에서 보았을 때 세상과 동떨어진 섬 같았다는 의미다. 코펜하겐의 요리를 보고 북유럽 요리를 떠올리는 사람은 거의 없었다.

　지난 10~15년 동안, 이 작은 도시의 요리사들은 북유럽 요리의 명성을 위해 인내와 행운을 버무려가며 부단히 노력했다. 세계 각지 사람들이 이곳으로 여행을 왔고, 훌륭한 식당에서 요리를 먹었다. 자랑하려고 하는 말이 아니라 고마워서 하는 얘기다. 코펜하겐이 요리의 명소로 성공을 거둔 덕분에 우리는 세상과 연결될 수 있었다. 하마터면 정말 섬처럼 고립될 뻔했다.

　2011년, 우리는 세상과의 연결 고리를 더욱 견고하게 키워나갈 방법을 찾았다. 코펜하겐의 작은 섬 레프살렌의 질척이는 땅 위에서 첫 MAD 심포지엄을 연 것이다. 심포지엄이라는 말 때문에 그럴듯해 보이는데, MAD라는 말은 음식을 뜻하는 덴마크어일 뿐이며, 심포지엄이라는 것도 몇백 명의 사람들이 폭우를 뚫고 천막 아래 모여 우리의 세계에 대해 이야기한 것이 전부다. 그 자리에 식재료를 기르는 사람, 요리하는 사람, 요리를 연구하는 사람, 요리에 관해 글을 쓰는 사람들이 함께했다. 우리는 서로에게 귀 기울였고 서로에게 배웠다. 함께 요리하고 함께 먹었다. 그리고 이 행사를 다음 해에 또 개최하기로 정했다.

MAD는 꾸준히 성장했다. 매년 심포지엄을 개최했고 코펜하겐에서 작은 모임들도 열었다. 뉴욕과 시드니와도 소통했다. 각종 후원금과 기금도 받았고, 우리가 얻은 지식을 자유롭게 공유했으며, 몇 가지 프로젝트도 진행했다.

하지만 MAD의 가장 순수한 본질은 다른 이와의 유대감이고, 그것은 여러분의 손에 달려 있다. 이 책을 통해 여러분이 다른 세계와 연결되기를 바란다. 여러분과 나는 신념이 다를 수도 있고, 전혀 다른 문화적 배경을 가지고 있을지도 모른다. 하지만 우리는 모두 맛있는 음식을 좋아한다. 음식이 세상의 모든 질병을 치유할 수는 없지만, 치유의 시작은 될 수 있다. 우리가 함께 음식을 나눌 수 있다면, 이야기를 나누는 일도 가능할지 모른다.

레네 레제피
노마Noma의 셰프이자 공동창립자

덴마크어로 '음식'을 뜻하는 MAD는 사회적 양심, 호기심, 변화에 대한 열망을 지닌 국제 요리 공동체를 하나로 모으기 위해 노력하는 비영리단체다.

레네 레제피는 2011년 이틀간의 심포지엄으로 MAD를 시작했는데 이때 코펜하겐의 붉은색 서커스 텐트에 요리사, 레스토랑 운영자, 웨이터, 작가 등 300명이 모여 음식의 미래를 논의했다. 오늘날 MAD는 역동적인 네트워크와 행사 프로그램, 각종 매체 등을 통해 훨씬 더 많은 사람들이 모인 큰 집단이 되었다.

음식은 이 시대의 가장 긴박한 국제 문제들과 불가분의 관계에 있다. MAD는 식품 산업에 종사하는 모든 이들이 그들의 일터와 공동체, 더 크게는 세계를 변화시킬 지속 가능한 해결책을 찾도록 교육과 영감을 제공하고자 한다.

우리가 하는 일에 대해 더 자세한 정보를 알고 싶거나 우리 일에 기여하고 싶다면 웹사이트 madfeed.co로 방문해주길 바란다.

사진 출처

시반 아스카요Sivan Askayo 103, 205

숀 브록Sean Brock 90

마렌 카루소Maren Caruso 12, 14, 15, 20, 24, 86, 96, 122, 124, 125, 226, 228

알라나 헤일Alanna Hale 85, 214

로린 이사크Lauryn Ishak 100

카일 존슨Kyle Johnson 250

크리스티 햄 클록Christie Hemm Klok 40, 44, 55, 69, 162

제이슨 루카스Jason Loucas 108, 112, 114, 121

펠리페 루나Felipe Luna 138, 141, 143, 150, 160

오브리 피크Aubrie Pick 29, 196

앤드루 로와트Andrew Rowat 18, 29, 32-33, 37, 76, 82, 99, 232, 233

리즈 시브룩Liz Seabrook 64, 67, 71, 74

데르야 터거트Derya Turgut 172, 175, 177, 178, 179, 184, 185

에릭 울핑거Eric Wolfinger 16, 21, 23, 36, 81, 218, 220, 238, 242, 243, 246

엮고 지은이 **레네 레제피** René Redzepi

'세계 최고의 레스토랑 50'에 선정된 코펜하겐의 노마. 그곳의 공동창립자이자 셰프인 레네 레제피는 《타임스》 표지를 두 번이나 장식하며 '세계에서 가장 영향력 있는 100인'에 선정되기도 했다. 두 편의 장편 다큐멘터리를 비롯해 무수히 많은 매체에서 그의 이야기를 다루고 있으며 첫 책 『노마: 뉴 노르딕 퀴진의 비밀』로 국제요리전문가협회IACP상과 제임스비어드상을 수상했다.

엮고 지은이 **크리스 잉** Chris Ying

2011년 잡지사 《럭키 피치》를 공동으로 설립했다. 창간과 동시에 세계적인 음식 매체로 자리매김하여 제임스비어드상을 수차례 받았으며 창간호부터 20호까지는 편집장 직을, 2016년에는 선임 기자로 일했다. 2017년에는 노마의 레네 레제피가 설립한 MAD에서 크리에이티브 디렉터 및 편집자로 활동했다. 그는 앞으로도 MAD와 함께하면서 지속적인 행사와 출판, 매년 열리는 MAD 심포지엄 등을 통해 더 건강하고, 더 맛있고, 더 지속가능하며, 더 유용한 음식을 만드는 데 동참할 것이다.

옮긴이 **박여진**

주중에는 파주 '번역인' 작업실에서 번역을 하고, 주말에는 여행을 다닌다. 지은 책으로 『토닥토닥, 숲길』이 있고, 옮긴 책으로는 『비비안 마이어: 나는 카메라다』, 『비비안 마이어: 셀프 포트레이트』, 『어드밴스드 스타일』, 『내가 알고 있는 걸 당신도 알게 된다면』, 『라이언 맥긴리 컬렉션: 바람을 부르는 휘파람』, 『매일매일, 와비사비』 등 수십 권이 있다.

음식의 말 모든 주방에는 이야기가 있다

펴낸날 초판 1쇄 2019년 8월 20일
　　　　 초판 2쇄 2020년 6월 20일
지은이 레네 레제피·크리스 잉 외
옮긴이 박여진
펴낸이 이주애, 홍영완
편집 장종철, 양혜영, 백은영, 김송은, 오경은
마케팅 진승빈, 김소연
디자인 박아형, 김주연
펴낸곳 (주)윌북 **출판등록** 제2006-000017호 **주소** 10881 경기도 파주시 회동길 209
전자우편 willbook@naver.com **전화** 031-955-3777 **팩스** 031-955-3778
블로그 blog.naver.com/willbooks **포스트** post.naver.com/willbooks
페이스북 @willbooks **트위터** @onwillbooks **인스타그램** @willbook_pub
ISBN 979-11-5581-228-0 03900 (CIP 제어번호: CIP2019025079)

• 책값은 뒤표지에 있습니다. • 잘못 만들어진 책은 구입하신 서점에서 바꿔드립니다.